JN257981

# ユーザ目線の SQL等活用術

## 事務系オラクルユーザが書いた 業務システム習得事例集

堅田康信

東京図書出版

## はじめに

私は、大学入学後にコンピュータというものに初めて接し、1977年３月大学卒業と同時に金融機関に就職、2015年３月定年退職するまで38年間の大半をシステム部門の業務に携わりました。

1997年10月、ホスト汎用機で利用していた各種月次処理の入力ファイルをPCサーバ機にインストールされたオラクルデータベース（以下、オラクル）にテーブル化し、初めてselect文を発行しました。

ホスト汎用機のソートユーティリティで設定した抽出条件と同一の抽出条件をwhere句に設定してEnterキー押下後、処理結果が思う以上に速く返されてカルチャーショックを受けた感さえありました。

当時の主な担当業務は、共同システムセンター設置の大型汎用機による勘定系および情報系オンラインシステムの補完を目的として、地域センターに設置されたホスト汎用機による業務システムの開発と管理でした。

1997年10月以降、COBOLプログラムとJCLを作成するホスト系システムから、SQLやPL/SQLスクリプトとバッチファイルを作成するオープン系システムに徐々に比重を移し、2012年12月以降退職するまでは地域センターの汎用機で運用していたホスト系補完業務システムもオープン系で運用させるための開発と管理を行っていました。

ホスト系では１本のプログラムに10の機能がある場合、まずプログラムを完成させて、コンパイル、JCLを作成して実行、検証を繰り返します。これに対してオープン系では、１本のプログラムの10の機能ごとに、コンパイルせずに、実行、検証を繰り返すことができ、結果として開発と検証に掛かる工期を短縮でき、さらにパソコン市販ソフトにデータとして渡せたことにより、業務システムのオープン化を進めることができました。

ホスト系補完業務システムには、動的に出力順項目の制御を行う電子帳票やダイレクトメールなどへの出力もあり、ベンダーSEのサポートも受けながら、幾度となくネット検索をし本屋にも足を運びつつ、オラクルによる対応方法を四苦八苦、試行錯誤しながら進めていきました。

この本は、システム担当部門のオラクルに関する職場内研修用として作成していたドキュメントと、補完業務システム開発時に作成したSQL文あるいはPL/SQL文のうち、オープン系システム開発手法の共通化と標準化に向けてメモ書きしていたものをベースに、勝手気ままな事例を作成しながら、あれこれと記述したものです。

大袈裟な言い方かもしれませんが、私と同様にオラクルによるシステム開発を担当され、課題解決に向けて右往左往されている方への一つの足掛かりになればと思い、またオラクルに関わってきた一人として自分なりの整理をしたいという思いが、書籍化に繋がったと思います。

本文は、以下の第１章から第７章までの構成としました。

第１章　SQL 概説：SQL の概要について記述しています。
第２章　「SQL Plus」あれこれ：作成した SQL 文を実行する「SQL Plus」を利用しやすく、見やすくするための設定について記述しています。
第３章　SELECT 文あれこれ：オラクルの演算子や関数、null、dual、複数テーブルの取り扱い、副問い合せの利用、日付の取り扱いなど、特徴的と思われることを記述しています。
第４章　テーブル作成あれこれ：「sql*loader」を利用したホスト管理ファイルのオラクルテーブル化の手順を中心に記述しています。
第５章　ビュー表あれこれ：作成したテーブルを利用しやすくする方法、セキュリティの確保に効果的なビュー表の作成、利用について記述しています。
第６章　PL/SQL あれこれ：様々な業務案件を実現させる「PL/SQL」について、基本を含め業務システム構築に利用する代表的な機能について記述しています。
第７章　管理と運用あれこれ：オラクルシステムのインストール後から、業務システムの管理と運用までについて記述しています。

なお、本文の章や節の中で関連すると思われるが、別扱いとした記述は本文中に「コラム：……」としました。
また、本文では触れないが「触れておいた方が良い」、「これ以降は本文では記述しない方が良い」などと思われることは、以下のように「付録」として記載しました。

付録A　オラクル環境等構築について：記載事例が実際に実行されて正常終了しなければ事例となりません。記載事例を実行するオラクル環境の構築について記述しています。
付録B　利用テーブルについて：記載事例が利用しているテーブルの作成方法について記述しています。
付録C　SQL 文が実行される仕組みについて：オラクルの仕組みの概要に触れることで、「select」文の理解が深まると思われることについて記述しています。
付録D　Access リンクテーブルの作成について：本文第５章冒頭で紹介している「Access リンクテーブルの作成」について記述しています。
付録E　顧客月次情報過去分作成について：本文「6-6-2　DDL と DML の動的 SQL」記載の実行環境を事前作成した PL/SQL スクリプトと実行時ログを記載しています。
付録F　履歴管理テーブル索引設定について：本文「6-6-2　DDL と DML の動的 SQL」記載の顧客月次履歴管理テーブルの索引の作成について記載しています。

オラクルを含む他のデータベース開発者の皆さんが、この本に記載している SQL 文や PL/SQL 文などに目を通され、更に効率的で安定したシステムを構築される一助になればと思います。

2017年１月
堅田康信

# 目次

# 第1章　SQL概説

事例に入る前に SQL の概要について取りまとめてみました。

## 1-1　SQLとは

SQL は、Structured Query Language の略で、「構造化問い合せ言語」と訳され、制御命令を含まない「非手続き型言語」です。

PL/SQL は、Procedural Language/SQL の略で、条件判断や繰り返し等の制御命令を持ち、SQL を拡張した「手続き型言語」です。

RDB（Relational DataBase）を管理している RDBMS（Relational DataBase Management System）とのユーザインターフェースとして SQL があります。

RDB の概念を提唱（論文名：「大型共用データ・バンク用のデータの RDB モデル」）した E. F. Codd 氏が在籍していた IBM 社の San Jose 研究所で、1970年代に世界初の RDB の研究用プロトタイプとしての「System R」に実装されたデータベース言語が、SQL の元となる SEQUEL（Structured English Query Language）で「構造化英文問い合せ言語」と訳されました。

これは、「関係（Relational）代数」という数学理論からきており、「表」と「集合」という概念でデータを表す論理体系で構成され、英文的記述により誰もが容易に操作できるようにした画期的なものでした。

Microsoft Access のオブジェクトの 1 つである「クエリ」は、SQL の Q であり、内部では SQL を自動作成して実行されています。

## 1-2　SQLの機能

SQL には、「データベース定義」、「データベース操作」、「データベース管理」という 3 つの機能があります。

1. 「データベース定義」は、データを格納する表の定義、表への検索を高速にする索引の作成、複数の表を関連付けるための規約や制約などを、データ定義言語（DDL: Data Definition Language）を用いて行います。
2. 「データベース操作」は、表に対するデータの登録・修正・削除、複数の表の結合、ビュー表の作成などの集合操作、表中データの検索などを、データ操作言語（DML: Data Manipulation Language）を用いて行います。

3．「データベース管理」は、データベースに必要な機密保護の設定、回復や同時実行のための最小単位として保証される一連の処理の操作などを、データ制御言語（DCL: Data Control Language）を用いて行います。

次表に機能ごとの代表的なSQL 文を示します。

| 機　能 | SQL 文例 |
|---|---|
| データベース定義（DDL） | create table, create index, alter constraint |
| データベース操作（DML） | insert, update, delete, create view, select |
| データベース管理（DCL） | grant, revoke, commit, rollback |

ホスト系のCOBOL プログラム、JCL などは大文字表記のため、オープン系では小文字表記と自分なりの規則としていました。

## 1-3　SQL文の書き方

SQL 文のうちデータベース操作言語の中で、誰もが最初に利用する select 文をもとに標準的な書き方を以下に示します。

```
select 列名 [列別名][, 列名 [列別名] ...]
 from  表名 [表別名][, 表名 [表別名] ...]
 [where 検索条件]
 [group by 列名[, 列名 ...]]
 [order by 列名[, 列名 ...]]
 [having 検索条件];
```

［ ］内は、オプション。

＊以降、列名を項目名、表名をテーブル名とも表記します。

1．各単語間を1個以上の半角空白で区切り、文の終わりは必ず「;」(セミコロン) です。

2．大文字・小文字の区別は必要ありませんが、統一されていると見やすくなります。

3．「;」までを1行で記述する方法もありますが、改行、字下げなどの編集により、句ごとの機能を見やすく、判別しやすいようにします。「select」句や「from」句に続く「列名」や「表名」も項目ごとに改行すると見やすくなり、追加・修正もしやすくなります。

4．「select」句に続く「列名」には「列名＋列名」のような計算式も記述できますが、長い計算式となる場合は、1個以上の半角空白に続けて「列別名」を記述すると見やすくなります。

5．複数の表を参照する場合はオプションの［表別名］の指定により、「列名」を「表別名.列名」の表記とし参照元の表を識別しやすくします。

6．検索条件に集計結果などの計算式を指定する場合は「where」句には記述せず、「having」句に記述します。

# 第2章　「SQL Plus」あれこれ

データベースの研修やセミナーを初めて受け、最初に作成したSQL文はselect文ではないでしょうか。また、そのselect文を初めてオラクルで実行するときに利用したツールは「SQL Plus」ではないでしょうか。

「SQL Plus」は、コマンドライン入力による対話型操作にてデータベースに接続して、各種のSQL文を実行するだけでなく、データベース管理者がデータベースの起動・停止などの操作も行うことができるオラクル社が提供しているツールです。

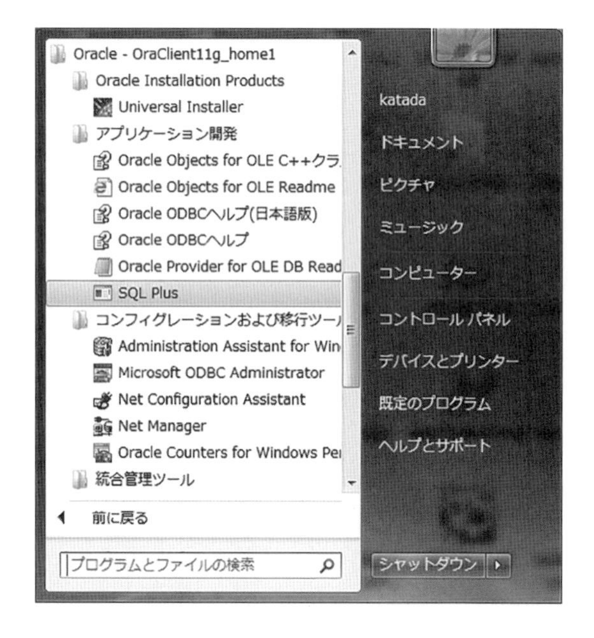


利用機器へのオラクルシステムのインストール後、「SQL Plus」はクライアントパソコンでは「スタート」—「Oracle - OraClient11g_home1」—「アプリケーション開発」—「SQL Plus」により起動します。サーバでは「スタート」—「Oracle OraDb11g_home1」—「アプリケーション開発」—「SQL Plus」にて起動します。

下記は、クライアントパソコンで「SQL Plus」起動後の「ユーザー名を入力してください:」に対して「taro/taro@yk01」を入力後、オラクルに接続されたメッセージが表示され、コマンド入力を要求する「SQL>」プロンプトが表示されている状態です。紙面の都合上、ウィンドウサイズをドラッグにて変更しています。入力した文字列は「ユーザ名/パスワード@接続文字列」です。

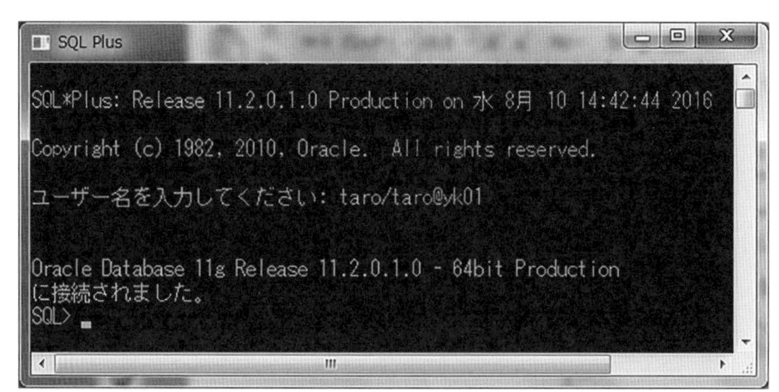

「ユーザ名」のみを入力した場合は、「パスワードを入力してください:」が表示されるので、「taro@yk01」の「パスワード @ 接続文字列」を入力すれば同様にコマンド入力を要求する「SQL〉」プロンプトまでが表示されます。

「SQL Plus」は、SQL や PL/SQL で作成途中のスクリプトをセミコロンまでのコマンドごとに実行と確認を行うことができ、汎用系システムによる開発と比べると、システム開発の詳細設計と単体テストの工程で、スクラップアンドビルド的に試行錯誤を繰り返すことができ、工期の短縮が図れます。

この章では、「SQL Plus」利用時に演算子や関数以外で、あれこれと便利と思われるものを、主に select 文を引用して列記してみました。
演算子や関数についてのあれこれは、次章を参照して下さい。

なお、オラクルシステムのインストール作業、リモート接続等については「付録A」、掲載事例で参照しているテーブルについては「付録B」で触れています。

## コラム：「SQL Plus」の起動

「SQL Plus」起動後、黒の背景色で25行80列のウィンドウサイズの世界は私の場合には、作業がツラく、縦方向の行サイズはウィンドウ枠をポイントしたときの矢印の下方向へのドラッグにより行数を多く変更できますが、横方向の列サイズは矢印の左方向へのドラッグにより80以下はできるものの、右方向へドラッグしても80を超えることはできません。

よって、下記に示す「白の背景色、140列45行のウィンドウサイズで、taro ユーザでオラクルに接続する」起動用バッチファイルを作成して、ショートカットをデスクトップ上に張り付けて「SQL Plus」を利用しています。

140列45行のウィンドウサイズは私が使っているディスプレイにちょうど良いサイズで、横方向の列サイズは140列以上にはできませんが140列以下で自在にドラッグによる変更ができます。

```
rem《sqlplus_taro.bat》ローカル接続用
color f0
mode con:cols=140 lines=45
sqlplus taro/taro
exit
```

```
rem《sqlplus_taro@yk01.bat》リモート接続用
color f0
mode con:cols=140 lines=45
```

```
sqlplus taro/taro@yk01
exit
```

## 2-1　テキストエディターの利用

「SQL Plus」起動後の「SQL〉」プロンプトに続けて、select 文を実行させる場合、よほど短い select 文でない限り、「メモ帳」などのテキストエディターを利用して select 文を書くことにしています。また、insert、update、delete 文などの更新系コマンドは注意を要するため、短い文でもテキストエディターを利用して書きます。

「SQL〉」プロンプトに続けて直接記述、実行した場合にエラーとなれば、また最初から一字一句を同一に記述しなければなりません。

また、正常に実行できても列項目の追加表示をするケースが結構あり、「複数テーブルを参照する」または「検索条件が妥当であるか」などのときにも、「from」句以降が求めている正常な結果を返しているかについて幾度となく「実行 / 検証 / 修正」を繰り返すため、テキストが残っていると便利です。

演算子、関数の利用方法や副問い合せの利用方法などが従前の利用事例に無い場合には、今後に役立つかもしれない事例として保存ファイル名に分かりやすい名前を付けておきます。稀に同じ事例を残していたこともありましたが。

## 2-2　SELECT文実行結果を残す

select 文の実行結果行数が多い場合はスクロールされてしまい、スクロールバーの操作を行っても全行数を表示できない場合があります。

「SQL Plus」には、select 文を含めた実行結果をテキストファイルに出力する「spool」コマンドがあり、出力されたファイルをスプールファイルと呼んでいました。ファイル拡張子を「.txt」としたスプールファイルは、表計算ソフト Excel などの入力ファイルとして取り込み、シートに編集・加工を行い情報共有を図ることもできます。

「SQL〉」プロンプトに続けて「spool △（フォルダ名 ¥）ファイル名」の実行以降、「spool off」コマンド実行までの SQL 文と実行結果が、「(フォルダ名 ¥）ファイル名」に出力されます。

ファイル名の拡張子を省略した場合は「.LST」の拡張子が自動設定されます。

## 2-3　SELECT文実行結果を見やすくする

「SQL Plus」起動時の初期設定では表示される１行の文字数は半角で80文字、見出し行と11行表示される明細行で１頁とされています。文字数が長い項目を含めた結果が表示される場合は、見出し行や明細表示行が複数行に改行されて、見づらく、実行結果の把握が困難な場合があります。

通常、氏名や住所などの項目はcreate table文コマンド発行時に、ある程度余裕を持った長さを想定して可変長文字型で定義しています。select文の実行結果は定義した文字数で表示されるため、select文の出力項目にこれらの可変長文字項目を含めて指定した実行結果は、複数行に改行されて大変見づらいものになっています。

また、number型で定義する数値項目は指定桁数に関係なく、一律に10桁で表示され、10桁以上の数値は指数表示されるため、把握できません。

以下に事例を含めて、対応方法についてあれこれと列記してみました。

### 2-3-1　行の長さと行数の指定

「SQL Plus」で提供されるシステム変数のうち、以下のコマンドにより、１行の長さと１頁の行数を指定することができます。

１.「**set linesize**」による１行の文字数の設定

「set linesize 200」により１行が半角文字で200文字数の指定となります。

「コマンドプロンプト」から「SQL Plus」を起動すると、「コマンドプロンプト」の初期設定ウィンドウサイズ（80）を超えた文字は改行されて表示されますが、「spool」コマンドで出力されたスプールファイルには改行されずに書き込まれています。

２.「**set pagesize**」による１頁行数の設定

「set pagesize 13」により１頁の明細行数を10行とします。25明細行数/頁とする場合は「set pagesize 28」とします。３行分は、「空白行」+「項目見出し行」+「項目見出し下線行」です。

### 2-3-2　COLUMN FORMATによる表示桁数や書式の設定

可変長文字項目、数値項目を見やすくするために、文字項目は「substr（項目名,開始文字位置,出力文字数）項目別名」、数値項目は「to_char（項目名,'999,999,999,999'）項目別名」などの編集を行いますが、「SQL Plus」起動後に「column 項目名 format 書式」コマンドにて以降のselect文発行時の項目編集を省略し、select文を見やすくする方法もあります。

但し、「column 項目名 format 書式」コマンドは、「SQL Plus」起動から終了までのセッション内のみ有効です。

行の長さと行数の指定と表示桁数や書式設定について、設定前後の事例を下記に示しています。

その他の書式設定については、「オラクル・マニュアル」または関連書籍を参照して下さい。

なお、「付録B」にて、以降の事例で利用しているテーブル「cms001_顧客情報」、「jpn001_郵便番号」と「jpn002_自治体」の仕様と作成方法を記載しています。

テーブル「cms001_顧客情報」は「疑似個人情報データ生成サービス http://hogehoge.tk/personal/」より、「jpn001_郵便番号」は日本郵便株式会社の「郵便番号データダウンロードサイト http://www.post.japanpost.jp/zipcode/download.html」より作成させて頂き、「jpn002_自治体」は「jpn001_郵便番号」より作成しました。

**【事例：2-3　SELECT文実行結果を見やすくする】**

1．「SQL Plus」起動、「spool spool¥2-3編集前.txt」実行後、select文実行

select文参照テーブル「cms001_v顧客情報」は、後述『【事例：5-1】』（85頁）を参照して下さい。

```
《2-3編集前.txt》
SQL〉select 顧客番号,
  2  氏名,
  3  総預金残高,
  4  総融資残高,
  5  住所
  6  from taro.cms001_v顧客情報
  7  where 住所 like '岐阜県岐阜市%'
  8  order by 顧客番号;

  顧客番号 氏名                    総預金残高  総融資残高
---------- -------------------------- ---------------- ----------------
住所
----------------------------------------------------------------------------------------------------
    230315 高島　美佐子            1.2346E+11       24446
岐阜県岐阜市橋本町4-14-11

    230651 柳田　愛華              1.2346E+11     1571159
岐阜県岐阜市下新町1-15-12

    230710 有田　洋文                 1668944      368425
岐阜県岐阜市忠節町2-19
```

```
（註：12件の行出力を省略）


  顧客番号 氏名                      総預金残高    総融資残高
-------------- -------------------------- ---------------- -----------------
住所
--------------------------------------------------------------------------------------------------------
     234557 瀬尾　加奈              2061654       1643208
岐阜県岐阜市堀江町4-5-5

     234688 谷　珠美                4380663    1.2346E+11
岐阜県岐阜市千手堂北町1-1-18 千手堂北町スカイ211

     234763 西谷　秋夫              1625855    1.2346E+11
岐阜県岐阜市三ツ又町2-19-14 コンフォート三ツ又町414


18行が選択されました。

SQL〉spool off
```

①「顧客番号」は数字６桁の指定にかかわらず、10桁表示です。
②「氏名」は可変長文字列20桁につき、そのまま表示しています。
③「総預金残高」、「総融資残高」は数字12桁の指定にかかわらず、10桁を表示し10桁以上の数値は指数表示されています。
④「住所」は、「漢字住所１」から「漢字住所５」までの有効桁の結合によるものですが、１行半角80桁の初期値での表示となっています。

２.「spool spool¥2-3編集後.txt」実行後、行の長さ、行数、項目長を指定、select文実行

```
《2-3編集後.txt》
SQL〉set linesize 128
SQL〉set pagesize 13
SQL〉column 顧客番号 format '99999999'
SQL〉column 氏名 format a14
SQL〉column 住所 format a52
SQL〉column 総預金残高 format '999,999,999,999'
SQL〉column 総融資残高 format '999,999,999,999'
SQL〉
SQL〉select 顧客番号,
  2  氏名,
  3  総預金残高,
```

```
  4  総融資残高,
  5  住所
  6  from taro.cms001_v顧客情報
  7  where 住所 like '岐阜県岐阜市%'
  8  order by 顧客番号;

顧客番号 氏名              総預金残高         総融資残高 住所
--------- ------------ ---------------- ---------------- ----------------------------------------------------
   230315 高島 美佐子 123,456,930,971           24,446 岐阜県岐阜市橋本町4-14-11
   230651 柳田 愛華   123,458,565,012        1,571,159 岐阜県岐阜市下新町1-15-12
   230710 有田 洋文         1,668,944          368,425 岐阜県岐阜市忠節町2-19
   230781 山本 香          12,775,801        1,906,234 岐阜県岐阜市芥見嵯峨3-4-19 芥見嵯峨ランド209
   230847 宮地 達行         5,653,629          442,319 岐阜県岐阜市梅園町4-3
   231974 池上 忠夫         1,579,555          182,345 岐阜県岐阜市尻毛2-7-18 プレシャス尻毛409
   232324 木田 莉菜         3,833,572          101,600 岐阜県岐阜市上芥見4-15-13 上芥見グランド207
   232612 大熊 清信           890,252          338,379 岐阜県岐阜市本荘4-5-3 キャッスル本荘402
   232773 松村 優花        11,023,896          172,583 岐阜県岐阜市川部2-6-6
   232791 小野田 毅雄      15,768,038          528,067 岐阜県岐阜市旦島中町2-10-2 旦島中町コンフォート303

顧客番号 氏名              総預金残高         総融資残高 住所
--------- ------------ ---------------- ---------------- ----------------------------------------------------
   233290 大井 光夫         4,813,705          342,629 岐阜県岐阜市長住町4-7 長住町の杜403
   233939 藤木 真澄         4,877,642          172,548 岐阜県岐阜市南鶉1-13-12 ドリーム南鶉108
   233947 森島 光男         1,841,214           54,707 岐阜県岐阜市幸ノ町1-19-17
   233958 高松 孝二           774,625        2,145,153 岐阜県岐阜市加納鉄砲町2-14
   234522 杉浦 啓之         2,538,463          357,062 岐阜県岐阜市梅林南町4-10
   234557 瀬尾 加奈         2,061,654        1,643,208 岐阜県岐阜市堀江町4-5-5
   234688 谷 珠美           4,380,663  123,457,154,436 岐阜県岐阜市千手堂北町1-1-18 千手堂北町スカイ211
   234763 西谷 秋夫         1,625,855  123,456,938,079 岐阜県岐阜市三ツ又町2-19-14 コンフォート三ツ又町414

18行が選択されました。

SQL> spool off
```

註：見出し行と明細行について、フォントサイズを通常より小さいものに変更しました。

①１行に収まるように半角で128文字、１頁の明細行を10行に設定しています。

②「顧客番号」は見出し文字に半角８文字分指定しました。

③「氏名」、「住所」はそれぞれ半角で14、52文字分指定しました。

④「総預金残高」、「総融資残高」の数値項目は３桁ごとの「,」（カンマ）を付け、数字12桁で全部で15桁表示としました。

# 第3章　SELECT文あれこれ

「データベースシステム習得の王道は、select 文の習得に尽きる」と言っても決して過言ではないと思います。

データ挿入の insert 文、データ更新の update 文、データ削除の delete 文の習得も、select 文をどれだけ習得したかに左右されると思います。

副問い合せなどを利用する複雑な insert、update、delete 文を作成し実行する前には、insert、update、delete 句を select 句そうろうへの置き換え実行にて、期待した結果を得ることにより、動作確認と検証に要する工程と時間の短縮を図ることができます。

この章では、データベースシステム構築の基本となる select 文作成に際し、便利と思われる特徴的なものをあれこれと列記してみました。

## 3-1　演算子や関数の利用

オラクルに用意されている演算子や関数を利用して select 文結果を分かりやすくしたり、種々の集計や編集を行ったりすることができます。

演算子と関数は同じようなものと認識していますが、両者の違いについての詳細は「オラクル・マニュアル」または関連書籍を参照して下さい。

### 3-1-1　「case」演算子

select 文の結果を Excel シートなどに加工して情報共有を図る場合、文字や数字などのコードで管理されている項目を結果に含めると、日常的にコードの利用に慣れていない部門ではコード一覧表の検索と照合に時間を取られ、作業効率の低下を招きます。

「case」演算子を利用して、コード変換後を select 文結果に含めることができます。また、数値項目を任意の範囲にて階層化させることができ、集計に役立たせることができます。

「case」演算子の文法は以下の通りです。

```
case [式A]
        when 式B1 then 式C1
       [when 式B2 then 式C2]
              :
       [when 式Bn then 式Cn]
```

```
        else 式D
end ［as］ 別名,
註：［ ］ はオプション
```

PL/SQLスクリプト内で利用するcase式の場合は、式Cnは「;」で終わり、最終行は「end case;」となるので、注意が必要です。

**【事例：3-1-1 「case」演算子】**

１．コード項目を変換表示：テーブル「cms001_顧客情報」（後述：218頁）の項目「性別」を漢字変換

「性別」項目は数字項目で、「１：男」、「２：女」と定義されています。明細には「男」、「女」、「１，２」以外は「不明」と表示させます。コード表示も併せて結果に表示させるときは、「性別ＣＤ」などの別名にします。

```
case 性別
  when 1 then '男'
  when 2 then '女'
  else '不明'
end as 性別,
```

２．数値項目の階層化：ビュー「cms001_v顧客情報」の項目「年齢」を項目「年齢階層」に変換

「年齢」項目は数値項目ですが、20歳未満から100歳以上までの10階層化を行い、名称を「年齢階層」としています。「年齢」が未設定の場合は「11」としています。

年齢階層別による様々な集計を行い、年齢による顧客取引状況を把握・分析するための資料を提供します。

```
case
  when 年齢 〈 20 then 1
  when 年齢 between 20 and 29 then 2
  when 年齢 between 30 and 39 then 3
  when 年齢 between 40 and 49 then 4
  when 年齢 between 50 and 59 then 5
  when 年齢 between 60 and 69 then 6
  when 年齢 between 70 and 79 then 7
  when 年齢 between 80 and 89 then 8
  when 年齢 between 90 and 99 then 9
  when 年齢 〉= 100 then 10
  when 年齢 is null then 11
 end as 年齢階層,
```

### 3-1-2 「decode」関数

「case」演算子と同様に「decode」関数も利用することができます。

また、「decode」関数はコード表記項目のコード別件数を、１つのselect文で取得することができます。

「decode」関数の文法は以下の通りです。

```
decode(式A, 式B1, 式C1, [式B2, 式C2, [……, 式Bn, 式Cn,] 式D) 別名,
註:[ ]はオプション
```

前項の「case」演算子と「decode」関数表記の「式A, 式B1, 式C1, ……, 式Bn, 式Cn, 式D」は同義です。式Aを式B1と評価して一致したら式C1、一致しなかったら式B2と評価して一致したら式C2、と続けてどれにも一致しなかったら式Dを返すことになります。

また、「式Bn」,「式Cn」（n=2, ……, n）の記述が少ないほど、「case」演算子よりも「decode」関数の利用が見やすいものとなります。

**【事例：3-1-2 「decode」関数】**

前述の【事例：3-1-1】を「decode」関数にて表記します。

１．コード項目を変換表示：テーブル「cms001_顧客情報」の項目「性別」を漢字変換

```
decode(性別, 1, '男', 2, '女', '不明') 性別,
```

このケースでは「case」演算子の５行に対し、「decode」関数は１行で記述でき、見た目もシンプルで見やすいと思います。「case」演算子の５行を無理やり１行で記述することもできますが、見やすさを求めれば妥当な行数だと思います。

２．数値項目を階層化する：ビュー「cms001_v顧客情報」の項目「年齢」を項目「年齢階層」に変換

```
decode(sign(年齢 - 20), -1, 1,
        decode(floor(年齢/10), 2, 2, 3, 3, 4, 4, 5, 5, 6, 6, 7, 7, 8, 8, 9, 9,
         decode(sign(年齢 - 99), 1, 10,
          decode(年齢, null, 11, null)))) 年齢階層,
```

このケースでは「case」演算子の13行に対し、「decode」関数は４行で記述していますが、見やすさと分かりやすさから「case」演算子の利用が妥当と思われます。

「decode」関数による表記は、評価式が一致しなかった場合に新たな評価式の追加となり、その結果４多重の「decode」関数の式となるため、改行の位置によっては他の人が見ると分かりづらくなります。「sign」関数、「floor」関数を利用していますが、他の関数の利用もあろうかと思われます。

細かいことですが、対象レコード件数により「年齢階層」以外の項目も含めて結果を返す

ときの処理速度の違いまで求められると、「case」演算子と「decode」関数のどちらが有効な選択となるかは分かりません。
関心がある方は「オラクル・マニュアル」または関連書籍を参照して下さい。

3．１つのselect文によるコード別件数取得：テーブル「cms001_顧客情報」の項目「性別」のコード別人数を算出

「decode」関数の評価結果を「count」関数の引数としています。「decode」関数の評価式が一致した場合の評価結果に項目「性別」を指定していますが、評価結果に数字の「1」を指定しても結果は同じです。

```
SQL〉select count(decode(性別, 1, 性別)) 男性人数,
  2  count(decode(性別, 2, 性別)) 女性人数
  3  from taro.cms001_顧客情報;

  男性人数   女性人数
--------------- --------------
        2958        2042
```

4．１つのselect文によるランク別件数取得：ビュー「cms001_v顧客情報」(後述) の項目「年齢」の世代別人数を算出

２．の「sign」関数、「floor」関数と同じ利用方法により世代別の顧客人数を、３．と同様に算出しています。前述同様に評価結果に項目「顧客番号」を指定していますが数字の「1」を指定しても同じ結果です。

```
SQL〉select count(decode(sign(年齢 - 30), -1, 顧客番号)) 人数30代下,
  2  count(decode(floor(年齢/10), 3, 顧客番号)) 人数30代,
  3  count(decode(floor(年齢/10), 4, 顧客番号)) 人数40代,
  4  count(decode(floor(年齢/10), 5, 顧客番号)) 人数50代,
  5  count(decode(floor(年齢/10), 6, 顧客番号)) 人数60代,
  6  count(decode(sign(年齢 - 69), 1, 顧客番号)) 人数70代超
  7  from taro.cms001_v顧客情報;

人数30代下   人数30代   人数40代   人数50代   人数60代   人数70代超
------------- -------------- ------------- ------------- -------------- -----------------
          0       1972        511        524        520         1473
```

### 3-1-3 「floor」関数

前項で利用している「floor」関数は、「floor(n)：n 以下の最大の整数を返す」という関数ですが、世代ごとの顧客人数を把握するために「decode」関数と組み合わせて利用しています。

数字のみで構成された２桁以上のコードで各桁に意味づけされている場合、上位桁による

集計などを取得するときにも有効な関数です。

例えば、２桁ごとに大分類、中分類、小分類の計６桁の数字で構成された「商品コード」の場合、「floor（商品コード /10000）」により先頭２桁の大分類ごとの件数を、「floor（商品コード /100）」により先頭４桁の中分類ごとの件数を把握します。

**【事例：3-1-3 「floor」関数】**

ビュー「cms001_v 顧客情報」の「自治体 CD」項目は、２桁の都道府県コードと３桁の市町村コードの５桁で構成されています。都道府県ごとの顧客件数を取得する場合は、以下のようになります。

```
SQL> select floor(自治体CD/1000)        都道府県CD,
  2  count(自治体CD)            顧客人数
  3  from taro.cms001_v顧客情報
  4  group by floor(自治体CD/1000)
  5  order by floor(自治体CD/1000);

  都道府県CD        顧客人数
----------------- --------------------
                1                  115
                2                  107
                3                   92
                4                  107
                    (中略)
               44                   95
               45                  111
               46                   94
               47                  114
                                     0


48行が選択されました。
```

註：48行目に「都道府県 CD」が「空白」で「顧客人数」が「0」の行が表示されています。これについては、以降の『3-2』で検証します。

### 3-1-4 「mod」関数

前項の「floor」関数と稀にセットで利用される関数に、「mod(m, n)：m/n の剰余を返す」の「mod」関数があります。

「floor」関数とは異なり、下位桁による集計などを取得することはめったにありませんが、下位の桁を取得するときに有効な関数です。

**【事例：3-1-4 「mod」関数】**

ビュー「cms001_v 顧客情報」の「自治体 CD」項目は、２桁の都道府県コードと３桁の市町村コードの５桁で構成されています。以下は、特定顧客の市町村コードを取得します。

```
SQL〉select 自治体CD,
  2  mod(自治体CD, 1000),
  3  to_number(substr(to_char(自治体CD), 3, 3)) 市町村コード
  4  from taro.cms001_v顧客情報
  5  where 顧客番号 = 231234;

 自治体CD  MOD(自治体CD, 1000)   市町村コード
--------------- ------------------------------- ---------------------
      41201                         201             201
```

上記のように、数字あるいは数値項目の場合は「mod」関数の利用が便利です。

### 3-1-5 「distinct」句

演算子や関数というものではありませんが、「重複を排除する」という機能を持つ「distinct」句があります。

「select」句の直後に「distinct」句を記述した select 文は、結果に同一の行が複数行ある場合、言い換えると重複する行がある場合は１行のみを返します。

重複が多い行を絞り込んで新たなテーブルを作成する場合に便利な機能です。

「count(distinct 式A)」と記述した場合は、同一の式Aの重複を排除した件数が返されます。「式A」の取り得る結果の数を把握する場合に利用できます。

**【事例：3-1-5 「distinct」句】**

１.「select」句の直後に「distinct」句を記述

ビュー「cms001_v 顧客情報」の「性別, 都道府県, 出身地」の select 文と、「distinct 性別, 都道府県, 出身地」の select 文を比べてみましょう。

```
SQL〉select 性別, 都道府県, 出身地 from taro.cms001_v顧客情報;

性別      都道府県       出身地
----------- --------------- --------------------
男        秋田県         岐阜県
男        福岡県         富山県
男        秋田県         岐阜県
                (中略)
男        奈良県         鹿児島県
女        千葉県         神奈川県
```

```
男          北海道          鳥取県

5000行が選択されました。


SQL〉select distinct 性別, 都道府県, 出身地 from taro.cms001_v顧客情報;

性別        都道府県        出身地
----------- --------------- --------------------
女          北海道          熊本県
女          高知県          石川県
男          広島県          香川県
               (中略)

女          山形県          徳島県
男          千葉県          愛媛県
女          長崎県          長野県

2993行が選択されました。
```

「distinct 性別, 都道府県, 出身地」の select 文は、同一の「性別, 都道府県, 出身地」が重複する2,007件（5,000-2,993）を排除しています。

２.「count(distinct 式A)」

「count(distinct 出身地)」の select 文は、同一の「出身地」が重複する4,953件（5,000-47）を排除しています。

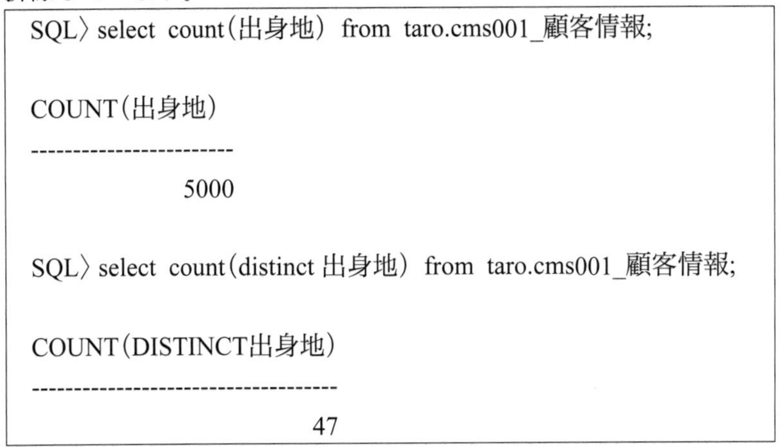

```
SQL〉select count(出身地) from taro.cms001_顧客情報;

COUNT(出身地)
-----------------------
                5000

SQL〉select count(distinct 出身地) from taro.cms001_顧客情報;

COUNT(DISTINCT出身地)
-----------------------------------
                              47
```

### 3-1-6 「in」演算子

「or」演算子を利用して複数の式と比較する場合に比較対象式が多くなる都度、被比較対象式を記述する煩わしさを「in」演算子で解消することができます。

また、他テーブルの複数項目と一致する、あるいは一致しない行を把握する場合にも、「in」あるいは「not in」演算子の利用が効果的です。

**【事例：3-1-6 「in」演算子】**

1．「in」演算子の利用

テーブル「cms001_顧客情報」の「出身地」が「愛知県」、「岐阜県」、「三重県」のいずれかに該当する顧客件数を取得する。

①「in」演算子を利用しない

```
SQL〉select count(顧客番号)
  2  from taro.cms001_顧客情報
  3  where 出身地 = '愛知県'
  4    or 出身地 = '岐阜県'
  5    or 出身地 = '三重県';

COUNT(顧客番号)
---------------------------
                    347
```

②「in」演算子を利用する

```
SQL〉select count(顧客番号)
  2  from taro.cms001_顧客情報
  3  where 出身地 in ('愛知県', '岐阜県', '三重県');

COUNT(顧客番号)
---------------------------
                    347
```

記述のしやすさは明らかに「in」演算子を利用した場合です。比較する都道府県が増えれば更に「in」演算子の効果が大きくなります。

2．「not in」演算子の利用

テーブル「cms001_顧客情報」の「出身地」が「愛知県」、「岐阜県」、「三重県」のいずれにも該当しない顧客件数を取得する。

①「not in」演算子を利用しない

```
SQL〉select count(顧客番号)
  2  from taro.cms001_顧客情報
  3  where 出身地 〈〉 '愛知県'
```

```
  4    and 出身地 <> '岐阜県'
  5    and 出身地 <> '三重県';

COUNT(顧客番号)
---------------------------
                  4653
```

②「not in」演算子を利用する

```
SQL> select count(顧客番号)
  2  from taro.cms001_顧客情報
  3  where 出身地 not in ('愛知県', '岐阜県', '三重県');

COUNT(顧客番号)
---------------------------
                  4653
```

記述のしやすさは明らかに「in」演算子と同様に「not in」を利用した場合です。

「in」と「not in」演算子と似たような機能を持つ演算子に、「exists」と「not exists」演算子があります。これらの演算子は、後述する「副問い合せ」（サブクエリとも言います）との利用が多く、業務システムでも便利なツールとして重宝されていました。

### 3-1-7 「group by」句のオプション

「group by」句を利用した「count」関数や「sum」関数による select 文の集計結果を求めたときに、「group by」句で指定した項目数が２項目以上の場合、項目ごとの「小計」や「総合計」を更に求めるときには、別途 select 文を実行したことがあると思います。

こんなときオラクルには、「group by」句に追加する「rollup」と「cube」というオプションがあります。

「rollup」は「小計」や「総合計」を求めたいときに、「cube」は更に「クロス集計」を求めたいときに利用します。

**【事例：3-1-7 「group by」句のオプション】**

1．ビュー「cms001_v顧客情報」の「愛知, 岐阜, 三重」の東海三県に居住する「顧客件数と総預金合計」を「性別, 都道府県」ごとに「小計」や「総合計」を含め、「rollup」オプションの利用にて求める

①「性別」を「rollup」オプション指定

```
SQL> select 性別,
  2  都道府県,
```

```
  3  count(顧客番号) 顧客件数,
  4  sum(総預金残高) 総預金合計
  5  from taro.cms001_v顧客情報
  6  where 都道府県 in ('愛知県', '岐阜県', '三重県')
  7  group by rollup(性別), 都道府県
  8  order by 性別, 都道府県;

性別     都道府県     顧客件数     総預金合計
-------- ------------ ------------- -------------------
女       愛知県              51      280772559
女       岐阜県              42      176834032
女       三重県              53      283038835
男       愛知県              54      298782788
男       岐阜県              51      236723934
男       三重県              60      313536542
         愛知県             105      579555347
         岐阜県              93      413557966
         三重県             113      596575377

9行が選択されました。
```

「性別, 都道府県」別集計と「都道府県」別合計が求められた。

②「性別, 都道府県」を「rollup」オプション指定

```
SQL〉select 性別,
  2  都道府県,
  3  count(顧客番号) 顧客件数,
  4  sum(総預金残高) 総預金合計
  5  from taro.cms001_v顧客情報
  6  where 都道府県 in ('愛知県', '岐阜県', '三重県')
  7  group by rollup(性別, 都道府県)
  8  order by 性別, 都道府県;

性別     都道府県     顧客件数     総預金合計
-------- ------------ ------------- -------------------
女       愛知県              51      280772559
女       岐阜県              42      176834032
女       三重県              53      283038835
女                          146      740645426
男       愛知県              54      298782788
男       岐阜県              51      236723934
```

```
男　　三重県　　　　　60　313536542
男　　　　　　　　　 165　849043264
　　　　　　　　　　 311　1589688690

9行が選択されました。
```

「性別, 都道府県」別集計と「性別」の「小計」と「総合計」が求められた。

2．ビュー「cms001_v顧客情報」の「愛知, 岐阜, 三重」の東海三県に居住する「顧客件数と総預金合計」を「性別, 都道府県」ごとに「小計」や「総合計」を含め、「cube」オプションの利用にて求める

①「性別」を「cube」オプション指定

```
SQL> select 性別,
  2  都道府県,
  3  count(顧客番号) 顧客件数,
  4  sum(総預金残高) 総預金合計
  5  from taro.cms001_v顧客情報
  6  where 都道府県 in ('愛知県', '岐阜県', '三重県')
  7  group by cube(性別), 都道府県
  8  order by 性別, 都道府県;

性別　都道府県　顧客件数　総預金合計
-------- ------------ ------------- -------------------
女　　愛知県　　　　　51　280772559
女　　岐阜県　　　　　42　176834032
女　　三重県　　　　　53　283038835
男　　愛知県　　　　　54　298782788
男　　岐阜県　　　　　51　236723934
男　　三重県　　　　　60　313536542
　　　愛知県　　　　 105　579555347
　　　岐阜県　　　　　93　413557966
　　　三重県　　　　 113　596575377

9行が選択されました。
```

「rollup」オプションと同じ「性別, 都道府県」別集計と「都道府県」別合計が求められた。

②「性別, 都道府県」を「cube」オプション指定

```
SQL> select 性別,
  2  都道府県,
  3  count(顧客番号) 顧客件数,
  4  sum(総預金残高) 総預金合計
```

```
  5  from taro.cms001_v顧客情報
  6  where 都道府県 in ('愛知県', '岐阜県', '三重県')
  7  group by cube(性別, 都道府県)
  8  order by 性別, 都道府県;

性別     都道府県     顧客件数     総預金合計
-------- ------------ ------------- -------------------
女       愛知県              51      280772559
女       岐阜県              42      176834032
女       三重県              53      283038835
女                          146      740645426
男       愛知県              54      298782788
男       岐阜県              51      236723934
男       三重県              60      313536542
男                          165      849043264
         愛知県             105      579555347
         岐阜県              93      413557966
         三重県             113      596575377
                            311     1589688690

12行が選択されました。
```

「性別, 都道府県」別集計と「性別」と「都道府県」の「小計」と「総合計」が求められた。

「rollup」と「cube」オプション利用に最初は戸惑いがありますが、便利な機能です。

## 3-2 「null」の取り扱い

select文に慣れてくると、職場の諸先輩方が口々に「ヌル」または「ナル」と発音し、文字項目でも、数値項目でも、日付項目でも取り扱う時に利用する「null」と表記するものに気付きます。

「nullとは何ですか？」と尋ねると、「う……ん、空(カラ)なんだよ」と返ってきますが、「えっ、空って、どういうことですか？」と再度尋ねると「何も無いんだよ」と、禅問答のような答えに「？」と首をかしげて戸惑ったことはないでしょうか。

「ウィキペディア」(https://ja.wikipedia.org/wiki/Null) の冒頭では、『null（ヌル、ナル）は、何もない、という意味で、プログラミング言語などコンピュータ関係では、「何も示さないもの」を表すのに使われる』と記載されています。

また、「IT用語辞典」(http://e-words.jp/w/Null.html) では、『処理系によってはNull値は数

値や文字列などと比較や演算ができない場合があり、Null値を取る可能性がある変数を比較したり操作したりする際には注意が必要である』と記載されています。

汎用系のファイルシステムには初期値を含め、「null」という概念が無いため、オラクルを利用したオープン系システム開発時には、私自身も「nullには注意が必要である」と思い知らされたことが幾度となくありました。

しかし、「nullと上手に付き合えば効率的なシステムが構築できる」と実感したことは紛れもない事実です。

ここでは、「null」と付き合うなかで気づいたことを、いくつかの事例によりあれこれと紹介させて頂きます。

**【事例：3-2 「null」の取り扱い】**

１．数値項目の「null」

「null」は「0」とどう違うのかを、「count」関数と「sum」関数でその取り扱いについて見ます。

①テーブル「cms001_顧客情報」の「出身地が岐阜県または愛知県」の顧客を対象に「顧客件数」、「残高件数」と「残高合計」を把握する。「残高件数」は「総預金残高」項目の件数です。

```
SQL〉select count(顧客番号) 顧客件数,
  2  count(総預金残高) 残高件数,
  3  sum(総預金残高) 残高合計
  4  from taro.cms001_顧客情報
  5  where 出身地 in ('岐阜県', '愛知県');

  顧客件数  残高件数      残高合計
---------------- -------------- -----------------
         238          238   1408151861
```

②テーブル「cms001_顧客情報」の「出身地が岐阜県」の顧客の「総預金残高」を「null」に更新します。

```
SQL〉update taro.cms001_顧客情報
  2  set  総預金残高 = null
  3  where 出身地 = '岐阜県';

109行が更新されました。
```

③テーブル「cms001_顧客情報」の「出身地が岐阜県」の顧客の「総預金残高」を更新後の「顧客件数」、「残高件数」と「残高合計」を取得します。

```
SQL〉select count(顧客番号) 顧客件数,
```

```
  2  count(総預金残高) 残高件数,
  3  sum(総預金残高) 残高合計
  4  from taro.cms001_顧客情報
  5  where 出身地 in ('岐阜県');

  顧客件数  残高件数      残高合計
---------------- -------------- -----------------
         109           0
```

「count」関数の計算結果が「0」、「sum」関数の計算結果が「空白」となりました。
「総預金残高」の項目としての件数を求めようとしても「null」のため「0」が返され、「総預金残高」の合計は「空白」が返されました。

④テーブル「cms001_顧客情報」の「出身地が岐阜県または愛知県」の顧客を対象に「顧客件数」、「残高件数」と「残高合計」を取得します。

```
SQL〉select count(顧客番号) 顧客件数,
  2  count(総預金残高) 残高件数,
  3  sum(総預金残高) 残高合計
  4  from taro.cms001_顧客情報
  5  where 出身地 in ('岐阜県', '愛知県');

  顧客件数  残高件数      残高合計
---------------- -------------- -----------------
         238         129   741736311
```

③との比較により、「出身地が岐阜県」の顧客の「0」件の「残高件数」と「空白」の「残高合計」に、「出身地が愛知県」の顧客の「残高件数」と「残高合計」が加えられ、この「残高件数」と「残高合計」を利用して更に演算を続けた場合、不整合で利用できない結果となります。
この現象を回避するために、⑤の対応を行います。

⑤「総預金残高」項目が「null」の場合は「0」とする「nvl」関数を利用し、④と同様に「顧客件数」、「残高件数」と「残高合計」を取得します。

```
SQL〉select count(顧客番号) 顧客件数,
  2  count(nvl(総預金残高, 0)) 残高件数,
  3  sum(nvl(総預金残高, 0)) 残高合計
  4  from taro.cms001_顧客情報
  5  where 出身地 in ('岐阜県', '愛知県');

  顧客件数  残高件数      残高合計
---------------- -------------- -----------------
         238         238   741736311
```

「残高件数」は「顧客件数」と同じに、「残高合計」に変化は見られない結果となりました。

⑥「総預金残高」項目が「null」の場合は「0」とする「nvl」関数を利用し、③と同様に「出身地が岐阜県」の顧客を対象に「顧客件数」、「残高件数」と「残高合計」を取得します。

```
SQL> select count(顧客番号) 顧客件数,
  2  count(nvl(総預金残高, 0)) 残高件数,
  3  sum(nvl(総預金残高, 0)) 残高合計
  4  from taro.cms001_顧客情報
  5  where 出身地 in ('岐阜県');

  顧客件数  残高件数    残高合計
---------------- ------------- -----------------
         109          109             0

SQL> rollback;

ロールバックが完了しました。
```

「残高件数」は「顧客件数」と同値となり、「残高合計」が「0」となり、以降、⑤と同様にこの「残高件数」と「残高合計」を利用しても問題が無いこととなります。

以降の事例に向け、「null」に更新した「総預金残高」を「rollback」コマンドにより戻しておきます。

## コラム：「null」疑わしき数値項目は「nvl」関数で

【事例：3-1-3】(23頁）のselect文結果で『48行目に「都道府県CD」が「空白」で「顧客人数」が「0」の行が表示されています。』とありました。

これは、「自治体CD」に「null」の値を含む行があるためと思われますので、以下のように「nvl」関数を利用します。

```
SQL> select floor(nvl(自治体CD, 0)/1000)         都道府県CD,
  2  count(nvl(自治体CD, 0)) 顧客人数
  3  from taro.cms001_v顧客情報
  4  group by floor(nvl(自治体CD, 0)/1000)
  5  order by floor(nvl(自治体CD, 0)/1000);

 都道府県CD      顧客人数
------------------ ------------------
             0            78
             1           115
```

```
         2          107
         3           92
         4          107
         5          112
          （中略）
        43           82
        44           95
        45          111
        46           94
        47          114

48行が選択されました。
```

「都道府県CD」が「null」の「顧客人数」が「78」人ありました。

ビュー「cms001_v顧客情報」の「都道府県CD」に「null」が設定されている理由については、後述『3-4-3』内の事例（42頁）を参照して下さい。

---

２．文字項目の「null」

「null」は「空白」とどう違うのかを、「length」関数でその取り扱いについて見ます。

①テーブル「cms001_顧客情報」の「顧客番号＝230001」の「氏名」と「氏名」の文字列長を取得します。

```
SQL〉select 氏名, length(氏名)
  2    from taro.cms001_顧客情報
  3    where 顧客番号 = 230001;

氏名                         LENGTH(氏名)
-------------------------- -----------------------
谷村　昌男                                  5
```

「氏名」項目は全角で登録されているので、空白も含めた全角文字長が「5」です。

②テーブル「cms001_顧客情報」の「顧客番号＝230001」の「氏名」を全角空白1個に更新し、更新後の「氏名」と「氏名」の文字列長を取得します。

```
SQL〉update taro.cms001_顧客情報
  2    set 氏名 =’　’
  3    where 顧客番号 = 230001;

1行が更新されました。

SQL〉select 氏名, length(氏名)
```

```
  2     from taro.cms001_顧客情報
  3     where 顧客番号 = 230001;

氏名                          LENGTH(氏名)
------------------------- ----------------------
                                          1
```

更新後の「氏名」は見た目には把握できませんが、「spool」コマンド指定時のテキストファイルにて「氏名」の全角空白1個と、全角文字長が「1」が確認できました。

③テーブル「cms001_顧客情報」の「顧客番号 = 230001」の「氏名」を「null」に変更し、変更後の「氏名」と「氏名」の文字列長を取得します。

```
SQL> update taro.cms001_顧客情報
  2     set 氏名 = null
  3     where 顧客番号 = 230001;

1行が更新されました。

SQL> select 氏名, length(氏名)
  2     from taro.cms001_顧客情報
  3     where 顧客番号 = 230001;

氏名                          LENGTH(氏名)
------------------------- ----------------------

```

②と同様に「null」に変更後の「氏名」は見た目には把握できませんが、「spool」コマンド指定時のテキストファイルにて「氏名」の全角空白1個が無いことを確認、文字長が「null」であることを確認できます。

④前述の③の「氏名 = null」を「氏名 = ''」に変えて、更新後の「氏名」と「氏名」の文字列長を取得します。

```
SQL> update taro.cms001_顧客情報
  2     set 氏名 = ''
  3     where 顧客番号 = 230001;

1行が更新されました。

SQL> select 氏名, length(氏名)
  2     from taro.cms001_顧客情報
  3     where 顧客番号 = 230001;

```

```
氏名                            LENGTH(氏名)
-------------------------- ----------------------



SQL> rollback;

ロールバックが完了しました。
```

③と同様の結果を確認できました。

以降の事例に向け、「null」に更新した「総預金残高」を「rollback」コマンドにより戻しておきます。

3.「null」の判定

「where」句で検索条件項目が「null」かどうかは、「where 式A = null」では判定できません。「where 式A is null」により行います。また、逆に「where 式A 〈〉 null」では判定できません。「where 式A is not null」により行います。

テーブル「cms001_顧客情報」の「出身地 = '岐阜県'」の顧客の「氏名」を「null」に変更し、「=」と「is」および「〈〉」と「is not」の違いを顧客件数の取得により検証します。

```
SQL> update taro.cms001_顧客情報
  2    set 氏名 = null
  3    where 出身地 = '岐阜県';

109行が更新されました。

SQL> select count(顧客番号)
  2    from taro.cms001_顧客情報;

 COUNT(顧客番号)
--------------------------
                     5000

SQL> select count(顧客番号)
  2   from taro.cms001_顧客情報
  3    where 氏名 = null;

 COUNT(顧客番号)
--------------------------
                        0

SQL> select count(顧客番号)
```

```
  2   from  taro.cms001_顧客情報
  3     where  氏名 is null;

 COUNT(顧客番号)
---------------------------
                       109

SQL〉select  count(顧客番号)
  2   from  taro.cms001_顧客情報
  3     where  氏名 〈〉 null;

 COUNT(顧客番号)
---------------------------
                         0

SQL〉select  count(顧客番号)
  2   from  taro.cms001_顧客情報
  3     where  氏名 is not null;

 COUNT(顧客番号)
---------------------------
                      4891

SQL〉rollback;

ロールバックが完了しました。
```

「=」と「〈〉」による抽出条件ではともに「0」を返し、顧客件数を取得できません。
以降の事例に向け、「null」に更新した「氏名」を「rollback」コマンドにより戻しておきます。

これら以外にも、「null」に注意すべき点はあろうかと思いますが、「リファレンス・マニュアル」または関連書籍を参照して下さい。

## 3-3 「dual」テーブルの利用

オラクルのシステムテーブルの１つに「dual」テーブルというものがあります。
これ以降の事例の中で利用しますので触れておきたいと思います。

『「dual」表は、データ・ディクショナリとともにOracleによって自動的に作成される表で、ユーザSYSのスキーマ内にあるが、すべてのユーザからアクセスでき、varchar2(1) として定義された dummy という列に‘X’の値が設定され、select コマンドを使用した定数の式の計算に便利』などと、「リファレンス・マニュアル」には記載されています。

```
SQL〉select * from dual;

D
-
X

SQL〉
```

「select 関数(式A) from dual;」のように関数の使い方を確認する場合に多用する結構便利なシステムテーブルです。

「SQL Server」、「PostgreSQL」などのデータベースシステムでは「select」句に続けて関数を記述し「from」句を省略して実行できますが、オラクルでは「from」句を必須としているための「dual」テーブルとも思えます。

**【事例：3-3 「dual」テーブルの利用】**

１．マニュアルだけではイメージが把握できない関数を具体的に利用してみます

数字６桁の上３桁、下３桁を取得するために、「floor」関数と「mod」関数の利用方法を把握します。

```
SQL〉select floor(123456/1000) from dual;

 FLOOR(123456/1000)
------------------------------
                        123

SQL〉select mod(123456, 1000)   from dual;

   MOD(123456, 1000)
------------------------------
                        456
```

「100」か「1000」なのかが意外と即座に出てこない時があります。そんな時の確認に「dual」テーブルは便利です。

２.「null」の値を確認

前述の「null」の取り扱いを「dual」テーブルで確認します。

```
SQL〉select 2 + 3 合計      from dual;

      合計
```

```
------------
           5

SQL〉select 2 + 3 + null 合計 from dual;

      合計
------------

SQL〉select 2 * 3 答え      from dual;

      答え
------------
           6

SQL〉select 2 * 3 * null 答え from dual;

      答え
------------
```

式の中に「null」の値があると結果は「空白」が表示されていますが、「null」となります。

3．システム日付を取得したい場合に「dual」テーブルが役に立ちます

```
SQL〉select  sysdate  from dual;

SYSDATE
-------------
15-12-01
```

## 3-4　複数テーブルの取り扱い

ここまでの「from」句は1つのテーブルの取り扱いでしたが、ここでは複数のテーブルの取り扱いについてあれこれと触れてみます。

### 3-4-1　別名の利用

複数テーブルを取り扱うということは、複数テーブル同士を結合させる項目が必要です。

通常、この項目は複数テーブル間で異なる名前を付けると煩雑となるため、必ずと言っていいほど同じ名前を付けます。

「from」句で利用テーブル名を列記し、「where」句で複数テーブル間の結合条件項目は

「テーブル名.項目名」と記述して、どのテーブルの項目かを明確にします。
「select」句に続けて記述する項目が複数テーブル相互に保有されていると「テーブル名.項目名」と記述し、「group by」句、「order by」句、「having」句も同様に記述し、「テーブル名.」の記述が多いと見づらいので「テーブル別名」を利用します。

「テーブル（別）名.」の記述なしに実行して「ORA-00918: 列の定義が未確定です。」のエラーが返されたら、複数テーブル相互に同じ項目名があったということです。

テーブル別名は、テーブル名を類推しやすいアルファベット１文字が難しいときは２文字で付け、他テーブルに同じ項目名が有ろうが無かろうが、全ての項目に「テーブル別名」を付けて、どのテーブルの項目かを明確にしていました。

### 3-4-2　効率が良い検索

複数のテーブルを参照する場合、テーブルごとの行数が多い順に「from」句に続けてテーブル名を記述し、「where」句に続けて記述する結合条件はデータ件数が少ないテーブルの項目名を左辺に記述すると検索が速いと言われました。

テーブルに作成されている索引が結合条件項目に指定されている場合、索引が利用されるように「where」句に続けて記載されているか否かにより検索時間に差が発生します。
複数の項目による複合索引がある場合は、複合索引作成時の第１順位項目が結合条件項目として記述されていないと索引が利用されません。

### 3-4-3　「(+)」演算子の利用

検索条件に一致しない行も出力させるテーブルを主テーブルとした場合、他のテーブルを従テーブルとして取り扱うために、外部結合演算子「(+)」を利用します。

左辺あるいは右辺に記述した従テーブルの結合条件項目に続けて「(+)」を記述します。
「(+)」を利用せずに、「left join」あるいは「right join」を利用する記述もありますが、「(+)」の方がイメージが掴みやすいと思います。

**【事例：3-4-1、3-4-2、3-4-3】**

ビュー「cms001_v 顧客情報」にテーブル「jpn002_自治体」の「自治体CD」を設定させるために、テーブル「cms001_顧客情報」の「漢字住所１」と「漢字住所２」が、テーブル「jpn002_自治体」の「都道府県」と「市区町村」に合致するかどうかを検証するためのselect文を実行します。

```
SQL〉select count(顧客番号)
  2  from taro.cms001_顧客情報;

    COUNT(顧客番号)
--------------------------------
```

```
                    5000

SQL〉select count(都道府県CD)
  2  from taro.jpn002_自治体;

 COUNT(都道府県CD)
--------------------------------
                    1896

SQL〉select count(c.顧客番号)
  2  from taro.cms001_顧客情報 c,
  3   taro.jpn002_自治体  j
  4  where j.都道府県 = c.漢字住所１
  5    and j.市区町村 = c.漢字住所２;

  COUNT(C.顧客番号)
--------------------------------
                    4922
```

テーブル「cms001_顧客情報」に別名「c」を、テーブル「jpn002_自治体」に別名「j」を付け、それぞれの項目名にテーブル別名を付けて利用するテーブルを明示しています。

テーブル「cms001_顧客情報」の行数：5,000件、テーブル「jpn002_自治体」の行数：1,896件と多くはありませんが、「from」句に続けて多い順に記述しています。

「where」句に続けて記述している結合条件では、テーブル「cms001_顧客情報」の「漢字住所１」と「漢字住所２」、テーブル「jpn002_自治体」の「都道府県」と「市区町村」は、行数が少ないテーブル項目を左辺に記述しています。

また、「漢字住所１、漢字住所２」、「都道府県、市区町村」の複合索引がそれぞれのテーブルで以下のように作成されているので、索引が利用されるように結合条件の項目順序が記述されています。

```
create index taro.cms001_knj
  on taro.cms001_顧客情報(漢字住所１,漢字住所２,漢字住所３)
                    pctfree       5
                    tablespace    idx1yk01
                    storage (
                    initial       50k
                    next          1k
                    minextents    1
                    maxextents    unlimited
```

```
                              pctincrease    0)
                              unrecoverable;

create index taro.jpn002_knj
  on taro.jpn002_自治体(都道府県, 市区町村)
                              pctfree        5
                              tablespace     idx1yk01
                              storage (
                              initial        10k
                              next           1k
                              minextents     1
                              maxextents     unlimited
                              pctincrease    0)
                              unrecoverable;
```

テーブル「cms001_顧客情報」の顧客件数5,000件のうち、4,922件が合致しました。

この結合条件で、ビュー「cms001_v顧客情報」を作成、業務に利用した場合、78件が業務対象となりません。自治体コードに無い旧地名住所が利用されているものと推測されます。

テーブル「cms001_顧客情報」を主テーブル、テーブル「jpn002_自治体」を従テーブルとした結合条件を設定しました。

```
SQL> select count(c.顧客番号)
  2  from taro.cms001_顧客情報 c,
  3   taro.jpn002_自治体 j
  4  where j.都道府県 (+) = c.漢字住所 1
  5    and j.市区町村 (+) = c.漢字住所 2;

 COUNT(C.顧客番号)
-------------------------------
                   5000
```

これにより作成するビュー「cms001_v顧客情報」の全件を業務対象とすることができました。

### 3-4-4 「union」演算子の利用

今まで見てきたselect文の関数や演算子は、一部を除いて1つのselect文内にて利用するものでしたが、複数のselect文を対象とする集合演算子というものがあります。

集合演算子には、差集合を求める「minus」、積集合を求める「intersect」などがありますが、業務システムに利用が多く利用実績がある和集合を求める「union」を見てみます。

「union」は、英和辞典では「結合、連合、合併、合体、合一」などと訳されていますが、文字通り複数のselect文を結合あるいは合体させて、一つの実行結果を得るための演算子です。

但し、複数のselect文が守らなければならないことは、「select」句に記述する項目の数と形式を同一にし、項目の記述順序も同一にすることです。

「union」演算子は複数のselect文の実行結果に重複する行がある場合は1行に取りまとめられるので、全行を取得する場合は、「union all」とします。

**【事例：3-4-4 「union」演算子の利用】**

テーブル「cms001_顧客情報」の「漢字住所１」、「漢字住所２」の重複を除いて取得します。

```
SQL> select distinct
  2   漢字住所１,
  3   漢字住所２
  4  from taro.cms001_顧客情報;

漢字住所１       漢字住所２
------------------- ----------------------------------
北海道           苫小牧市
高知県           四万十市
千葉県           木更津市
                 (中略)
沖縄県           国頭郡国頭村
岩手県           西磐井郡平泉町
静岡県           浜松市東区

1363行が選択されました。
```

テーブル「jpn002_自治体」の「都道府県」、「市区町村」を取得します。

```
SQL> select
  2   都道府県,
  3   市区町村
  4  from taro.jpn002_自治体;

都道府県         市区町村
------------------- ----------------------------------
北海道           虻田郡倶知安町
北海道           上川郡比布町
```

```
岩手県          陸前高田市
                (中略)
熊本県          葦北郡津奈木町
宮崎県          東臼杵郡諸塚村
宮崎県          東臼杵郡椎葉村

1896行が選択されました。
```

テーブル「cms001_顧客情報」の「漢字住所１」、「漢字住所２」の重複を除いて取得するselect文と、テーブル「jpn002_自治体」の「都道府県」、「市区町村」を取得するselect文を「union」で結合します。

```
SQL〉select distinct
  2    漢字住所１,
  3    漢字住所２
  4   from taro.cms001_顧客情報
  5  union
  6  select
  7    都道府県,
  8    市区町村
  9   from taro.jpn002_自治体;

漢字住所１      漢字住所２
------------------- -----------------------------------
愛知県          あま市
愛知県          みよし市
愛知県          愛西市
                (中略)
和歌山県        有田郡有田川町
和歌山県        有田市
和歌山県        和歌山市

1932行が選択されました。
```

重複行が１行に取りまとめられて、1,932行となっています。

テーブル「cms001_顧客情報」の「漢字住所１」、「漢字住所２」の重複を除いて取得するselect文と、テーブル「jpn002_自治体」の「都道府県」、「市区町村」を取得するselect文を「union all」で結合します。

```
SQL〉select distinct
  2    漢字住所１,
  3    漢字住所２
```

```
  4   from taro.cms001_顧客情報
  5  union all
  6  select
  7    都道府県,
  8    市区町村
  9   from taro.jpn002_自治体;

漢字住所１     漢字住所２
-------------------- ------------------------------------
北海道         苫小牧市
高知県         四万十市
千葉県         木更津市
               (中略)
熊本県         葦北郡津奈木町
宮崎県         東臼杵郡諸塚村
宮崎県         東臼杵郡椎葉村

3259行が選択されました。
```

全行が返されて、3,259行となっています。

上記事例では２つのselect文を結合していますが、３つ以上のselect文も同様に結合することができます。

## コラム：「union」演算子の利用と項目名

通常「union」演算子は、複数のテーブルに共通する項目を選択し、複数のテーブルを「select」句ごとに設定したビュー表を編集、作成する場合に利用することが多いと思います。

私が在職中は、普通預金、定期預金、財形預金などの預金科目ごとのテーブルと、カードローン、手形貸付、証書貸付などの融資科目ごとのテーブルから、預金共通ビュー表、融資共通ビュー表と科目共通ビュー表などに識別しやすい名称を付けて作成していました。

この方法により、営業店では顧客の預金口座一覧、融資口座一覧、全利用口座一覧などを把握しやすくすることができました。

ビュー表の項目名は最初の「select」句の項目名が設定されるので、他の「select」句の項目名を参考に利用しやすい別名を付け、ビュー表名には推察しやすい名称を付けます。

前事例を基に、無理やりビュー表を編集、作成してみました。

```
SQL〉create view taro.common_住所 as
```

```
  2 select
  3   都道府県,
  4   市区町村
  5  from taro.jpn002_自治体
  6 union all
  7 select distinct
  8   漢字住所１,
  9   漢字住所２
 10  from taro.cms001_顧客情報
 11 with read only;

ビューが作成されました。

SQL〉desc taro.common_住所;
名前                                    NULL?    型
--------------------------------------- -------- ----------------------
都道府県                                          VARCHAR2(10)
市区町村                                          VARCHAR2(30)

SQL〉select count(*) from taro.common_住所;

  COUNT(*)
------------------
        3259
```

## 3-5　副問い合せの利用

「副問い合せ」とは、文頭のselect句から文の終わりの「;」までを「主問い合せ」とした場合に、主問い合せ内に「( )」で囲まれたselect文をいい、「主問い合せ」より先に実行され、その結果を「主問い合せ」が利用します。

「副問い合せ」は、複雑な検索条件や複数のテーブルを対象とする検索条件に対して有効な方法で、業務システム開発時にその効果が実感でき、SQL文作成者以外にも処理内容が把握しやすく共有化が図れるものと思います。

「副問い合せ」は、「主問い合せ」を構成する各句内で利用できますが、ここでは業務システムで利用が多い句内について触れてみます。

### 3-5-1 「where」句内の副問い合せ

「where」句内で利用可能な関数や演算子の対象として副問い合せが利用できます。

**【事例：3-5-1 「where」句内の副問い合せ】**

テーブル「cms001_顧客情報」の「漢字住所１, 漢字住所２」の組み合わせが、テーブル「jpn002_自治体」の「都道府県, 市区町村」の組み合わせと一致する件数を取得します。

①「in」演算子の利用

```
SQL〉select count(顧客番号)
  2  from taro.cms001_顧客情報
  3  where (漢字住所１, 漢字住所２) in
  4   (select 都道府県, 市区町村 from taro.jpn002_自治体);

    COUNT(顧客番号)
------------------------------
                    4922
```

「where」句内にある、４行目（ ）内の select 文が副問い合せです。

テーブル「cms001_顧客情報」の「漢字住所１, 漢字住所２」のセットが、テーブル「jpn002_自治体」から無条件に取得した「都道府県, 市区町村」のセットと一致する顧客件数を「in」演算子により取得しています。

これは、【事例：3-4-1、3-4-2、3-4-3】の「(+)」演算子を利用しない下記事例を副問い合せで取得したことになります。

```
SQL〉select count(c.顧客番号)
  2  from taro.cms001_顧客情報 c,
  3   taro.jpn002_自治体 j
  4  where j.都道府県 = c.漢字住所１
  5   and j.市区町村 = c.漢字住所２;

  COUNT(C.顧客番号)
------------------------------
                    4922
```

②「exists」演算子の利用

①を「exists」演算子で記述すると以下のようになります。

```
SQL〉select count(顧客番号)
  2  from taro.cms001_顧客情報 c
  3  where exists (select * from taro.jpn002_自治体
  4               where c.漢字住所１ = 都道府県
  5                and c.漢字住所２ = 市区町村);
```

```
    COUNT(顧客番号)
------------------------------
                  4922
```

この場合、「where」句内の副問い合せのように『主問い合せのテーブル「cms001_顧客情報」の「漢字住所１」、「漢字住所２」項目を参照している副問い合せ』を「相関副問い合せ」といい、「exists」演算子を利用する場合に多用されます。

「exists」演算子は副問い合せ結果が１行以上あれば「真」、０行であれば「偽」を返します。

相関副問い合せは、主問い合せのテーブルの行ごとに副問い合せを実行するので、その「真」の行が抽出されて「count」関数により件数が返されています。

よって、「exists」演算子を利用した相関副問い合せでは、主問い合せが先に実行されます。

当事例の「exists」と「not exists」は、「in」と「not in」との処理時間に差は見られませんが、参照テーブルの行数が多くなれば違いが出てくるように思われます。

他テーブルの複数項目との比較を行うには「in」と「not in」が、「exists」と「not exists」よりも見た目のイメージで分かりやすいと思います。

「exists」演算子の詳細については、「リファレンス・マニュアル」または関連書籍を参照して下さい。

### コラム：抽出条件のみに参照するテーブルは［not］inで

他テーブルの複数項目との一致あるいは不一致を求める場合は、「from」句内に他テーブルを併記して「where」句内で「and」演算子による検索条件の設定を行う記述より、「(式A1, ……, 式An)［not］in (select 式B1, ……, 式Bn from……」のように「in」演算子と副問い合せによる検索条件を設定する記述が見た目に分かりやすく、オプティマイザ的にも効果的だと思えます。

### 3-5-2 「from」句内の副問い合せ

「from」句内の副問い合せ結果を「インラインビュー」ともいい、テーブルとして利用することができます。

**【事例：3-5-2 「from」句内の副問い合せ】**

テーブル「cms001_顧客情報」の「性別, 漢字住所１, 出身地」の組み合わせパターン件数を取得します。

①副問い合せを利用しない場合

```
SQL〉select  distinct 性別, 漢字住所１, 出身地 from taro.cms001_顧客情報;


  性別   漢字住所１   出身地
---------- ----------------- ---------------
        1  富山県       鹿児島県
        1  福島県       神奈川県
        1  秋田県       静岡県
           (中略)
        1  高知県       栃木県
        1  沖縄県       広島県
        1  茨城県       鳥取県

2993行が選択されました。
```

「distinct」句を利用した select 文の実行により、組み合わせパターンの全行を出力させ、最終行に表示される行数にて件数を取得しました。

②副問い合せを利用した場合

```
SQL〉select  count(性別)
  2   from  (select  distinct
  3          性別, 漢字住所１, 出身地 from taro.cms001_顧客情報);

  COUNT(性別)
---------------------
              2993
```

①の select 文を「( )」で副問い合せとして「from」句内に配してテーブルに見立て、項目「性別」の件数を取得しています。

### 3-5-3 「insert、update、delete」など更新系SQL文の副問い合せ

「insert、update、delete」文の「where」句内での副問い合せは、前項『3-5-1』と同様ですが、「update」文の「set」の右辺に副問い合せを指定することができます。

**【事例：3-5-3 「update」文の副問い合せ】**

テーブル「cms001_顧客情報」に列「自治体コード」を一時的に追加、同テーブルの「漢字住所１、漢字住所２」をテーブル「jpn002_自治体」の「都道府県、市区町村」との照合

にて、都道府県CD（２桁）＋市区町村CD（３桁）の「自治体コード（５桁）」を設定します。

```
SQL〉alter table taro.cms001_顧客情報
  2  add（自治体コード       number(05));

表が変更されました。

SQL〉update taro.cms001_顧客情報 m
  2  set 自治体コード = (select 都道府県CD * 1000 + 市区町村CD
  3                 from taro.jpn002_自治体 t
  4                 where m.漢字住所１ = t.都道府県
  5                   and m.漢字住所２ = t.市区町村）
  6  where（m.漢字住所１, m.漢字住所２）in
  7   (select 都道府県, 市区町村 from taro.jpn002_自治体);

4922行が更新されました。
```

主問い合せのテーブル「cms001_顧客情報」の「漢字住所１」、「漢字住所２」項目を参照しているので、「相関副問い合せ」となっています。

この場合、「update」文内の「where」句は必要でしょうか。「where」句を排除して実行してみます。

```
SQL〉alter table taro.cms001_顧客情報
  2  drop（自治体コード);

表が変更されました。

SQL〉alter table taro.cms001_顧客情報
  2  add（自治体コード       number(05));

表が変更されました。

SQL〉update taro.cms001_顧客情報 m
  2  set 自治体コード = (select 都道府県CD * 1000 + 市区町村CD
  3                 from taro.jpn002_自治体 t
  4                 where m.漢字住所１ = t.都道府県
  5                       and m.漢字住所２ = t.市区町村);

5000行が更新されました。
```

```
SQL〉select count(顧客番号) from taro.cms001_顧客情報
  2   where 自治体コード is null;

 COUNT(顧客番号)
---------------------------
                  78
```

「where」句が無いために、テーブル「cms001_顧客情報」の全行を更新したように見えますが、78件がnullです。更新対象を明示させる「where」句は必須ですね。

```
SQL〉select count(顧客番号) from taro.cms001_顧客情報
  2   where 自治体コード = 21201;

 COUNT(自治体コード)
---------------------------------
                        12

SQL〉select count(顧客番号) from taro.cms001_v顧客情報
  2   where 自治体CD = 21201;

 COUNT(自治体CD)
---------------------------
                  12

SQL〉alter table taro.cms001_顧客情報
  2   drop (自治体コード);

表が変更されました。
```

設定状況確認として自治体コード「21201」の顧客件数を、ビュー「cms001_v顧客情報」と照合しました。

### 3-5-4　副問い合せ結果が「null」

副問い合せした結果に期待した行が常にあるとは限りません。副問い合せ結果に行が無い、つまり何も無い状態の「null」が返される場合は、前項『3-2』と同様に注意が必要です。

**【事例：3-5-4　副問い合せ結果が「null」】**

ビュー「cms001_v顧客情報」の項目「自治体CD」がALL「9」に該当する顧客件数と総預金残高合計を算出してみます。

```
SQL〉select count(顧客番号), sum(nvl(総預金残高, 0))
  2   from (select 顧客番号, 氏名, 性別, 総預金残高
```

```
  3      from taro.cms001_v顧客情報
  4          where 自治体CD = 99999);

 COUNT(顧客番号) SUM(NVL(総預金残高,0))
------------------------ -------------------------------------
                       0
```

「sum」関数利用時には「null」項目がある場合を考慮し、「nvl」関数を利用しました。

その結果、顧客件数が「0」件、総預金残高合計が「null」となり、副問い合せ結果には何も選択されていないのではとの疑問が生じます。

試しに、副問い合せのみで実行してみます。

```
SQL> select 顧客番号, 氏名, 性別, 総預金残高
  2  from taro.cms001_v顧客情報
  3  where 自治体CD = 99999;

レコードが選択されませんでした。
```

確かに該当する顧客情報が無い「null」の状況にあることが分かりました。

仮に、ビュー「cms001_v 顧客情報」の項目「自治体 CD」が ALL「9」に該当する顧客の総預金残高合計のみを算出し、通常と異なる「nvl」関数の利用をします。

```
SQL> select nvl(sum(総預金残高),0)
  2  from (select 顧客番号, 氏名, 性別, 総預金残高
  3    from taro.cms001_v顧客情報
  4        where 自治体CD = 99999);

 NVL(SUM(総預金残高),0)
--------------------------------------
                                     0
```

これだけを見れば、副問い合せ結果が「null」だとは思えず、以降の業務を続けた場合は想定外の状況になったと思います。

### 3-5-5 副問い合せに有効な「row_number()」関数

「order by」句を利用した select 文結果の第 1 位、あるいは上位10位までなどを求める場合に便利な行番号を返す「row_number()」関数があります。

「row_number()」関数は、副問い合せ内での利用が多い関数で、通常、「row_number() over ([partition by 式 A1 [, 式 A2, ……, 式 An]] order by 式 B1 [, 式 B2, ……, 式 Bn])」に別名を付け、「where」句で別名に「第 1 位、あるいは上位10位まで」などの条件を設定して利用します。

オプションの「[partition by 式A1 [, 式A2, ……, 式An]]」を利用すると、対象テーブルを「式A1 [, 式A2, ……, 式An]」でグループ分けを行い、そのグループを「order by 式B1 [, 式B2, ……, 式Bn]」にて順序付けします。

**【事例：3-5-5　副問い合せに有効な「row_number()」関数】**

ビュー「cms001_v顧客情報」を「出身地」ごとに「総預金残高」が一番多い顧客を抽出、「総預金残高」の多い順に上位10件の「出身地」、「顧客番号」、「年齢」および「総預金残高」を取得します。

```
SQL> select 出身地, 顧客番号, 年齢, 総預金残高
  2  from (select 出身地, 顧客番号, 年齢, 総預金残高
  3     from (select 出身地, 顧客番号, 年齢, 総預金残高,
  4               row_number() over
  5               (partition by 出身地 order by 総預金残高 desc) rn
  6           from taro.cms001_v顧客情報)
  7     where rn = 1
  8     order by 総預金残高 desc)
  9  where rownum < 11;

出身地       顧客番号      年齢   総預金残高
---------------- -------------- -------------- -----------------
沖縄県          232098        95    47869820
鹿児島県        234182        89    45628276
茨城県          230295        39    44546296
滋賀県          231994        32    43395436
新潟県          230791        65    43281839
岩手県          233599        32    43085684
兵庫県          231983        35    42013788
山梨県          231197        35    39281704
大分県          233596        32    38259377
熊本県          231484        67    38177352

10行が選択されました。
```

2行目の「from」句内の副問い合せ中の「from」句内で、更に副問い合せを行うこととなりました。「副問い合せ」の入れ子となっており、「副問い合せ」の利用により何でもできそうな気がします。

しかし、この結果が独り歩きしないうちに、しっかりと検証しておくことが大事です。

異なる視点による select 文で検証してみます。

```
SQL> select 出身地, 顧客番号, 年齢, 総預金残高
  2  from taro.cms001_v顧客情報
```

```
  3  where 総預金残高 = (select max(総預金残高) from taro.cms001_v顧客情報);

出身地          顧客番号          年齢  総預金残高
---------------- -------------- -------------- -----------------
沖縄県              232098           95     47869820

SQL> select 出身地, 顧客番号, 年齢, 総預金残高
  2  from  taro.cms001_v顧客情報
  3  where 総預金残高 = (select max(総預金残高) from taro.cms001_v顧客情報
  4               where  出身地 = '鹿児島県')
  5    and 出身地 = '鹿児島県';

出身地          顧客番号          年齢  総預金残高
---------------- -------------- -------------- -----------------
鹿児島県            234182           89     45628276

SQL> select 出身地, 顧客番号, 年齢, 総預金残高
  2  from  taro.cms001_v顧客情報
  3  where 総預金残高 = (select max(総預金残高) from taro.cms001_v顧客情報
  4               where  出身地 = '茨城県')
  5    and 出身地 = '茨城県';

出身地          顧客番号          年齢  総預金残高
---------------- -------------- -------------- -----------------
茨城県              230295           39     44546296
```

雑駁な方法ですが、これにより「row_number()」関数の利用に間違いがないことが証明できました。

## 3-6 日付の取り扱い

日付を列項目として保有する場合に、データ型は通常「date」型としますが、取り扱う業務システムによっては「number」型があり、あるいは「varchar2」型、「char」型にする場合もあります。

オラクルの日付、時刻に関わる日付関数は、「date」型を基に作成されているため、「date」型以外で定義された日付項目は、「to_date」関数を利用して「date」型に変換して日付関数を利用するステップを踏むので、処理効率を求めるシステムでは日付項目を「date」型に統一してテーブルを作成しているようです。

ここでは、日付に関する編集方法や取り扱いなど、あれこれと思えることについて触れて

みます。

### 3-6-1 「sysdate」関数との加減算時の注意

オラクルには「sysdate」関数と「systimestamp」関数がありますが、前項『3-3』で触れ、従来利用が多い「sysdate」関数を対象とします。

業務システムでは、顧客生年月日から現時点の満年齢を計算したり、物品納入日や借入日などの日付から現時点までの経過日数を計算したりする場合に、「sysdate」関数を利用します。

ビュー「cms001_v顧客情報」の項目「年齢」も以下のように「sysdate」関数と共に「months_between」関数により計算していますが、「sysdate」関数を「trunc」関数で「切り捨て」をしています。

```
to_number(decode(生年月日, null, null,
          trunc(months_between(trunc(sysdate), 生年月日) / 12)))    年齢,
```

「年齢」を求める場合だけに限らず、「sysdate」関数を利用して各種日付との経過日数などを計算する場合は、必ず「trunc」関数にて「時分秒」の「切り捨て」を行います。

下記事例は、現在日時と2016年1月10日の日数を計算しています。「trunc」関数の未利用と利用の違いがよく分かると思います。

```
SQL> select to_char(sysdate, 'yyyy/mm/dd hh24:mi:ss') 現在日時 from dual;

現在日時
-------------------------
2016/01/15 16:05:12

SQL> select sysdate - to_date('20160110', 'yyyymmdd') from dual;

SYSDATE-TO_DATE('20160110', 'YYYYMMDD')
---------------------------------------------------------------
                                             5.67027778

SQL> select trunc(sysdate) - to_date('20160110', 'yyyymmdd') from dual;

 TRUNC(SYSDATE)-TO_DATE('20160110', 'YYYYMMDD')
-----------------------------------------------------------------------------
                                                                5
```

「trunc」関数未利用時の小数点以下の「67027778」を10進数から60進数に換算した場合、1日は「86,400」秒ですから、

```
(67027778/100000000)×86400=57,912.000192≒57,912 秒
```

```
57,912=57,600 + 300 + 12=16×3600 + 5×60 + 12 ⇒ 16時間5分12秒
```

よって、「sysdate」関数で日数などを計算する場合は「trunc」関数を利用します。

また、以下事例に示すような「trunc（sysdate, '日付書式'）」関数を業務システムで利用する場合があります。何かと便利ではと思っています。

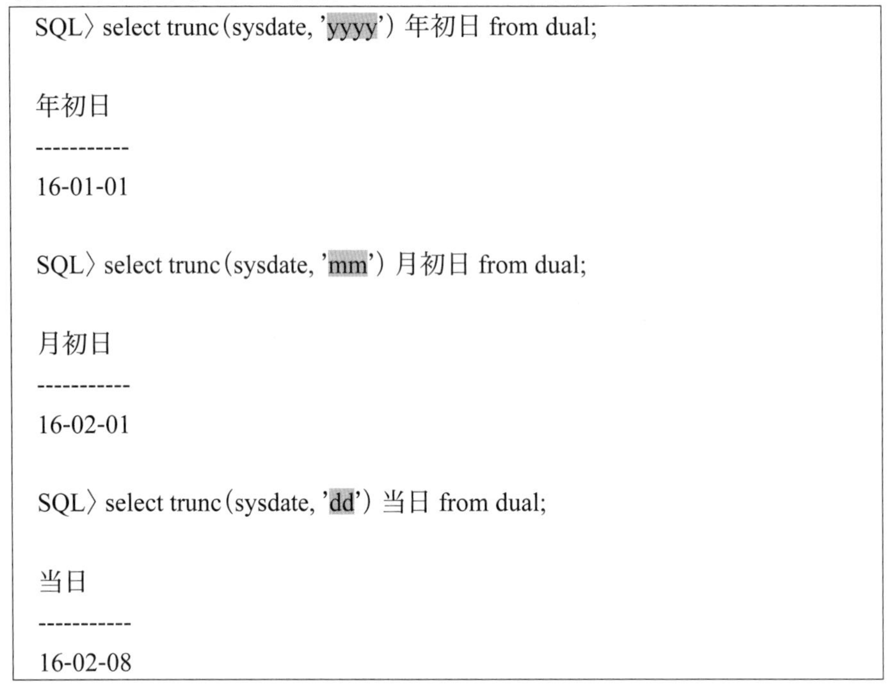

```
SQL〉 select trunc(sysdate, 'yyyy') 年初日 from dual;

年初日
-----------
16-01-01

SQL〉 select trunc(sysdate, 'mm') 月初日 from dual;

月初日
-----------
16-02-01

SQL〉 select trunc(sysdate, 'dd') 当日 from dual;

当日
-----------
16-02-08
```

### 3-6-2 「number」型の日時編集

日付や時間を「date」型以外で登録されている場合に、あたかも日時のように見せるちょっとした編集事例を紹介させて頂きます。ご笑納ください。

```
SQL〉 select  replace(to_char(12345678, '0000,00,00'), ',', '/') 日１,
  2    replace(to_char(12345678, '0000,00,00'), ',', '-') 日２,
  3    replace(to_char(123456, '00,00,00'), ',', ':') 時間
  4   from dual;

日１             日２              時間
--------------- ----------------- --------------
 1234/56/78     1234-56-78      12:34:56
```

# 第4章　テーブル作成あれこれ

既存テーブルに対して各種各様の select 文を作成しながら、データベースシステムに慣れて親しみを覚えたら、次はテーブル作成です。

テーブルを作成する方法も各種各様、「create table」文でテーブルを定義した後は、
1．「sql*loader」を利用して外部テキストをテーブルに行データとして格納する。
2．SQL または PL/SQL により他のテーブルから作成する。
3．PL/SQL にてテキストを読み込み・行追加する。
4．クライアントパソコンからテーブルに行追加する。
などが、主なテーブルの作成方法となります。

私が作成していたテーブルは《コラム：初めてのテーブル作成》にも記載していますが、主に地域センターに設置された汎用機で管理されていたファイル（以下、ホスト管理ファイル）を固定長テキスト化後、テキスト件数が概ね5,000件を超える場合は「sql*loader」を利用、超えない場合は PL/SQL にてテーブル作成を行っていました。
これらのテーブルを基に本部各部・営業店パソコンの利用を前提とした業務システムを構築していました。

この章では、ホスト管理ファイルのテキスト化をはじめ、「create table」文の作成、「sql*loader」利用によるテーブル作成と、テーブル検索処理の高速化に向けた主キー、索引設定などについてあれこれと列記してみました。

## コラム：初めてのテーブル作成

私がオープン系システムによるテーブル作成を始めた目的は、本部各部・営業店のパソコンにインストールされているデータベースソフト Access により、オープン系データベースサーバ（以下、DB サーバ）に月次格納されている各種テーブルを、本部・営業店独自に利用して事務合理化を図ると共に、私が所属していたシステム部門に提案されるシステム開発案件を軽減させることでした。

その目的実現の第一歩が、地域センター設置の汎用機で月次システムの中核として多用していたホスト管理の「総合顧客管理（仮称）」ファイル（以下、顧客管理ファイル）をテーブル化することでした。

この顧客管理ファイルは、顧客の氏名、住所、生年月日などの顧客属性情報レコードと、

顧客が取引している全ての預金口座または融資口座の各種取引情報レコードなど30を超えるレコード種類で構成され、顧客の取引内容により顧客単位に数件から数十件以上となり、顧客番号とレコード種類を識別する番号をキーとして取りまとめられた順編成の可変長ファイルでした。

顧客管理ファイル設計時に十分な精査を行っていたため、レコード構成の見直しもなく、テーブル設計時に必要な正規化を特段考慮することもなく、レコード種類ごとにテーブル化を行うことができ、30を超えるテーブル種類を「顧客管理テーブル群」と呼んでいました。「顧客番号」、「預金/融資科目コード、口座番号」を主キーまたは索引キーとして設定を行い、本部各部・営業店のパソコンで利用しやすいようなビュー表を作成しました。

以降、システム開発案件への対応は本部・営業店のパソコン利用を前提としたオープン系システムによる開発を第一順位とし、その後の基幹勘定系ホストシステムの移行に関わる既存のホスト系補完システムもオープン系システムに移行しました。

---

## 4-1　ホスト管理ファイルのテキスト化

DBサーバが使用できるデータコード体系は、ACSII、SJIS漢字コードのため、EBCDIC、JEF漢字コード体系で作成されているホスト管理ファイルをそのままでは利用できないので、ホスト系データコードとオープン系データコード間で相互変換可能なコード変換ツールを使用しなければなりません。

私が使用していた地域センターに設置された汎用機とDBサーバの双方にコード変換ツールが用意されていましたが、汎用機とDBサーバのジョブ実行可能多重度とCPU仕様の違いから変換に要する時間は、データ量が多くなるほどその差が顕著となるため、DBサーバでのコード変換を行っていました。
但し、DBサーバのコード変換ツールは多重実行ができないため、複数ファイルを同時に変換させないための運用を工夫しなければなりませんでした。

ホスト管理ファイルの数字にはマイナス数値もあり、パック形式もあり、ビット管理されている各種業務コードなどはコード変換ツールでの対応はできないため、コード変換ツールを利用するためのホスト側での対応が必要でした。
また、汎用機とDBサーバのレコード管理形式の根本的な違いから、レコード件数によらずテキスト化後は1行の長いレコードとなるため、この対応もホスト側で必要でした。

「sql*loader」は、固定長形式、カンマ区切り可変長のCSV形式のいずれも対応可能で、「sql*loader」用制御ファイルの作成にはCSV形式で作成されたデータが取り扱いやすいという利点もありましたが、ホスト管理ファイルでは顧客氏名や顧客住所などの項目長は想定できる最大長を確保していたために有効桁のみでテキスト化すると、ホスト使用言語COBOLの特性からどれだけの可変長種類のテキストレコードを作成しなければならないかわからないという状況に陥るため、固定長形式によるテキストデータを作成していました。

以下に、ホスト管理ファイルのテキスト化で私が注意した点について列記してみます。

1．一つのホスト管理ファイルが15のレコード種類で構成されている場合、テキスト化した15種類のテキストレコードはそれぞれに取りまとめて15件のファイル出力とし、15の「sql*loader」制御文に対応させます。
2．マイナス数値は「－」符号を先頭に付してデータ長は正負同一とし、パック形式はアンパック形式にて格納します。
3．ビット管理されているコード類は、バイト管理に拡大。例えば、48 bitは48 byteとし、テーブル化した時の項目名が漢字の場合は末尾に「０１」から「４８」の全角数字を付けます。
4．漢字項目は漢字開始制御コード「28」、漢字終了制御コード「29」（JEF漢字コード利用時、共に16進数）で囲む。漢字項目が複数ある場合、テーブル項目の配置構成上に特段の配慮を要しなければ、漢字項目の連続配置により漢字制御コードの付加を少なくします。
5．キー項目以外のデータ項目が「OCCURS 10」で定義されているようなホスト管理レコードは、「キー項目＋データ項目１」、「キー項目＋データ項目２」、……、「キー項目＋データ項目１０」のように10件のテキストに分割します。
6．ホスト管理ファイルのレコードごとにテキスト化した最後に、CR（キャリッジリターン）＋LF（ラインフィード）に該当する16進数の改行コード（X'0D0A'）を付け加え、コード変換にて長い１行のレコードとなることを避けます。
7．（これはあくまでもお勧めですが）ホスト管理ファイルの仕様等ドキュメントを作成する場合にExcelなどの表計算ソフトを利用して、「項目名、データ属性、長さ、格納バイト数、備考」などを編集・作成しておきます。これによりオープン化に必要な「create table」文、「sql*loader」用制御文などは、「シートの移動またはコピー」による編集後、「テキスト（スペース区切り）(.prn)」の保存により比較的容易に作成できます。

## 4-2　テキスト化ファイルの搬送

テキスト化されたホスト管理ファイルはDBサーバの指定フォルダに格納しなければなりません。本題から外れますが搬送方法について触れてみます。

汎用機とDBサーバのハード仕様、汎用機のパッケージソフトとDBサーバのインストールアプリの仕様、機器の設置環境や接続環境などにより、機器間通信によるファイル転送（以下、ファイル転送）が利用できる場合もあれば、媒体による搬送しか選択肢が無い場合もあります。

機器が同一建物内にあり通信速度が速い場合と、同一建物内でなく遠く離れて予算の都合上、通信速度を速くできない場合では、ファイル転送が利用できてもテキスト化ファイルの容量によっては、媒体搬送が有効な場合もあります。

前出の顧客管理ファイルを原始データとするような月次テーブルは概ね毎月初10日前後でしか更新できず、テキスト化ファイル容量も数ギガバイトを超えていましたが、汎用機とDB サーバの24時間運用を行っていたため、夜間のファイル転送が可能でした。
これにより、媒体作成と媒体搬送、そしてDB サーバ指定フォルダへの格納に要する作業工程が削減でき、媒体搬送と比較すると本部・営業店では２日早く前月末顧客情報を利用することができました。

汎用機によるテキスト化ファイルの作成までは運用パッケージソフトによる自動運用が可能ですが、媒体搬送は媒体への書き込み時に人的対応が必要となり、運用リスクがあることは歪めません。また、ファイル転送ではその後のテーブル作成までが完全自動運用化されていないと、効率運用の恩恵を享受できません。

汎用機とDB サーバ間のファイル転送後の自動運用は、それぞれの機器メーカーあるいはサポートベンダーによりいくつか実現方法はあると思います。

## 4-3　テーブル定義の作成

テーブル定義の作成は「create table」文により行います。「テーブル名」はホスト管理ファイルと同じ名前を付け、テーブルに格納する列の「項目名」、「データ属性」、「長さ」などについては、ホスト管理ファイルと同様な設定とするため、特に何かを考慮することなく機械的に進めることができます。

「テーブル名」も「項目名」も漢字表記の方が、パソコンのデータベースソフトを利用する本部・営業店の職員には分かりやすいのはもとより、システム開発者も漢字表記による開発効率が高いため、殆どのテーブルで漢字を利用していましたが、何の問題も発生していませんでした。
但し、「リファレンス・マニュアル」や書籍またはネット上では、「項目名には漢字を使用しない方が良い」とされ、「漢字を使用するならば、" " で囲う」ともされています。

さらに「create table」文により、テーブルを格納する領域を指定、最初に確保する容量、最初に確保した容量を超えた場合に確保する次の容量などを指定します。

ここでは、『付録Ｂ』の『【事例：B-1-2】１.「cms001_顧客情報」テーブル定義作成用スクリプト：cms001_顧客情報作成.sql』を利用し、テーブル定義作成時に注意した点のあれこれについて列記してみます。

```
connect taro/taro
```

```
spool spool¥cms001_顧客情報作成.txt
select to_char(sysdate, 'yyyy mm/dd amhh:mi:ss') 開始 from dual;

drop table taro.cms001_顧客情報 cascade constraints;
create table taro.cms001_顧客情報(
顧客番号          number(6),
氏名              varchar2(20),
カナ氏名          varchar2(30),
性別              number(1),
電話番号          varchar2(16),
FAX               varchar2(16),
携帯電話          varchar2(16),
メールアドレス    varchar2(60),
郵便番号          varchar2(8),
漢字住所１        varchar2(10),       -- 都道府県名
漢字住所２        varchar2(30),       -- 市区町村名
漢字住所３        varchar2(80),       -- 町域名
漢字住所４        varchar2(30),       -- 番地
漢字住所５        varchar2(90),       -- 建物名
カナ住所１        varchar2(20),
カナ住所２        varchar2(40),
カナ住所３        varchar2(128),
カナ住所４        varchar2(20),
カナ住所５        varchar2(128),
生年月日          date,
出身地            varchar2(10),
総預金残高        number(12),         -- ロード時未設定
総融資残高        number(12)          -- ロード時未設定
)
   pctfree 5 pctused 40
   tablespace usr1yk01
   storage(initial 1m next 10k
    minextents 1 maxextents unlimited pctincrease 0);

select to_char(sysdate, 'yyyy mm/dd amhh:mi:ss') 終了 from dual;
spool off
disconnect;
exit
```

スクリプトの最初３行と最後４行は、他のバッチコマンドから起動するスクリプトと同様の記述内容です。

最初３行は「オラクルへのログオン」、「スクリプト内コマンド実行ログの出力開始と出力先ファイルの指定」そして「実行開始日時の取得」です。
最後４行は「実行終了日時の取得」、「実行ログの出力終了」、「オラクルからのログオフ」、そして「sqlplus の終了」です。

以下に示すバッチコマンドにより「cms001_ 顧客情報作成.sql」スクリプトを実行します。
同スクリプトは事前に「d: ¥Myjob¥sql」フォルダに配置します。オラクルへのログオン/ログオフは同スクリプト内の「connect/disconnect」コマンドにより行うため、「sqlplus」起動を「/NOLOG」引数の利用にて行います。

```
d:
cd ¥Myjob¥sql
sqlplus /NOLOG @cms001_顧客情報作成
exit
```

### 4-3-1　テーブル命名規則

「create table」文の始まりはテーブル名称ですが、闇雲に思いつくままに任せて命名していくと、「行 1 でエラーが発生しました。:」、「ORA-00955: すでに使用されているオブジェクト名です。」のエラーメッセージが返されることがあり、危うく他の業務システムで利用している既存テーブルを「drop」してしまうことに繋がりかねません。
新規テーブルを作成する場合は、最初に開発環境で行うため、仮に「drop」してもバックアップされていれば戻すだけかもしれませんが、職場の人間関係を損ねる場合も時としてあります。

こんな状況を作らないためにいろいろな工夫が想定されますが、私自身は新規開発事案発生時に採番する半角英数字６桁のシステム ID と半角のアンダースコアをテーブル名の接頭辞とし、これに続けて漢字を含め識別しやすい名称をテーブル名として付けています。
この規則によれば、他の業務システムを含めたテーブル一覧を作成する場合などに取りまとめることができ、管理しやすくなります。

「connect」コマンドのログオンユーザによるテーブル作成でも、「create table」文では必ずテーブルが所属するスキーマ名を都度明記し、スクリプト作成者以外が改訂あるいは修正する場合にテーブル所属スキーマを把握しやすくします。

### 4-3-2　テーブル項目名について

前段でも触れているとおり、「項目名」は漢字表記が本部・営業店で分かりやすく、システム開発者もホスト管理ファイルをテーブル化している場合は、ホスト系での日本語 COBOL による項目名を変更することなく利用できるため開発効率が高くなります。
と言って、全ての項目を漢字表記するわけではなく、臨機応変に使い分けをします。

実務上文字数が多い項目、ビット管理されているコード類などは、「cms001_ 顧客情報作

成 .sql」スクリプトのように項目定義同一行にオラクル注釈表示の「--」を使いコメントなどを付けて分かりやすくします。

### 4-3-3　空き領域率について

「cms001_顧客情報作成.sql」スクリプトの「pctfree 5 pctused 40」で、オラクルデータブロック（以下、データブロック）の空き領域率を「%」で指定しています。既定値は「pctfree 10 pctused 40」で、更新系業務システムでは「pctfree」を大きくし「pctused」を小さくするとされ、検索系業務システムではそれぞれその逆とされています。

「tablespace usr1yk01」は、「テーブルを確保する表領域を usr1yk01」とするとしています。

「pctfree」は「Percent free（パーセントフリー）」の略で、データブロックの空き領域が指定された率になるまで行を追加し、次に追加する行は別のデータブロックに登録されます。「pctused」は「Percent used（パーセントユーズド）」の略で、行の更新や削除によりデータブロックの空き領域が指定された率になるまで、そのデータブロックに行が追加されません。

ホスト管理ファイルをテーブル化した以降、そのテーブルに行追加を行うことは殆ど稀なため「pctfree 5」とし、行の更新や削除を行うこともありませんが「pctused 40」の既定値のままとしています。

但し、表領域の「セグメント空き領域管理方式」が「AUTO」になっていると「pctused」の設定は無視されてオラクルが自動管理するとのこと、「tablespace」句は「usr1yk01」を指定していますので調べてみました。

```
SQL〉select tablespace_name, segment_space_management
  2   from dba_tablespaces
  3   where  tablespace_name = 'USR1YK01';

TABLESPACE_NAME                SEGMEN
------------------------------ ------
USR1YK01                       AUTO
```

表領域作成時に「segment space management manual」を指定していなかったために、既定値の「AUTO」につき「pctused」の設定は無視されてしまいます。

### 4-3-4　確保容量の試算と確保量の把握

「cms001_顧客情報作成.sql」スクリプトの「storage」句で、テーブル領域の確保に関わる各種設定をしています。「initial 1m next 10k minextents 1 maxextents unlimited pctincrease 0」は、「初期確保量を 1 MB、初期確保量を超えた場合は順次 10 KB ごとを無制限に確保し続ける」としています。

テーブルの確保容量をどのくらいに設定するかは、「リファレンス・マニュアル」または

関連書籍を参照すると必要な領域の見積もり手順として、
　1．ブロックヘッダー領域が必要とするサイズを計算する。
　2．ブロックあたりの利用可能なデータ領域サイズを計算する。
　3．行あたりに利用される領域サイズを計算する。
　4．ブロックに格納可能な平均行数を計算する。
　5．テーブルに必要なブロック数とバイト数を計算する。
　などの記載に始まり、それぞれの詳細が以降に記述されています。

　私の場合、項目定義が「char」型は指定長、「varchar2」型は実際の長さにつき平均長を勝手に試算、「number」型は指定長の半分、「date」型は7バイトにより1行の長さをざっくりと見積もり、ホスト管理ファイルはテキスト作成時のログの件数に、1.3〜1.5倍を乗じたバイト数を最初の確保容量とし、「sql*loader」で実際に行データを格納した後に以下のようなテーブル領域の状況確認用sqlを発行し、初期確保量の設定を変更して本番適用しました。

```
SQL〉select
  2   substr(t.tablespace_name, 1, 8)                         表領域,
  3   substr(t.table_name, 1, 18)                             表名称,
  4   to_char(s.bytes, '9,999,999')                 確保バイト数,
  5   to_char(t.blocks * 8192, '9,999,999')         使用バイト数,
  6   to_char(t.num_rows, '999,999')                概算行数,
  7   to_char(s.extents, '9999')                              ext数,
  8   to_char(t.empty_blocks * 8192, '999,999,999') 未使用バイト数
  9  from  user_segments s, user_tables t
 10   where  segment_type = 'TABLE'
 11     and  segment_name = table_name
 12     and  table_name like 'CMS001_%'
 13   order  by  t.tablespace_name, table_name;

表領域      表名称                    確保ﾊﾞｲﾄ数   使用ﾊﾞｲﾄ数    概算行数     EXT数  未使用ﾊﾞｲﾄ数
------------- ------------------------ -------------- --------------- ------------- ------------ ----------------
USR1YK01  CMS001_顧客情報         2,097,152      1,572,864        6,154            2       524,288
```

「cms001_顧客情報作成.sql」スクリプトの容量確保の記述は、私が最初に利用したオラクルのバージョン8では、表領域管理はディクショナリ管理方法により「storage」句の記述通りのエクステントの割り当てがされていましたが、8i以降はデフォルト表領域管理のローカル管理方法により「storage」句は「initial」の指定以外は無効とされていました。

　しかし、この表領域管理方法の変移に気づくことなく、Oracle 11g利用時まで既存の「storage」句指定を行ってきました。

## 4-4 「sql*loader」によるテーブルへの行データ格納

「sql*loader」はオラクルのユーティリティの一つで、テキストデータとテキストデータをテーブルに行データとして格納する場合の各種条件などを記述した「sql*loader」制御文を入力とします。

「sql*loader」制御文（以下、制御文）に「options(direct=true)」を記述することで、データベースのバッファ処理を経由せずに高速にテキストデータをテーブルに行データとして格納できるため、テキスト化した件数が多くなるホスト管理ファイルなどのテーブル化は「sql*loader」の利用を前提としていました。

「sql*loader」によるテーブルへの行データ格納を行う方法はテーブルの再作成を行う場合が多く、当該テーブルの「drop/create table」を記述したテーブル定義再作成用スクリプト、制御文スクリプト、作成テーブルの主キーと索引キー作成用スクリプトの作成とそれぞれを実行するバッチコマンドを記述したバッチファイルを作成していました。

但し、「sql*loader」でテーブル化せずに、「utl_file」パッケージのテキストファイル入力用「get_line」プロシージャの利用にてテキスト化ホスト管理ファイルを読み込み、「insert」文でテーブルへの行追加を行うPL/SQLにてテーブル作成を行った場合もあります。

以下では、「sql*loader」利用時の制御文についてあれこれ列記してみます。「utl_file」パッケージの利用については、「第6章」で触れたいと思います。

### 4-4-1　ホスト管理ファイルのテキスト形式は固定長

前項「4-1」の「固定長形式のテキストレコードを作成する」場合の制御文では、「POSITION」句によりテキスト内の各データ項目の取り込み位置を指定して、CSV形式の「カンマ」のような各データ項目間区切りの無いテキストレコードの作成を前提としています。

よって、「POSITION」句の利用の際、「create table」文で記述したデータ項目順と同一にデータ項目を記述する必要はありません。
データ項目の取り込み位置を指定することにより、1件のテキストレコードから複数種類のテーブルを作成（1：N）することが可能となります。
この逆に、通常は行いませんが、1件のテキストレコードに同一の複数件のテーブル原始データを編集・作成しておき1つのテーブルを作成（N：1）することも可能です。

ホスト管理ファイルのテキスト化に際し、各データ項目間区切りに「カンマ」を付加したCSV形式のような固定長テキストを作成すると、テキストレコード長はデータ項目数分増えますが、制御文の「POSITION」句の記述は不要となります。
但し、「create table」文で記述したデータ項目順と同一順に制御文内でもデータ項目を記述する必要があり、さらに顧客の氏名、住所などの文字項目は有効桁以降を除去する演算式が必要となります。

**【事例：4-4-1　①固定長形式用制御文】**

テーブル「cms001_顧客情報」は『付録B-1』の可変長CSV形式データ用制御文『【事例：B-1-2】２.「cms001_顧客情報」テーブル作成用制御ファイル：cms001_顧客情報作成ctl』にて作成していますが、同テーブルを固定長形式データより作成する場合の制御文事例を以下に提示しました。

```
options(direct=true)
unrecoverable
load data
infile 'D:¥Myjob¥data¥cmstxt¥cms001_固定長.txt'
badfile 'D:¥Myjob¥data¥cmstxt¥cms001_固定長.bad'
into table taro.cms001_顧客情報
(
顧客番号          position(001:006)  integer external,
氏名              position(007:026)  char,
カナ氏名          position(027:056)  char,
性別              position(057:057)  integer external,
電話番号          position(058:073)  char,
FAX               position(074:089)  char,
携帯電話          position(090:105)  char,
メールアドレス    position(106:165)  char,
郵便番号          position(166:173)  char,
漢字住所1         position(174:183)  char,
漢字住所2         position(184:213)  char,
漢字住所3         position(214:293)  char,
漢字住所4         position(294:323)  char,
漢字住所5         position(324:413)  char,
カナ住所1         position(414:433)  char,
カナ住所2         position(434:473)  char,
カナ住所3         position(474:601)  char,
カナ住所4         position(602:621)  char,
カナ住所5         position(622:749)  char,
生年月日          position(750:757)  date 'yyyymmdd',
出身地            position(758:767)  char
)
```

この制御文にて正常にテーブルが作成されるかを検証するために、事前に固定長テキスト（cms001_固定長.txt）作成用PL/SQL「cms001_固定長作成.sql」（後述：第６章）を作成、実行しています。

**【事例：4-4-1　②固定長CSV形式用制御文】**

通常、CSV形式データは可変長ですが、ホスト管理ファイルをパソコンソフトで即座に利用できるようにする場合は、固定長のCSV形式テキストを作成します。以下に項目間区切りに「カンマ」を付加したCSV形式固定長テキスト用の制御文事例を提示しました。

```
options(direct=true)
unrecoverable
load data
infile 'D:¥Myjob¥data¥cmstxt¥cms001_CSV.csv'
badfile 'D:¥Myjob¥data¥cmstxt¥cms001_CSV.bad'
into table taro.cms001_顧客情報
fields terminated by ","
trailing nullcols
(
顧客番号,
氏名              char(020) "rtrim(:氏名,'　')",
カナ氏名          char(030) "rtrim(:カナ氏名,'　')",
性別,
電話番号          char(016) "rtrim(:電話番号)",
FAX               char(016) "rtrim(:FAX)",
携帯電話          char(016) "rtrim(:携帯電話)",
メールアドレス    char(060) "rtrim(:メールアドレス)",
郵便番号,
漢字住所１        char(010) "rtrim(:漢字住所１,'　')",
漢字住所２        char(030) "rtrim(:漢字住所２,'　')",
漢字住所３        char(080) "rtrim(:漢字住所３,'　')",
漢字住所４        char(030) "rtrim(:漢字住所４,'　')",
漢字住所５        char(090) "rtrim(:漢字住所５,'　')",
カナ住所１        char(020) "rtrim(:カナ住所１,'　')",
カナ住所２        char(040) "rtrim(:カナ住所２,'　')",
カナ住所３        char(128) "rtrim(:カナ住所３,'　')",
カナ住所４        char(020) "rtrim(:カナ住所４,'　')",
カナ住所５        char(128) "rtrim(:カナ住所５,'　')",
生年月日          date 'yyyymmdd',
出身地            char(010) "rtrim(:出身地,'　')"
)
```

文字項目は「rtrim」演算子にて有効桁以降の半角あるいは全角空白を右から削除しています。

この制御文も正常にテーブルが作成されるかを検証するために、事前に「カンマ」項目間区切り付加CSV形式固定長テキスト（cms001_CSV.csv）作成用PL/SQL「cms001_CSV作成.sql」を作成、実行しました。

### 4-4-2　テーブルに不要な項目があるCSV形式データの取り扱い

信頼できる外部から受領したテキストデータが固定長形式で全項目をテーブル化しない場合は、position 句により不要な項目を指定する必要がありませんが、可変長形式 CSV テキストデータの場合はその項目を取り込まないための工夫が必要となります。

『付録Ｂ』の『【事例：B-2-2】１.「jpn001_郵便番号」テーブル定義作成用スクリプト：jpn001_郵便番号作成.sql』を利用し、「カナ都道府県」、「カナ市区町村」、「カナ町域」のカナ３項目が無いテーブル「jpn001_カナ無郵便番号」作成時の制御文について下記事例を示します。

**【事例：4-4-2　テーブルに不要な項目があるCSV形式データの取り扱い】**

『【事例：B-2-2】２.「jpn001_郵便番号」テーブル作成用制御ファイル：jpn001_郵便番号作成 ctl』の不要なカナ３項目に該当する表記を、任意の語に半角空白を付け「filler」の単語に変更して実行します。

```
options(direct=true)
unrecoverable
load data
infile 'D:¥Myjob¥data¥ken_all.csv'
badfile 'D:¥Myjob¥data¥ken_nonall.bad'
discardfile 'D:¥Myjob¥data¥ken_nonall.dsc'
into table taro.jpn001_カナ無郵便番号
fields terminated by "," optionally enclosed by '"'
trailing nullcols
(
自治体CD,
旧郵便番号,
郵便番号,
a filler,
b filler,
c filler,
都道府県,
市区町村,
町域,
区分１,
区分２,
区分３,
区分４,
区分５,
区分６
)
```

この制御文実行時ログの該当行を下記に示します。

```
Column Name                  Position   Len   Term Encl Datatype
------------------------------ ---------- ------- ------- ------ -----------
自治体CD                      FIRST      *  ,  O(")CHARACTER
旧郵便番号                    NEXT       *  ,  O(")CHARACTER
郵便番号                      NEXT       *  ,  O(")CHARACTER
A                             NEXT       *  ,  O(")CHARACTER
 (FILLERフィールド)
B                             NEXT       *  ,  O(")CHARACTER
 (FILLERフィールド)
C                             NEXT       *  ,  O(")CHARACTER
 (FILLERフィールド)
都道府県                      NEXT       *  ,  O(")CHARACTER
市区町村                      NEXT       *  ,  O(")CHARACTER
町域                          NEXT       *  ,  O(")CHARACTER
区分1                         NEXT       *  ,  O(")CHARACTER
区分2                         NEXT       *  ,  O(")CHARACTER
区分3                         NEXT       *  ,  O(")CHARACTER
区分4                         NEXT       *  ,  O(")CHARACTER
区分5                         NEXT       *  ,  O(")CHARACTER
区分6                         NEXT       *  ,  O(")CHARACTER


表TARO.JPN001_カナ無郵便番号:
 123823行のロードに成功しました。
```

テーブル「jpn001_郵便番号」と同一件数となり、正常にテーブル「jpn001_カナ無郵便番号」が作成されました。

英和辞典でこの「filler」に該当する訳は、「詰めるもの」に該当するのかなと思います。
コンパイラ言語「COBOL」をご存知の方は、「なるほど！」と思われたのではないでしょうか。

### 4-4-3　業務システムで取り扱ったその他事例

①【事例：4-4-1①】または【事例：4-4-1②】の制御文が一般的だと思われますが、外部から持ち込まれるデータの中には、ホスト管理ファイルで取り扱いが多いパック10進数が混在し、復帰・改行の無い固定長テキストデータがありました。

このデータについては、アンパック10進数指定時の「integer external」に替わり「decimal external」を、「infile」句の末尾にレコード長を「"fix△レコード長バイト数"」（△：半角空白）で指定し、テーブルへの格納が可能となりました。

②勤務していた業種が金融機関ということもあり、管理する日付項目の中には初期値（ALL 0）が設定される場合もあり、「date」型として定義するために以下のように演算子を利用して初期値は「null」としました。

```
日付項目 position(100:107) date 'yyyymmdd' nullif(日付項目 = "00000000"),

または

"日付項目" date 'yyyymmdd' "decode(:日付項目, '00000000', null, :日付項目)",
```

③行データが既にあるテーブルへの行追加を行う場合、制御文の「into table」句に「append」を追加して「append into table」句とします。「into table」句は「insert into table」の「insert」が省略されたものです。
「append」以外に、「replace：行データがある場合、削除して行追加を行う。エラー発生時、rollback あり」、「truncate：行データがある場合、削除して行追加を行う。エラー発生時、rollback なし。replace より高速」がありますがめったに使いませんでした。

複数の同一レコードレイアウトのファイルを読み込み行追加する場合は、「infile、badfile、discardfile」をファイルごとにまとめて記述します。

```
infile a.csv  badfile a.bad  discardfile a.dsc
infile b.csv  badfile b.bad  discardfile b.dsc
```

## 4-5　索引の作成

「where」句により列項目の検索条件を指定した SQL 文を実行する場合、その列項目による索引が作成されていると、理系の書籍末尾などに作成されている索引と同じように、検索効率の向上が図れます。

オラクルの索引には、「B ツリー索引」、「ハッシュ・クラスタ索引」、「逆キー索引」、「ビットマップ索引」、「ファンクション索引」、「ドメイン索引」などの種類がありますが、詳細については「オラクル・マニュアル」または関連書籍を参照して下さい。

よく利用される「B ツリー索引」は、検索したいテーブルの列項目の値とその値の列項目がどこに格納されているかという ROWID のセットが、テーブルの全行分について列項目の値順にソートされ格納されています。

ROWID は、行データが格納されている場所を表すアドレスみたいなもので、ROWID 疑似列という 18バイトの文字列「オブジェクト ID（6 byte）＋データファイル番号（3 byte）＋ブロック番号（6 byte）＋行番号（3 byte）」に変換されて下記のように把握することができ、rowid で検索することもできます。

以下は、テーブル「cms001_顧客情報」の「顧客番号」と「氏名」と共にrowidも取得し、rowidを抽出条件にした事例です。

```
SQL〉select  rowid, 顧客番号, 氏名
  2   from  taro.cms001_顧客情報
  3   where  漢字住所２ like '岐阜市%'
  4    and  性別 = 2
  5   order  by  顧客番号;

ROWID                              顧客番号  氏名
---------------------------------- ------------- --------------------
AAATcnAAGAAAnQaAAT         230764  須賀　冨子
AAATcnAAGAAAnQ4AAU         231779  藤木　桜
AAATcnAAGAAAnRgAAD         233110  中本　加奈
AAATcnAAGAAAnRtAAY         233568  五味　夏希
AAATcnAAGAAAnR3AAE         233882  平塚　晴子

SQL〉select  rowid, 顧客番号, 氏名
  2   from  taro.cms001_顧客情報
  3   where  rowid = 'AAATcnAAGAAAnQaAAT';

ROWID                              顧客番号  氏名
---------------------------------- ------------- --------------------
AAATcnAAGAAAnQaAAT         230764  須賀　冨子
```

ROWIDの利用による検索が一番速い方法となりますが、行データの再格納や行への更新などが実行された場合は、行データが格納されているデータファイルの位置情報が変更されるため、同一のROWIDを利用した検索を行うと前回検索時とは異なる結果が返されるので、検索はやはり列項目で行います。

select文などのSQLを作成するときには、作成したテーブルや列項目を利用する場合はそれぞれテーブル名や項目名を記述しますが、作成した索引の索引名を記述しなくても索引は見えないところで利用されてSQLが実行されます。

SQLが実行される仕組みについては、「付録C」に概要を記載しました。更に詳細について知りたい方は「オラクル・マニュアル」または関連書籍を参照して下さい。

ここでは、『付録B』の『【事例：B-1-2】４.「cms001_顧客情報」テーブル索引設定用スクリプト：cms001_顧客情報設定分析.sql』を利用し、索引作成時に注意した点のあれこれについて列記します。

また、索引の有無による検索の違いを、「付録C」の「C-3」で主キーについて提示して

いますが、主キー以外の索引についても「set autotrace on」コマンド等を利用して実行計画の変化を見たいと思います。

### 4-5-1　索引を作成する列

テーブルの全ての列に対して索引を作成することもできますが、行の削除、行の追加、行の更新を行うたびに、行の列に対応して作成された索引の列項目値と rowid のセットでの削除、追加、更新をオラクルはバックグラウンドで行わなくてはなりません。

索引は、行を抽出するときの「where」句に設定する予定が無い列項目に対して作成する必要はありません。また、性別のように「男性」、「女性」などの２つの値しか取らない列項目を抽出条件とする場合は、索引を利用せずに全行検索を行った方が結果を速く返します。

索引は、列項目の値にばらつきが多く、業務システム構築時に「where」句に他テーブルとの結合条件として設定される、あるいは速い処理を求められる抽出条件に指定する列を対象に作成します。

以下は、「cms001_顧客情報設定分析.sql」の列「郵便番号」での索引作成です。

```
create index taro.cms001_postno
  on taro.cms001_顧客情報(郵便番号)
     pctfree          5
     tablespace       idx1yk01
     storage (
     initial          10k
     next             1k
     minextents       1
     maxextents       unlimited
     pctincrease      0)
     unrecoverable;
```

「4-3-4」で触れている通り、「storage」句は「initial」の指定以外は無効とされていますが、11g 利用時まで既存の「storage」句指定を行っていました。

### 4-5-2　主キーの設定

テーブルの全行を一意に識別できる列項目で索引を作成することもできますが、この列項目に主キー（プライマリキー）というテーブルに対する制約を設定することにより、索引の機能に加えて「列項目の重複を許可しない」、「null を含まない」、そして「変更を許可しない」という制約が付加されます。

複数の列項目でテーブルの全行を一意に識別できる場合は、複合主キー（複合プライマリキー）といいます。テーブル「cms001_顧客情報」は、列「顧客番号」以外の複数の列項目により主キーに設定することは可能ですが、変更される可能性を持つ列項目であり、null も許容されるため、主キーとはいえませんが一意キー（ユニークキー）とはいえるかもしれません。

以下は、「cms001_顧客情報設定分析.sql」内の列「顧客番号」による主キー設定です。「create index」文ではなく「alter table ～ add constraint」文による制約の追加設定がポイントです。

```
alter table taro.cms001_顧客情報 add
constraint cms001_pk primary key(顧客番号)
        using           index
        pctfree         5
        tablespace      idx1yk01
        storage (
        initial         10k
        next            1k
        minextents      1
        maxextents      unlimited
        pctincrease     0)
        unrecoverable;
```

なお、主キーを設定した列項目で索引を作成する「create index」文は「ORA-01408: 列リストはすでに索引付けされています。」のエラーが返ります。

但し、逆の順序で先に「create index」文で索引作成後の「alter table ～ add constraint」文は「表が変更されました。」のメッセージが返ります。直後に、「drop index」文で作成した索引を削除しようとすると「ORA-02429: 一意キーまたは主キーの保持に使用される索引は削除できません。」のエラーが返ります。

これは、「alter table」文により索引機能以外の制約のみが設定されたということのようです。

この状態のままでは後味が悪いので、「alter table ～ drop constraint」文により制約を削除、「drop index」文にて索引を削除後、「alter table ～ add constraint」文にて主キーを再度設定しておきます。

### 4-5-3　作成する索引の数

一つのテーブルに作成する索引の数に制限はありませんが、前項の記載事項を踏まえると、随時更新に掛かる時間を極力抑えて結果を返す動的なテーブルと、種々の切り口で経営に係わる管理計表の作成に利用する前月末あるいは前日時点の静的なテーブルとでは、自ずと作成する索引の数が決まってくると思います。

目的を持って作成されたテーブルですから、「必要な索引なら必要な数だけ作成すれば良い」というものでもありませんが、索引が必要と思われる列項目の一つ一つに対して索引を作成せずに、複数の列項目から成る一つの複合索引を作成することにより索引の数を減らすこともできます。複合索引については、次項で事例を含めて触れてみます。

テーブルの列項目に対する索引の数に決まったルールはありませんが、業務システム構築時の仕様に沿った「where」句を念頭に置いて索引を作成します。

「cms001_顧客情報設定分析.sql」内では、テーブル「cms001_顧客情報」に列「顧客番号」による主キーの設定、列「郵便番号」と列「出身地」による単一列索引、列「漢字住所１」（都道府県名）、「漢字住所２」（市区町村名）、「漢字住所３」（町域名）の順序で３項目による複合索引で計４個の索引を作成しています。

### 4-5-4　複合索引の作成と利用

テーブル「cms001_顧客情報」の顧客住所は、漢字表記とカナ表記により各々「都道府県名」、「市区町村名」、「町域名」、「番地」、「建物名」の５項目で管理されており、これら10項目について索引を設定することはできますが、行数が5,000件のため50,000件の索引数となります。

実際の業務システムが取り扱う顧客件数は100万件超となるため、索引の数ばかりが増えて索引を保管する領域を圧迫し、リアルタイムに顧客の新規登録や住所変更が行われる場合には索引の更新も伴いますが、これら全ての索引を有効活用するようなSQL文が発行されるかも疑問視されます。

住所を検索する場合に多くは「市区町村名」を指定しますが、住所を登録する場合は「都道府県名」から行い、「都道府県別」または「都道府県市区町村別」などの様々な切り口による一覧や集計が業務システムには求められます。

よって、この場合「都道府県名」、「市区町村名」に該当する列「漢字住所１」、「漢字住所２」による複合索引「漢字住所１、漢字住所２」を作成するのが一般的と思われますが、作成される索引の数は変わらず5,000件となるため、「町域名」を加えた「漢字住所１、漢字住所２、漢字住所３」としました。

以下は、「cms001_顧客情報設定分析.sql」内の列「漢字住所１」、「漢字住所２」、「漢字住所３」による複合索引作成です。

```
create index taro.cms001_knj
  on taro.cms001_顧客情報(漢字住所１, 漢字住所２, 漢字住所３)
      pctfree        5
      tablespace     idx1yk01
      storage (
      initial        50k
      next           1k
```

```
        minextents      1
        maxextents      unlimited
        pctincrease     0)
        unrecoverable;
```

作成した複合索引が利用されるために、「where」句でどのように列項目を設定すべきか具体的に見てみます。

**【事例：4-5-4　複合索引の作成と利用】**

『テーブル「cms001_顧客情報」から「岐阜市内居住の女性」にDM（ダイレクトメール）を発送したいと思います。郵便番号順に一覧表を作成願います』という依頼に対して、下記select文を発行し結果が返されました。

```
SQL> select 郵便番号,
  2   漢字住所３　町域名,
  3   氏名,
  4   顧客番号
  5  from taro.cms001_顧客情報
  6  where 漢字住所２ like '岐阜市%'
  7   and 漢字住所１ like '岐阜県'
  8   and 性別 = 2
  9  order by 郵便番号;

郵便番号  町域名                  氏名             顧客番号
------------ ------------------------ ---------------- ------------
500-8423  渋谷町                  中本　加奈        233110
501-1167  西改田夏梅              藤木　桜          231779
501-2506  山県岩南                五味　夏希        233568
501-2524  春近古市場北            須賀　冨子        230764
502-0859  城田寺                  平塚　晴子        233882
```

5,000件の顧客から抽出しているので結果が速く返され、索引が利用されているかどうかは不明です。このselect文の実行結果と実行計画が把握できればいいので、「AUTOTRACE設定」は「set autotrace on explain」として実行してみました。以下がその結果です。

```
SQL> select 郵便番号,
  2   漢字住所３　町域名,
  3   氏名,
  4   顧客番号
  5  from taro.cms001_顧客情報
  6  where 漢字住所２ like '岐阜市%'
  7   and 性別 = 2
  8  order by 郵便番号;
```

```
郵便番号　町域名　　　　　　氏名　　　　　顧客番号
------------ ------------------------ ----------------- -------------
500-8423　渋谷町　　　　　　中本　加奈　　 233110
501-1167　西改田夏梅　　　　藤木　桜　　　 231779
501-2506　山県岩南　　　　　五味　夏希　　 233568
501-2524　春近古市場北　　　須賀　冨子　　 230764
502-0859　城田寺　　　　　　平塚　晴子　　 233882


実行計画
----------------------------------------------------------------------------------
Plan hash value: 3713112942

--------------------------------------------------------------------------------------------------------------
| Id | Operation              | Name          | Rows | Bytes | Cost (%CPU)| Time     |
--------------------------------------------------------------------------------------------------------------
|  0 | SELECT STATEMENT       |               |    3 |   120 |   54    (2)| 00:00:01 |
|  1 |  SORT ORDER BY         |               |    3 |   120 |   54    (2)| 00:00:01 |
|*2 |   TABLE ACCESS FULL    | CMS001_顧客   |    3 |   120 |   53    (0)| 00:00:01 |
--------------------------------------------------------------------------------------------------------------

Predicate Information (identified by operation id):
---------------------------------------------------------------

  2 - filter("性別"=2 AND "漢字住所２" LIKE '岐阜市%')
```

実行計画「Id=2」が「TABLE ACCESS FULL」となっており全行検索が選択され、「Cost=54」と見積もられました。

複合索引の第１順位は「漢字住所１」ですので、「where」句に同様に追記して実行してみました。以下がその結果です。

```
SQL> select 郵便番号,
  2  漢字住所３　町域名,
  3  氏名,
  4  顧客番号
  5  from taro.cms001_顧客情報
  6  where 漢字住所１ like '岐阜県'
  7   and 漢字住所２ like '岐阜市%'
  8   and 性別 = 2
```

```
 9  order by 郵便番号;

郵便番号   町域名              氏名          顧客番号
------------ ------------------------ ----------------- -------------
500-8423   渋谷町              中本　加奈       233110
501-1167   西改田夏梅          藤木　桜         231779
501-2506   山県岩南            五味　夏希       233568
501-2524   春近古市場北        須賀　冨子       230764
502-0859   城田寺              平塚　晴子       233882


実行計画
----------------------------------------------------------------------------------
Plan hash value: 273822087

--------------------------------------------------------------------------------------------------------
| Id | Operation                      | Name           | Rows | Bytes | Cost  (%CPU) | Time     |
--------------------------------------------------------------------------------------------------------
|  0 | SELECT STATEMENT               |                |    1 |    47 |    4     (25) | 00:00:01 |
|  1 |  SORT ORDER BY                 |                |    1 |    47 |    4     (25) | 00:00:01 |
|* 2 |   TABLE ACCESS BY INDEX ROWID  | CMS001_顧客    |    1 |    47 |    3      (0) | 00:00:01 |
|* 3 |    INDEX RANGE SCAN            | CMS001_KNJ     |    1 |       |    2      (0) | 00:00:01 |
--------------------------------------------------------------------------------------------------------

Predicate Information (identified by operation id):
---------------------------------------------------------------

   2 - filter("性別"=2)
   3 - access("漢字住所１"='岐阜県' AND "漢字住所２" LIKE '岐阜市%')
       filter("漢字住所２" LIKE '岐阜市%')
```

実行計画「Id=2」が「TABLE ACCESS BY INDEX ROWID」、「Id=3」が「INDEX RANGE SCAN」となり、複合索引「cms001_knj」の利用が選択され、「Cost=4」と見積もられました。

さらに、「where」句内の３条件の順番を変えて実行しましたが、「Plan hash value: 273822087」となる同一の実行計画が選択されました。

複合索引が利用されるために「where」句には、索引作成時の２番目以降の対象とする列項目だけを記述せずに、１番目の列項目から必要とする列項目までを記述します。

### 4-5-5　主キーまたは索引を作成する時機

更新系テーブル以外の前月末や前年度末基準とする参照目的のテーブルは、「sql*loader」によりテーブルへ行データを格納することが多いため、主キーの設定または索引の作成は「sql*loader」処理後に行います。なお、「sql*loader」制御ファイルに「options(direct=true)」の指定は忘れずに。

「create table」文によりテーブル領域確保後に「alter table ～ add constraint」文や「create index」文を実行後、「sql*loader」処理を行おうとすると、行データの格納と同時にその行データの索引に指定した列項目のソートとROWIDの格納を行う索引更新のオーバーヘッドにより行データの格納に時間を要するためです。

テーブル「cms001_顧客情報」を作成している『付録B』の『【事例：B-1-2】 5.「cms001_顧客情報」テーブル作成用バッチファイル：cms001_顧客情報作成.bat』も、主キーの設定と索引の作成は「sql*loader」処理後に行っています。

前日基準の参照目的テーブルは、テーブルの原始となる外部データ全件を取り込んで前日テーブルを作成し主キーを設定した翌日以降からは、外部データのうち前日に更新（削除・追加）された差分のみを対象に取り込みを行い前日テーブルと同一仕様の差分テーブルを作成し主キーを設定します。

前々日基準となった前日テーブルに対し、差分テーブルをトランザクションデータとして位置付け、主キーによる更新（削除・追加）処理にて前日基準の前日テーブルとしていました。

この方法により、毎日更新しているとテーブルや索引を格納しているデータファイルが断片化され肥大化が進み検索効率が悪くなるため、更新系テーブルと共に定期的な索引の再作成（エクスポート：EXPDP/インポート：IMPDP）をクライアントからのログオンを発生させない時間帯に登録したスケジュールにより行います。

## 4-6　統計情報の取得

「付録C」や前項「4-5」の冒頭で触れていますが、SQL文の実行に際してCBOが対象テーブルや索引の統計情報に基づいて算出したコストも最適な実行計画を選択する目安とされています。

テーブルの統計情報とは、行データの件数、行データが格納されているオラクルブロック数、行データの平均の長さ、列項目値のバラツキなどで、索引の統計情報とは、索引の有無、索引末端のリーフブロック数、索引の階層などです。

統計情報は、「analyze」コマンド文または「dbms_stats」パッケージの利用により取得されますが、Oracle 10g以降は「dbms_stats」プロシージャの利用が推奨されています。両者の違いは収集される統計情報量にあるそうです。

『付録Ｂ』の『【事例：B-1-2】４.「cms001_顧客情報」テーブル索引設定用スクリプト：cms001_顧客情報設定分析.sql』では、以下の「analyze」コマンド文にて統計情報を取得しています。

```
analyze index taro.cms001_pk          estimate statistics;
analyze index taro.cms001_postno      estimate statistics;
analyze index taro.cms001_knj         estimate statistics;
analyze table taro.cms001_顧客情報     estimate statistics;
```

テーブル「cms001_顧客情報」の件数は5,000件ですが、業務システム構築時より「compute」指定による全行指定を使用せずに「estimate」によるサンプリングで統計情報を取得していました。

テーブル「jpn001_郵便番号」の行データが123,823件ですので、「analyze」コマンド文と「dbms_stats」パッケージの「gather_table_stats」プロシージャにより取得された統計情報を以降に【事例：4-6】として記載しています。

照会目的の静的テーブルの統計情報の取得は、テーブルや索引の作成後に「analyze」コマンド文または「dbms_stats」パッケージにより、その都度行えば充分です。

但し、更新系の動的テーブルは更新頻度と更新規模により時間の経過と共にテーブルと索引の実態と統計情報が乖離し、CBOは古いままの統計情報により実行計画を選択するため、SQL文の処理効率の低下が予想されます。

更新系テーブルについては、「エクスポート/インポート」処理後に統計情報を「analyze」コマンド文のサンプリング指定により取得していました。

10g以降のオラクルは、デフォルトで平日は22時、土曜日・日曜日は６時から自動で統計情報を収集する設定がされていますが、静的テーブルは再作成の都度に収集されれば事足りるので、重複した収集処理は不要なため、自動収集の機能を停止していました。

**【事例：4-6　統計情報の取得】**

１．テーブル「jpn001_郵便番号」の統計情報を「analyze」コマンドをサンプリングにより取得後、ユーザテーブルの統計情報が取得できるビュー「user_tab_statistics」より値が設定されている列を参照しています。

```
SQL〉analyze table taro.jpn001_郵便番号          estimate statistics;

表が分析されました。

SQL〉select  table_name             表名,
  2      num_rows           行数,
  3      sample_size        サンプリング行数,
  4      avg_row_len        行平均長,
```

```
  5      blocks             使用ブロック数,
  6      empty_blocks       空きブロック数,
  7      avg_space          使用済ブロック内平均空きバイト,
  8      last_analyzed      最新分析日,
  9      global_stats,
 10      user_stats,
 11      stale_stats        統計失効可否
 12   from user_tab_statistics
 13   where table_name like 'JPN001_郵便番号';

表名                        行数   サンプリング行数    行平均長   使用ブロック数
---------------------- -------------- ------------------------- ---------------- ----------------------
空きブロック数   使用済ブロック内平均空きバイト   最新分析日   GLO   USE   統計失効可否
----------------- --------------------------------------- -------------- -------- ------ ----------------
JPN001_郵便番号      126947                  1037            82              1400
          648                              447      16-04-08   NO    NO    NO
```

select 文結果の「GLO(global_stats)」は「統計情報が正確なものか（YES)、類推されたものか（NO)。行数データ数とサンプリング数が同数でも YES とは限らない」、「USE(user_stats)」は「統計情報がユーザ入力のものか（YES）否か（NO)」ということです（http://www.shift-the-oracle.com/view/data-dictionary-view/user_table_statistics.html より)。「統計失効可否」は「NO」で失効されていませんでした。

以下は、「analyze」コマンドを「compute」指定により取得した結果です。

```
SQL〉analyze table taro.jpn001_郵便番号        compute statistics;

表が分析されました。

SQL〉select table_name               表名,
  2      num_rows             行数,
       (中略)
 12   from user_tab_statistics
 13   where table_name like 'JPN001_郵便番号';

表名                        行数   サンプリング行数    行平均長   使用ブロック数
---------------------- -------------- ------------------------- ---------------- ----------------------
空きブロック数   使用済ブロック内平均空きバイト   最新分析日   GLO   USE   統計失効可否
----------------- --------------------------------------- -------------- -------- ------ ----------------
JPN001_郵便番号      123823              123823          82              1400
          648                              447      16-04-08   NO    NO    NO
```

全行指定でも「GLO」は「NO：統計情報が類推されたもの」となっています。

2．同様に「dbms_stats.gather_table_stats」プロシージャにより取得後、ビュー「user_tab_statistics」を参照しました。

```
SQL〉exec dbms_stats.gather_table_stats('taro', 'jpn001_郵便番号');

PL/SQLプロシージャが正常に完了しました。

SQL〉select table_name            表名,
  2      num_rows          行数,
        (中略)
 12   from user_tab_statistics
 13   where table_name like 'JPN001_郵便番号';

表名                    行数   サンプリング行数    行平均長  使用ブロック数
---------------------- -------------- ------------------------- ----------------- ----------------------
空きブロック数  使用済ブロック内平均空きバイト  最新分析日  GLO  USE  統計失効可否
----------------- -------------------------------------- -------------- -------- ------ ----------------
JPN001_郵便番号      123823              123823          78            1400
          0                                  0      16-04-08  YES  NO   NO
```

以下は、「dbms_stats.gather_table_stats」に「estimate_percent=〉20」の指定により取得した結果です。

```
SQL〉exec dbms_stats.gather_table_stats('taro', 'jpn001_郵便番号',
                              estimate_percent=〉20);

PL/SQLプロシージャが正常に完了しました。

SQL〉select table_name            表名,
  2      num_rows    行数,
        (中略)
 12   from user_tab_statistics
 13   where table_name like 'JPN001_郵便番号';

表名                    行数   サンプリング行数    行平均長  使用ブロック数
---------------------- -------------- ------------------------- ----------------- ----------------------
空きブロック数  使用済ブロック内平均空きバイト  最新分析日  GLO  USE  統計失効可否
----------------- -------------------------------------- -------------- -------- ------ ----------------
JPN001_郵便番号      124455               24891          78            1400
          0                                  0      16-04-08  YES  NO   NO
```

「exec dbms_stats.gather_table_stats(～ ,estimate_percent=〉20);」文は、表記上折り返しています。サンプリング「20%」指定でも「GLO」は「YES：統計情報は正確なもの」となってい

ます。

「estimate_percent=〉dbms_stats.auto_sample_size」を指定することでテーブルごとの行データ件数により最適なサンプリング数による統計情報を取得するそうです。

これらの事例から、取得された統計情報の「GLO」が「YES：統計情報は正確なもの」とされる「dbms_stats.gather_table_stats」を利用すべきだと思われますが、更なる詳細については、「オラクル・マニュアル」または関連書籍を参照して下さい。

# 第5章　ビュー表あれこれ

第４章の《コラム：初めてのテーブル作成》にあるようなホスト管理ファイルから作成した「顧客管理テーブル群」等を、本部各部・営業店のパソコンにインストールした市販データベースソフト Access のテーブル・オブジェクトとしてリンクテーブル群を作成し、これらのリンクテーブルから各種一覧や集計を目的とするクエリを本部・営業店独自に作成することは、システム構築に携わった職員やパワーユーザでない限り、なかなかできるものではありません。

従来本部各部・営業店に帳票ベースで配布していた各種計表のうち、「顧客管理テーブル群」から作成可能で Access の利用により同様な機能を持つ計表が作成可能なものについては、「顧客管理テーブル群」から一覧表目的や集計表目的のビュー表群を編集・定義していました。

ビュー表群を Access のリンクテーブルとして作成・登録、本部各部・営業店向けに、地区番号や営業店番号の指定により一覧表や集計表をデータシートビューに表示させる雛形クエリを一つのリンクテーブルに対して数種類作成、一部管理用のマクロやモジュールを加えた Access ファイル（拡張子「mdb」、「accdb」）を「○○用システム」や「△△用システム」など業務用システム名称を付けて、グループウェア上のキャビネットに登録、通知・連絡文書を発信していました。

下記は、グループウェア上のキャビネットに登録していた Access ファイルと同様な事例です。

**【事例：５　雛形クエリ「各種顧客集計システム.accdb」】**

q_都道府県別年齢階層別預金残高ランク別集計 都道府県名 指定 - Access

クエリ
- q_v顧客集計元情報による年齢階層別集計
- q_顧客情報一覧 顧客カナ氏名 指定
- q_顧客情報一覧 自治体ＣＤ 指定
- q_顧客情報一覧 都道府県名 指定
- q_全国版年齢階層別集計 年齢階層順
- q_都道府県別年齢階層別預金・融資残高ランク別集計 都道府県名 指定
- q_都道府県別年齢階層別預金残高ランク別集計 都道府県名 指定

| 都道府県CI | 都道府県 | 年齢 | 年齢階層名称 | 総預金 | 総預金残高ランク名称 | 顧客数男性 | 顧客数女性 | 顧客数合計 |
|---|---|---|---|---|---|---|---|---|
| 13 | 東京都 | 3 | 30歳以上 40歳未満 | 1 | 1,000万円以上 | 5 | 3 | |
| 13 | 東京都 | 3 | 30歳以上 40歳未満 | 2 | 500万円以上 1,000万円未満 | 10 | 2 | |
| 13 | 東京都 | 3 | 30歳以上 40歳未満 | 3 | 300万円以上 500万円未満 | 4 | 1 | |
| 13 | 東京都 | 3 | 30歳以上 40歳未満 | 4 | 200万円以上 300万円未満 | 3 | 1 | |
| 13 | 東京都 | 3 | 30歳以上 40歳未満 | 5 | 100万円以上 200万円未満 | 3 | 2 | |
| 13 | 東京都 | 3 | 30歳以上 40歳未満 | 6 | 50万円以上 100万円未満 | 5 | 1 | |
| 13 | 東京都 | 3 | 30歳以上 40歳未満 | 7 | 10万円以上 50万円未満 | 0 | 1 | |
| 13 | 東京都 | 3 | 30歳以上 40歳未満 | 8 | 0円以上 10万円未満 | 0 | 1 | |
| 13 | 東京都 | 4 | 40歳以上 50歳未満 | 1 | 1,000万円以上 | 0 | 1 | |
| 13 | 東京都 | 4 | 40歳以上 50歳未満 | 2 | 500万円以上 1,000万円未満 | 2 | 0 | |
| 13 | 東京都 | 4 | 40歳以上 50歳未満 | 3 | 300万円以上 500万円未満 | 1 | 1 | |
| 13 | 東京都 | 4 | 40歳以上 50歳未満 | 4 | 200万円以上 300万円未満 | 2 | 0 | |
| 13 | 東京都 | 4 | 40歳以上 50歳未満 | 5 | 100万円以上 200万円未満 | 2 | 0 | |
| 13 | 東京都 | 4 | 40歳以上 50歳未満 | 6 | 50万円以上 100万円未満 | 1 | 0 | |
| 13 | 東京都 | 4 | 40歳以上 50歳未満 | 7 | 10万円以上 50万円未満 | 1 | 2 | |
| 13 | 東京都 | 4 | 40歳以上 50歳未満 | 8 | 0円以上 10万円未満 | 1 | 1 | |
| 13 | 東京都 | 5 | 50歳以上 60歳未満 | 1 | 1,000万円以上 | 1 | 0 | |
| 13 | 東京都 | 5 | 50歳以上 60歳未満 | 2 | 500万円以上 1,000万円未満 | 1 | 0 | |
| 13 | 東京都 | 5 | 50歳以上 60歳未満 | 3 | 300万円以上 500万円未満 | 1 | 0 | |
| 13 | 東京都 | 5 | 50歳以上 60歳未満 | 5 | 100万円以上 200万円未満 | 2 | 0 | |
| 13 | 東京都 | 5 | 50歳以上 60歳未満 | 6 | 50万円以上 100万円未満 | 1 | 0 | |
| 13 | 東京都 | 5 | 50歳以上 60歳未満 | 7 | 10万円以上 50万円未満 | 1 | 0 | |
| 13 | 東京都 | 6 | 60歳以上 70歳未満 | 2 | 500万円以上 1,000万円未満 | 0 | 2 | |
| 13 | 東京都 | 6 | 60歳以上 70歳未満 | 3 | 300万円以上 500万円未満 | 0 | 1 | |
| 13 | 東京都 | 6 | 60歳以上 70歳未満 | 4 | 200万円以上 300万円未満 | 2 | 0 | |
| 13 | 東京都 | 6 | 60歳以上 70歳未満 | 5 | 100万円以上 200万円未満 | 1 | 0 | |
| 13 | 東京都 | 6 | 60歳以上 70歳未満 | 7 | 10万円以上 50万円未満 | 0 | 1 | |
| 13 | 東京都 | 6 | 60歳以上 70歳未満 | 8 | 0円以上 10万円未満 | 1 | 0 | |
| 13 | 東京都 | 7 | 70歳以上 80歳未満 | 1 | 1,000万円以上 | 2 | 1 | |
| 13 | 東京都 | 7 | 70歳以上 80歳未満 | 3 | 300万円以上 500万円未満 | 1 | 1 | |
| 13 | 東京都 | 7 | 70歳以上 80歳未満 | 5 | 100万円以上 200万円未満 | 1 | 0 | |

レコード: 1 / 42

Accessファイルを利用者が開いた時に、「テーブル」から「モジュール」までの「すべてのAccessオブジェクト」を表示する設定にしていると、テーブル・オブジェクトに配置した100万件を超える顧客情報のリンクテーブルを誤ってダブルクリックした場合は、100万件を超える顧客情報を表示させようとするため、マウスアイコンが長時間処理中のままとなります。
この状況を少しでも発生させないために、Accessファイルをグループウェア上のキャビネットに登録する前に、事例のように「テーブル」以外の作成したオブジェクトのみを表示させていました。

営業店は、グループウェア上のキャビネットから「○○用システム」や「△△用システム」をパソコンに取り込み、自地区番号や自営業店番号を指定する雛形クエリの実行によるデータシートビューを、Excelファイルにエクスポート後、編集・加工して利用します。
本部各部は、雛形クエリの各地区番号や各営業店番号の指定により、地区ごと、営業店ごとの状況把握を行う際の資料として活用します。

雛形クエリの利用によりAccessの使い勝手が解ってくると、雛形クエリをコピーして編集・加工を加えたり、クエリウィザードやクエリデザインを利用して独自にクエリを作成したりして、自部門・自営業店の事務合理化や業務推進に役立てていました。
但し、独自にクエリを作成する場合は、クエリ結果を多面的に検証する仕組みと時間を十分に確保するように指導していました。

1つ以上のテーブルから編集・定義するビュー表は、テーブル格納領域が不要で、テーブル間の相関関係を意識させずに、本部各部・営業店が利用しやすい一覧表や集計表などを作成することができます。

ビュー表は、これら一覧参照用、集計結果参照用に加えて、特定項目更新用などと目的に合わせて作成することができ、業務システム開発効率の向上に繋がり、セキュリティ確保にも有効な手段となります。

オラクルのビュー表には、実テーブルのように実体を持ったマテリアライズド・ビューというビューがあります。これについては私は利用したことがないためここでは触れませんが、集計結果参照用ビューを更に参照するビュー表を定義したり、集計結果参照用ビューの集計項目が多く、本部各部・営業店から「集計用の雛形クエリの結果が返ってくるのに時間が掛かる」と言われる場合は、格納領域を考慮したマテリアライズド・ビューに変更した方が良いかもしれません。

この章では、『付録B』にて提示している実表から編集・定義したビュー表についてあれこれと列記してみました。

なお、実表とビュー表が即座に区別できるように、ビュー表名の接頭辞には「v」を付すことにしています。

Accessのリンクテーブルの作成方法については、「付録D」を参照して下さい。

## 5-1　各種明細一覧を目的としたビュー表

本部各部・営業店向けに帳票ベースで配布していた一覧表は、出力項目数が多い場合には用紙サイズに合わせた帳票のデザインに苦労していましたが、一覧表を目的としたビュー表の場合は単に項目を並べてさえおけば、利用する側で雛形クエリから不要な項目を削除し、出力順を任意に設定してExcelシートに出力することができます。

テーブル「cms001_顧客情報」とテーブル「jpn002_自治体」から各種明細一覧の作成を目的としたビュー表「cms001_v顧客情報」を編集・定義します。

**【事例：5-1　ビュー表「cms001_v顧客情報」定義】**

```
《cms001_v顧客情報.sql》
drop view taro.cms001_v顧客情報;
create view taro.cms001_v顧客情報 as
select  顧客番号,
        氏名,
        カナ氏名,
        case 性別
         when 1 then '男'
         when 2 then '女'
         else '不明'
        end as 性別,
        総預金残高,
        総融資残高,
        電話番号,
        郵便番号,
        j.都道府県CD,
        漢字住所１              都道府県,
        j.都道府県CD * 1000 + j.市区町村CD    自治体CD,
        漢字住所１ || 漢字住所２             自治体名,
        漢字住所１ || 漢字住所２ || 漢字住所３ || 漢字住所４ || ' ' || 漢字住所５ 住所,
        生年月日,
        to_number(decode(生年月日, null, null,
         trunc(months_between(trunc(sysdate), 生年月日) / 12))) 年齢,
        出身地
 from taro.cms001_顧客情報 c,
```

```
            taro.jpn002_自治体  j
  where  c.漢字住所１ = j.都道府県 (+)
    and  c.漢字住所２ = j.市区町村 (+)
with read only;
grant  select  on  taro.cms001_v顧客情報    to  roletaro;
```

（補足説明）

①コード表示されている列項目「性別」を「case」句の利用により漢字表記します。

②５つの列により分割管理されている漢字表記の住所項目を、文字列結合演算子「||」により結合し「住所」項目を編集します。カナ表記の住所は利用しません。

③列項目「生年月日」の表示と共に、当ビュー表参照時の「年齢」は把握しづらいため「months_between」関数の利用にて算出表示します。但し、「生年月日」が「null」の時は「null」とします。

④「都道府県」に対応する列項目「漢字住所１」と「市区町村」に対応する列項目「漢字住所２」から、テーブル「jpn002_自治体」の列項目「都道府県CD（２桁）」と「市区町村CD（３桁）」より構成される５桁の自治体コードを編集、「都道府県CD」と共に追加します。

この２項目の追加は、「都道府県別」、「自治体別」の一覧表や集計表の作成を目的としています。

旧地名住所により自治体コードが合致しないこともあるため、外部結合演算子「(+)」を利用してテーブル「jpn002_自治体」を従テーブルとしています（前述『3-4-3』参照）。

⑤定義したビュー表への更新等を許可させないために、「with read only」句付きです。

定義後、「taro」スキーマに所属するオブジェクトへの各種権限を取りまとめているロール「roletaro」に、ビュー表「cms001_v顧客情報」への「select」権限を付与しています。

これで、ロール「roletaro」の権限が付与されている一般ユーザ「yuri」（「付録A」内「A-2-2」参照）が参照可能となります。

「with read only」句付きビュー表でも、参照させるユーザ、参照させないユーザの管理を行うためには、ロールは有効な手段です。

## 5-2　各種集計を目的としたビュー表

『「総預金残高」、「総融資残高」の残高ランクによる集計や「年齢」階層による集計が、全国、都道府県別、自治体コード別などの種々の切り口にて把握でき、結果はパソコンの雛形クエリで取得できれば良い』とされる業務システム開発が本部企画部門から依頼されたとします。

また、本部企画部門は、「早いに越したことはないが、雛形クエリのダブルクリック後、データシートビューによる結果表示が返されるまでの応答時間にはこだわらない」とも言っているので、テーブル「cms001_顧客情報」の参照による集計把握用の実テーブルは作成せずに、集計結果を返すことを目的としたビュー表を編集・定義します。

年齢階層別集計は、『【事例：3-1-1】』で提示しているようにビュー表「cms001_v顧客情報」の「年齢」を「case」演算子にて定義した「年齢階層」を「group by」句の式とすることで集計が可能となります。

同様の取り扱いにより残高ランク別集計は、テーブル「cms001_顧客情報」の「総預金残高」、「総融資残高」を「case」演算子にてそれぞれ定義した「総預金残高ランク」、「総融資残高ランク」を「group by」句の式とすることで集計が可能となります。

「総預金残高ランク」、「総融資残高ランク」はビュー表「cms001_v顧客情報」への登録追加で可能です。「年齢階層」はビュー表「cms001_v顧客情報」から更に定義するビュー表への登録となり、２階層のあるいは２つのビュー表から種々の切り口にて対応するという複雑な方法が想定されますが、１つの集計用ビュー表から種々の切り口にて集計することができればシンプルで変更への対応も容易になります。

### 5-2-1　各種集計用ビュー表

「総預金残高ランク」、「総融資残高ランク」を含め、本部企画部門の「……応答時間にはこだわらない」を拠り所に、ビュー表「cms001_v顧客情報」から更に各種集計ビュー表の元となるビュー表「cms001_v顧客集計元情報」を編集・定義します。

**【事例：5-2-1　ビュー表「cms001_v顧客集計元情報」定義】**

```
《cms001_v顧客集計元情報.sql》
drop view taro.cms001_v顧客集計元情報;
create view taro.cms001_v顧客集計元情報 as
select    顧客番号,
          氏名,
          性別,
          総預金残高,
          case
                when 総預金残高 〉= 10000000 then 1
                when 総預金残高 between 5000000 and （10000000 - 1） then 2
                when 総預金残高 between 3000000 and （ 5000000 - 1） then 3
                when 総預金残高 between 2000000 and （ 3000000 - 1） then 4
                when 総預金残高 between 1000000 and （ 2000000 - 1） then 5
                when 総預金残高 between  500000 and （ 1000000 - 1） then 6
                when 総預金残高 between  100000 and （  500000 - 1） then 7
                when 総預金残高 〈 100000 then 8
                else 0
          end as 総預金残高ランク,
```

```
        総融資残高,
        case
                when 総融資残高 〉= 10000000 then 1
                when 総融資残高 between 5000000 and (10000000 - 1) then 2
                when 総融資残高 between 3000000 and ( 5000000 - 1) then 3
                when 総融資残高 between 2000000 and ( 3000000 - 1) then 4
                when 総融資残高 between 1000000 and ( 2000000 - 1) then 5
                when 総融資残高 between  500000 and ( 1000000 - 1) then 6
                when 総融資残高 between  100000 and (  500000 - 1) then 7
                when 総融資残高 〈 100000 then 8
                else 0
        end as 総融資残高ランク,
        年齢,
/*      decode(sign(年齢 - 20), -1, 1,
          decode(floor(年齢/10), 2, 2, 3, 3, 4, 4, 5, 5, 6, 6, 7, 7, 8, 8, 9, 9,
            decode(sign(年齢 - 99), 1, 10,
              decode(年齢, null, 11, null)))) 年齢階層, */
        case
                when 年齢〈 20 then 1
                when 年齢 between 20 and 29 then 2
                when 年齢 between 30 and 39 then 3
                when 年齢 between 40 and 49 then 4
                when 年齢 between 50 and 59 then 5
                when 年齢 between 60 and 69 then 6
                when 年齢 between 70 and 79 then 7
                when 年齢 between 80 and 89 then 8
                when 年齢 between 90 and 99 then 9
                when 年齢 〉= 100 then 10
                when 年齢 is null then 11
        end as 年齢階層,
        都道府県CD,
        都道府県,
        自治体CD,
        自治体名,
        郵便番号,
        住所,
        出身地
  from taro.cms001_v顧客情報
with read only;
grant select on taro.cms001_v顧客集計元情報   to roletaro;
```

（補足説明）

①「総預金残高」、「総融資残高」の残高ランクの設定内容は同一のため、コピー＆ペースト後の「case」演算子に続く「when」直後の判定条件列項目の記述が意外に落とし穴なので注意します。

②年齢階層は「decode」関数も可能と思いシミュレーションも行いましたが、残高ランク設定と同様に「case」演算子を利用することで分かりやすく、かつ記述様式の共通化を図りました。

③種々の切り口による集計結果によっては、その集計結果の明細を把握すると共に当該顧客宛へのDM（ダイレクトメール）の発送も想定されるため、住所項目を追加しました。

④ビュー表「cms001_v顧客情報」から定義しているので「with read only」句は不要と思われますが、参照専用ビュー表定義時の共通設定規則みたいなものです。

定義後、「select」権限をロール「roletaro」に付与しています。

### 5-2-2　年齢階層別集計ビュー表

全国の顧客を対象に年齢階層別の男性顧客件数、女性顧客件数、総預金残高合計、総融資残高合計を算出するビュー表「cms001_v年集計」をビュー表「cms001_v顧客集計元情報」から編集・定義します。

**【事例：5-2-2　ビュー表「cms001_v年集計」定義】**

```
《cms001_v年集計.sql》
drop view taro.cms001_v年集計;
create view taro.cms001_v年集計 as
select    年齢階層,
          case 年齢階層
                 when 1 then '２０歳未満'
                 when 2 then '２０歳以上 ３０歳未満'
                 when 3 then '３０歳以上 ４０歳未満'
                 when 4 then '４０歳以上 ５０歳未満'
                 when 5 then '５０歳以上 ６０歳未満'
                 when 6 then '６０歳以上 ７０歳未満'
                 when 7 then '７０歳以上 ８０歳未満'
                 when 8 then '８０歳以上 ９０歳未満'
                 when 9 then '９０歳以上 １００歳未満'
                 when 10 then '１００歳以上'
                 when 11 then '生年月日未設定'
                 else null
          end as 年齢階層名称,
          count(decode(性別,'男',性別))    顧客数男性,
```

```
            count(decode(性別, '女', 性別))    顧客数女性,
            count(顧客番号)                   顧客数合計,
            sum(nvl(総預金残高, 0))            総預金残高合計,
            sum(nvl(総融資残高, 0))            総融資残高合計
  from taro.cms001_v顧客集計元情報
  group by 年齢階層
with read only;
grant select on taro.cms001_v年集計              to roletaro;
```

（補足説明）

①「group by」句に１つの式「年齢階層」のみの集計用ビュー表です。

②「年齢階層」は数字のみのため、依頼部門の本部企画部門以外の利用者が判別しやすいように、「case」演算子にて「年齢階層名称」を追加しています。

③このビュー表に限らず、ここまでそしてこれ以降に提示しているビュー表は「order by」句によるソート指定は行っていません。登録・公開するような雛形クエリは多用が想定されるフィールドに「並べ替え」の設定をしていますが、利用者によっては任意のフィールドを任意の順序に変更して利用するため、「order by」句によるビュー表ソート処理ステップはスキップしています。

### 5-2-3　都道府県別年齢階層別集計ビュー表

全国の顧客を顧客住所の都道府県別年齢階層別総預金残高ランク別の男性顧客件数、女性顧客件数、総預金残高合計、総融資残高合計を算出するビュー表「cms001_v 都道年預集計」をビュー表「cms001_v 顧客集計元情報」から編集・定義します。

**【事例：5-2-3　ビュー表「cms001_v都道年預集計」定義】**

```
《cms001_v都道年預集計.sql》
drop view taro.cms001_v都道年預集計;
create view taro.cms001_v都道年預集計 as
select    都道府県CD,
          都道府県,
          年齢階層,
          case 年齢階層
                when 1  then '２０歳未満'
                when 2  then '２０歳以上 ３０歳未満'
                when 3  then '３０歳以上 ４０歳未満'
                when 4  then '４０歳以上 ５０歳未満'
                when 5  then '５０歳以上 ６０歳未満'
                when 6  then '６０歳以上 ７０歳未満'
                when 7  then '７０歳以上 ８０歳未満'
                when 8  then '８０歳以上 ９０歳未満'
                when 9  then '９０歳以上 １００歳未満'
```

```
                when 10  then '１００歳以上'
                when 11  then '生年月日未設定'
                else null
        end as 年齢階層名称,
        総預金残高ランク,
        case 総預金残高ランク
                when 1  then '1,000万円以上'
                when 2  then '500万円以上 1,000万円未満'
                when 3  then '300万円以上 500万円未満'
                when 4  then '200万円以上 300万円未満'
                when 5  then '100万円以上 200万円未満'
                when 6  then '50万円以上 100万円未満'
                when 7  then '10万円以上 50万円未満'
                when 8  then '0円以上 10万円未満'
                else null
  end as 総預金残高ランク名称,
        count(decode(性別, '男', 性別))    顧客数男性,
        count(decode(性別, '女', 性別))    顧客数女性,
        count(顧客番号)                    顧客数合計,
        sum(nvl(総預金残高, 0))            総預金残高合計,
        sum(nvl(総融資残高, 0))            総融資残高合計
 from taro.cms001_v顧客集計元情報
 group by 都道府県CD, 都道府県, 年齢階層, 総預金残高ランク
with read only;
grant select on taro.cms001_v都道年預集計        to roletaro;
```

（補足説明）

①「group by」句に４つの式「都道府県 CD, 都道府県, 年齢階層, 総預金残高ランク」による集計用ビュー表です。

②「北海道」から「沖縄県」までを並べて利用させることを考慮して、「都道府県 CD」フィールドを先頭に配置しました。

③「年齢階層」と「総預金残高ランク」は数字のみのため、依頼部門の本部企画部門以外の利用者が判別しやすいように、「case」演算子にて「年齢階層名称」と「総預金残高ランク名称」を追加しています。

### 5-2-4　都道府県別自治体別性別年齢階層別集計ビュー表

全国の顧客を顧客住所の都道府県別自治体別性別年齢階層別総預金残高ランク別総融資残高ランク別の顧客件数、総預金残高合計、総融資残高合計を算出するビュー表「cms001_v 都道自治性年預融集計」をビュー表「cms001_v 顧客集計元情報」から編集・定義します。

**【事例：5-2-4　ビュー表「cms001_v都道自治性年預融集計」定義】**

```
《cms001_v都道自治性年預融集計.sql》
drop view taro.cms001_v都道自治性年預融集計;
create view taro.cms001_v都道自治性年預融集計 as
select    都道府県CD,
          都道府県,
          自治体CD,
          自治体名,
          性別,
          年齢階層,
          case 年齢階層
                when 1  then '２０歳未満'
                when 2  then '２０歳以上 ３０歳未満'
                when 3  then '３０歳以上 ４０歳未満'
                when 4  then '４０歳以上 ５０歳未満'
                when 5  then '５０歳以上 ６０歳未満'
                when 6  then '６０歳以上 ７０歳未満'
                when 7  then '７０歳以上 ８０歳未満'
                when 8  then '８０歳以上 ９０歳未満'
                when 9  then '９０歳以上 １００歳未満'
                when 10  then '１００歳以上'
                when 11  then '生年月日未設定'
                else  null
          end  as 年齢階層名称,
          総預金残高ランク,
          case 総預金残高ランク
                when 1  then '1,000万円以上'
                when 2  then '500万円以上 1,000万円未満'
                when 3  then '300万円以上 500万円未満'
                when 4  then '200万円以上 300万円未満'
                when 5  then '100万円以上 200万円未満'
                when 6  then '50万円以上 100万円未満'
                when 7  then '10万円以上 50万円未満'
                when 8  then '0円以上 10万円未満'
                else  null
          end  as 総預金残高ランク名称,
          総融資残高ランク,
          case 総融資残高ランク
                when 1  then '1,000万円以上'
                when 2  then '500万円以上 1,000万円未満'
```

```
                when 3  then '300万円以上 500万円未満'
                when 4  then '200万円以上 300万円未満'
                when 5  then '100万円以上 200万円未満'
                when 6  then '50万円以上 100万円未満'
                when 7  then '10万円以上 50万円未満'
                when 8  then '0円以上 10万円未満'
                else  null
         end  as  総融資残高ランク名称,
         count(顧客番号)                    顧客数合計,
         sum(nvl(総預金残高, 0))            総預金残高合計,
         sum(nvl(総融資残高, 0))            総融資残高合計
  from  taro.cms001_v顧客集計元情報
  group  by  都道府県CD, 都道府県, 自治体CD, 自治体名, 性別,
                    年齢階層, 総預金残高ランク, 総融資残高ランク
with read only;
grant select on taro.cms001_v都道自治性年預融集計      to  roletaro;
```

（補足説明）

①「group by」句に８つの式「都道府県 CD, 都道府県, 自治体 CD, 自治体名, 性別, 年齢階層, 総預金残高ランク, 総融資残高ランク」による集計用ビュー表です。

②「北海道」から「沖縄県」までを並べて利用させることを考慮し「都道府県 CD」フィールドを先頭に配置、都道府県内自治体を主要な市から並べられるように「自治体CD」フィールドを追加しました。

③「年齢階層」、「総預金残高ランク」と「総融資残高ランク」は数字のみのため、依頼部門の本部企画部門以外の利用者が判別しやすいように、「case」演算子にて「年齢階層名称」、「総預金残高ランク名称」と「総融資残高ランク名称」を追加しています。

このビュー表は、「都道府県 CD」あるいは「都道府県」を指定する雛形クエリが妥当と思われますが、現実的な利用有無については異議を唱える方もお見えでしょう。

実際には、「5-2-3」と同様な視点に基づいた各種集計用ビュー表を編集・定義し、Accessのリンクテーブルとして利用されると思います。

昨今の BI ツール（Business Intelligence Tools）に見られるような、業務システムに蓄積・集約された膨大な様々な切り口の顧客データを分析・加工して作られた経営の意思決定に利用されるような表やグラフなども、ここで提示しているような集計用ビュー表を高度に発展させたものと思われますがいかがでしょうか。

## 5-2-5　Accessクエリによる集計

前項事例のビュー表「cms001_v 顧客集計元情報」のみを Access リンクテーブルとし、クエリデザインビュー表示時のデザイングリッドに「集計」行を表示させて、ここで提示して

いる集計用ビュー表と同一機能を持たせた各種集計用の雛形クエリを登録・公開することもできます。

**【事例：5-2-5　ビュー表「cms001_v顧客集計元情報」による集計クエリ】**

下記の上段デザインビューはビュー表「cms001_v顧客集計元情報」から「年齢階層」、「顧客番号」、「総預金残高」、「総融資残高」のフィールドを選択し、デザイングリッドに「集計」行を表示させ、「年齢階層」フィールドの「並べ替え」を「昇順」に設定し、「顧客番号」、「総預金残高」、「総融資残高」の各フィールドの「集計」行を「カウント」、「合計」、「合計」としたクエリ「q_v顧客集計元情報による年齢階層別集計」を編集しています。

下段デザインビューはビュー表「cms001_v年集計」から全項目のフィールドを選択し、「年齢階層」フィールドの「並べ替え」を「昇順」に設定したクエリ「q_全国版年齢階層別集計 年齢階層順」を編集しています。

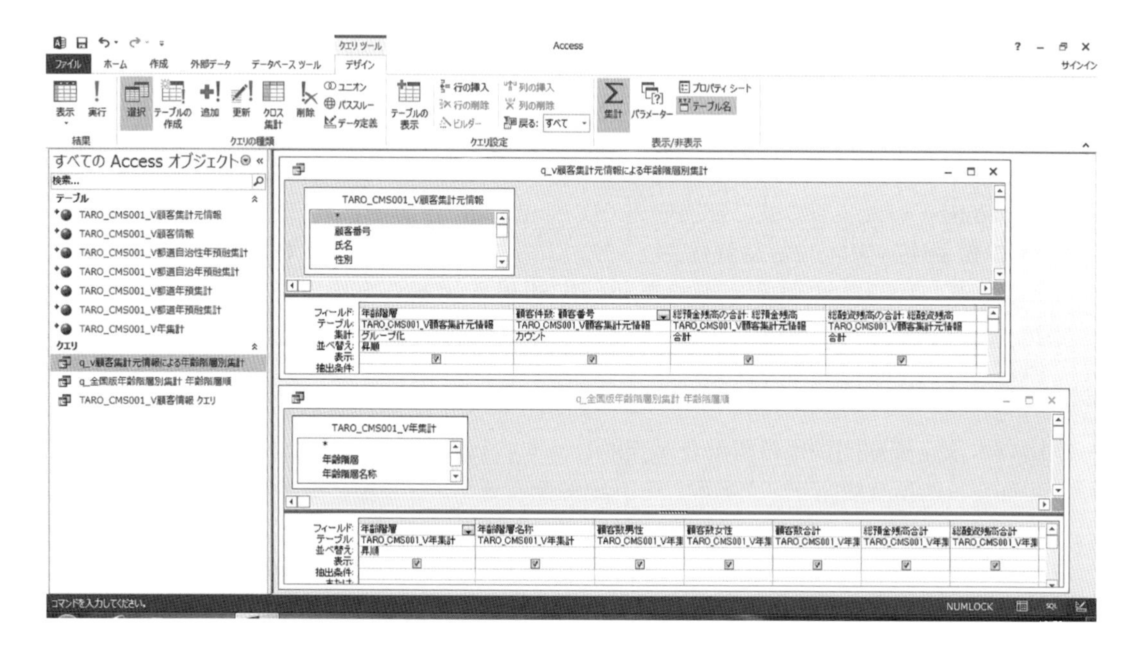


次頁は上記の２つのデザインビューからそれぞれデータシートビューを表示させたものです。

「年齢階層名称」、「顧客数男性」、「顧客数女性」フィールドを除き、集計数値は一致しています。

| 年齢階層 | 顧客件数 | 総預金残高 | 総融資残高 |
|---|---|---|---|
| 3 | 1952 | 10703221319 | 1075879654 |
| 4 | 500 | 2622837036 | 270506621 |
| 5 | 530 | 2880170884 | 287689003 |
| 6 | 519 | 2931161833 | 293429847 |
| 7 | 489 | 2753243898 | 262257514 |
| 8 | 501 | 2915580135 | 272827718 |
| 9 | 485 | 2614388012 | 260296923 |
| 10 | 24 | 108265506 | 10615127 |

| 年齢階層 | 年齢階層名 | 顧客数男性 | 顧客数女性 | 顧客数合計 | 総預金残高 | 総融資残高 |
|---|---|---|---|---|---|---|
| 3 | 30歳以上 40 | 1149 | 803 | 1952 | 10703221319 | 1075879654 |
| 4 | 40歳以上 50 | 287 | 213 | 500 | 2622837036 | 270506621 |
| 5 | 50歳以上 60 | 311 | 219 | 530 | 2880170884 | 287689003 |
| 6 | 60歳以上 70 | 319 | 200 | 519 | 2931161833 | 293429847 |
| 7 | 70歳以上 80 | 279 | 210 | 489 | 2753243898 | 262257514 |
| 8 | 80歳以上 90 | 304 | 197 | 501 | 2915580135 | 272827718 |
| 9 | 90歳以上 10 | 294 | 191 | 485 | 2614388012 | 260296923 |
| 10 | 100歳以上 | 15 | 9 | 24 | 108265506 | 10615127 |

このようにビュー表「cms001_v顧客集計元情報」からデザイングリッドに「集計」行を表示させて各種集計を行うことは可能ですが、100万を超える顧客件数を対象とするクライアントアプリとしてのAccessには負荷が大きいのではと思います。

ここで事例提示している集計用ビュー表は、(「cms001_顧客情報」、「jpn002_自治体」→)「cms001_v顧客情報」→「cms001_v顧客集計元情報」→「cms001_v年集計」など３つのビュー階層により実現させています。

私が在職中の100万を超える顧客件数を対象にする業務システムでは、テーブル「cms001_顧客情報」に顧客主要取引情報や月末基準日も付加して13カ月分履歴管理を行っていました。

前年同月比集計などを、ここで提示している事例と同様なビュー階層で編集・定義した集計用ビュー表に対する雛形クエリの中には、クエリのプロパティシート内「ODBCタイムアウト」がデフォルトの「60（秒）」では結果が返らないものもあり、「600（秒）」あるいは無期限となる「０（秒）」などに変更してAccessファイルをグループウェア上のキャビネットに登録・公開していました。

## コラム：クエリ独自作成時の注意

グループウェア上のキャビネットに登録・公開したAccessファイルの全てについてではありませんが、本部・営業店の利用頻度が高まってくると、雛形クエリへの項目追加に関わる要望が出てきます。

ビュー表への項目追加と共に、該当する雛形クエリへの項目追加を登録・公開済のAccessファイルに行い、改訂内容を記した連絡・通知文書を発信します。

本部・営業店では連絡・通知文書に基づき、グループウェア上のキャビネットからパソコンに取り込みますが、ここで注意が必要となります。

雛形クエリをコピーして編集・加工を加えたり、クエリウィザードやクエリデザインを利用して独自にクエリを作成したりしている場合は、改訂されたAccessファイルの取り込み（上書き）により独自作成したクエリが削除された状況となります。

この場合、改訂内容を記した連絡・通知文書を確認してから、クエリを独自作成していたAccessファイルを改名して、キャビネットから改訂されたAccessファイルをパソコンに取り込み起動し、「外部データ」―「Accessデータベースのインポート」を選択、改名後Accessファイルから独自作成したクエリのインポートを行い継続利用します。

## 5-3　テーブルの特定項目更新を目的としたビュー表

業務システムの中には、テーブル登録以降に特定の項目に限り、本部・営業店による変更処理を許可させる場合があります。
この場合、変更対象とする特定項目のみを更新できる権限を付与することで対応可能となります。

「5-1」の【事例：5-1】の最終行で、「grant select on taro.cms001_v顧客情報 to roletaro;」によりビュー表「cms001_v顧客情報」への参照権限を付与しています。

事例として、テーブル「cms001_顧客情報」の「郵便番号」のみに対する更新許可をロール「roletaro」が付与されている一般ユーザ「yuri」に付与する場合は、「grant update（郵便番号）on taro.cms001_v顧客情報 to roletaro;」を発行します。

以降、ビュー表「cms001_v顧客情報」をリンクテーブルとし、「q_顧客番号指定による郵便番号の変更」などと雛形クエリを作成します。

# 第6章　PL/SQL あれこれ

第５章の冒頭で提示したような、SQL のみの利用によりビュー表を含めたオラクルテーブル群をサーバに構築し、これらのテーブル群をクライアントパソコンにインストールした Access のリンクテーブルとし、クエリ / フォーム / レポートなどを作成した Access ファイルを公開して、業務に活用させる形態は、汎用機で運用していたホスト系補完業務システムのいくつかを移行させることができました。

但し、汎用機で運用していたホスト系補完業務システムには、「市中金利情勢変動に伴う既存融資利率変更」、「夏季・年末ボーナス支給時の預金募集とセンター一括入金」、「預金・融資利用者の所属企業の指定並び順による帳票出力処理自動化」などがあり、これらをオラクルテーブルを利用するオープン系システムに移行させるためには、「非手続き型言語」の SQL の対応では無理があるというより不可能であり、条件判断や繰り返し等の制御命令の機能を持つ「手続き型言語」としての PL/SQL は強力で有効なツールでした。

PL/SQL は、「declare」、「begin」、「exception」、「end;」の４つのキーワードで構成されるブロック化構造により、複数記述された SQL 文を含めてブロック単位で、セッションが確立されたサーバプロセス（「付録C」参照）で処理が行われるため、SQL 文では「;」（セミコロン）までの１文ごとにサーバプロセスで処理が行われるのに対して、サーバプロセス間とのオーバーヘッドが削減され処理効率が高くなり、同様の処理をネットワーク上のクライアントから行った場合にはこの差は更に大きくなります。

PL/SQL は、テーブルの行データを１件ずつ処理できるカーソルという機能、テキストファイルの取り込みと書き出しを行う「utl_file」組み込みパッケージ機能、複数の業務システムに共通して利用することが可能なストアドサブプログラム機能、SQL 文を組み立てて実行する動的 SQL 機能、コレクションという配列を定義する機能などを持ち、汎用機で多用されているコンパイラ言語 COBOL と同様な機能により、複雑と思われる様々な案件に対応可能な業務システムを、ホスト系と同様に構築することができます。

PL/SQL は、以降 PL/SQL ブロックとも記述していますが、作成者以外にも処理内容が理解しやすいように、文頭に「/*」文末に「*/」を、行頭には「--」を、付してなるべくコメントを付けるようにしていました。
業務システム本番運用時、開発中には想定し得なかった障害が発生したら、最初に実行時ログを見て、次に見るのはプログラムリストです。作成者自身もコメントがあれば理解が早く、障害への迅速な対応が図れます。

この章では、これまで開発してきた業務システムの中で利用してきた PL/SQL が持つ機能に触れつつ、具体的事例と共にあれこれと列記してみました。
具体的事例の PL/SQL ブロックには記載行数の都合上コメントは付していませんが、補足説明という形を採っています。

## 6-1 PL/SQLはブロック構造化言語

PL/SQL は、「declare」で始まる宣言部、「begin」で始まる実行部、「exception」で始まる例外処理部、「end;」で終わりを示したブロック構造化言語です。

```
declare
実行部で記述される変数、定数、カーソルなどを定義します

begin
SQLを含め、実行したい処理を記述します
カーソル操作、条件分岐、行挿入、行削除など

exception
事前に予想される例外事象発生時の対応処理を記述します
指定条件以外を対象とする場合には、主たる処理を記載する場合があり、
記述する対象がない場合は、無理に記述する必要はありません

end;
ブロック構造の最後に記述します
```

また、各部内にてブロック構造であれば階層化が可能です。
下記は2階層を表していますがシステム上は256階層まで深くできます。

```
declare
  :
begin
  :
    declare
      :
    begin
      :
    exception
      :
    end;
  :
exception
  when 例外1  then
    declare
```

```
        :
    begin
        :
    exception
        :
    end;
  :
 when 例外N then
     対応処理N:
end;
```

業務システム開発時には3階層までは作成した記憶がありますが、深くなり過ぎると見づらくなり開発部門内での共有化が図られなくなります。

## 6-2　例外処理とは

「begin」以降、「exception」直前までに記述した実行したい処理の中で、誤記入により存在しないテーブルを指定していたり、テーブルは存在しているが行データが無かったり、「select …… into ……」文で複数の行データがある場合など、「ORA-XXXXX」のエラーが発生する状態を例外（exception）発生状態と呼んでいます。

PL/SQLでは、実行部で例外が発生すると処理が中断されて制御が例外処理部に移り、その例外が事前に予想されて記述されている場合は対応する例外処理を実行し終了すると、当該PL/SQLブロックの次に制御が移ります。また、例外処理部の記述が無い場合に例外が発生すると、当該PL/SQLブロックの次に制御が移ります。

業務システム開発時に処理の流れを把握しながら、エラーが発生した時の対応処理を事前に例外処理部に記述しておくことにより、処理を中断することが無いように考案された仕組みとも言えます。

発生を予想した例外や意図的に発生させる例外により処理の流れを変えるなど、例外を異例な事象と捉えず業務システム開発の必須条件とする場合もあります。

以下に、例外の種類とその利用について私が注意した点についてあれこれと列記してみます。

### 6-2-1　事前に予想される例外

「exception」から「end;」までの例外処理部には、「事前に予想される例外事象発生時の対応処理」を記入するとされていますが、「事前に予想される例外」とはどのようなものでしょうか。

取り敢えず「オラクル　例外事象」の語にてネット検索すると、標題部に「PL/SQL 事前定義例外一覧」で25件の「例外名、エラーコード、SQLCODE」といくつかの例外名の説明文、同ページ下部には「UTL_FILE パッケージにおける例外」のリンク先も提示され、「これ以外にも多くのストアドパッケージに固有の例外が定義されている」と記載されています(http://www.shift-the-oracle.com/plsql/exception/predefined-exception.html)。

これらに提示されている例外名は、「ORA-XXXXX」のエラーコードで表されたエラーのうち、発生が多いと予想されるものを対象にして事前に例外名が定義されたエラーで「システム例外」や「内部例外」と呼ばれています。

業務システム開発時には紹介した「PL/SQL 事前定義例外一覧」のうち、「no_data_found：データがありません。」、「too_manys_rows：行データが多すぎます。」と次項の「others」以外の例外名は利用した記憶がありません。

### 6-2-2　例外名「others」

「PL/SQL 事前定義例外一覧」の最終行に記載されている「others」は「すべての例外をあらわす。」との説明文がありますが、記述した事前予想例外に該当しないエラーが発生した場合の受け皿として位置付けると理解しやすい例外名です。

「exception」の直後に記述すると「すべての例外をあらわす。」ので、以降に記述した例外名に対応する処理は無視されるため、必ず例外処理部の最後に記述します。

これによりPL/SQLは必ず正常終了しますが、予想外に発生した例外事象を把握して対応を取らなければ本番システムとして運用することはできません。

また、テストでは発生しなかった例外事象が本番で発生することもあるため、事前定義例外名「others」への対応処理は以下のような記述を行い、例外発生時には実行時spoolファイルを確認することとしていました。

```
exception
      when   例外名1   then
             対応処理1;
                   :
                   :
     when  others  then
         dbms_output.put_line(sqlerrm);
         dbms_output.put_line('処理中断箇所:' ||
                    dbms_utility.format_error_backtrace);
end;
```

「sqlerrm」はオラクルのファンクションで、エラー番号とエラーメッセージが返されます。

「dbms_utility.format_error_backtrace」はオラクルの組み込みファンクションで、エラーが発生した行番号が返されます。

### 6-2-3　ユーザが定義する例外

前述の「システム例外」や「内部例外」と呼ばれる例外に対して、「ユーザ例外」または「外部例外」と呼ばれるような例外があります。

以下のように宣言部で「exception」により例外を定義し、実行部で「raise」により例外を発生させ、例外処理部で対応する処理を行う仕組みをユーザ自身が設定できます。

```
declare
ユーザ例外名        exception;
begin
raise     ユーザ例外名;
exception
 when     ユーザ例外名 then
          対応処理;
end;
```

業務システム開発時、テキストファイルを指示ファイルあるいは入力データとする場合に、以下のような「no_data_occur」という例外名を定義し利用していました。

**【事例：6-2-3　ユーザが定義する例外】**

テキストファイル「cms000_指示書.txt」の行頭が「/」になるまでテキストデータを読み込み、処理を繰り返す（テキストファイルの取り扱いについては「6-4」を参照して下さい）。

```
declare
v_filehandle      utl_file.file_type;
cms000            varchar2(256);
no_data_occur     exception;
      :
begin
v_filehandle := utl_file.fopen ('INPUT', 'cms000_指示書.txt', 'r');
      :
loop
utl_file.get_line (v_filehandle, cms000);
if rtrim(substrb(cms000, 1, 1)) = '/' then
  raise no_data_occur;
end if;
      :
end loop;
```

```
        :
exception
 when    no_data_occur then
         utl_file.fclose (v_filehandle);
        :
end;
```

事前定義されている「no_data_found」の例外名を利用すると、テキストファイルのend-of-dataを検知するまでとなり、end-of-dataまでに行ごとに仕様が異なるテキストへの対応を要するため、何か良い方策が何処かに記載されていないかと思案する中で、見つけることができました。

この方法を利用すると、前回処理時パラメータの内容またはパラメータの説明と設定方法を「/」行以降に記述しておくことができるため、パラメータ項目が多く前回設定内容と差異が少ない場合は、前回設定内容のコピー＆ペーストによる再利用やパラメータの誤設定を防ぐことができました。

## 6-3　カーソルの利用

汎用機で運用していた補完業務システムは、ホスト管理ファイルをオープンし、レコードを1件ずつ読み込んで処理を最後のレコードまで行い、ホスト管理ファイルをクローズする処理形態のため、オラクルを利用してこれらの業務システムを実現させるためには、テーブルの行データを1件ずつ取り込んで同様な処理ができるような仕組みが必要です。

カーソルは、まさにそんな要求の中から生まれた機能ではないかと思われます。

ここでは、カーソルの基本と機能、その利用方法についてあれこれと列記してみました。

### 6-3-1　カーソルの基本形式とその機能

カーソルは宣言部に、「cursor カーソル名 is」に続けて「select」文を記述し、実行部にあるいは例外処理部に「open」、「fetch」、「close」文を記述します。

以下に、カーソルの基本形式とその機能について記述しています。
先頭の「２桁数字.」は、補足説明用の行番号を表します。

```
01.  declare
02.  cursor カーソル名 is
03.       select 顧客番号, 氏名, 総預金残高, 総融資残高
04.       from taro.cms001_顧客情報
05.       order by 顧客番号;
06. エリア名 カーソル名%rowtype;
```

```
07.  begin
08.       open カーソル名;
09.  loop
10.    fetch カーソル名 into エリア名;
11.    exit when カーソル名%notfound;
12.  (取り出した行データに対する処理を記載します)
13.  end loop;
14.    close カーソル名;
15.  exception
16.     when    例外名1  then
17.             対応処理1;
18.                :
19.     when    例外名N  then
20.             対応処理N;
21.  end;
22.  /
```

(補足説明)

①03.～05.行にテーブル「cms001_顧客情報」から「顧客番号」の昇順にて「顧客番号, 氏名, 総預金残高, 総融資残高」を取り出すというselect文を、02.行の「cursor カーソル名 is」により任意に命名する「カーソル名」によりカーソルとして定義しています。

②06.行では、「結果セット」から取り出す1件の行データを格納する領域を、任意に命名した「エリア名」にて定義しています。
「%rowtype」属性により、03.行のselect文で指定した4項目の名称と項目定義を保持します。取り出された行データ内の顧客番号を参照する時は、「エリア名.顧客番号」とします。

③08.行の「open カーソル名;」により「カーソル名」で定義したカーソルのselect文の実行結果が、「結果セット」と呼ばれるメモリ領域に保持されます。まだ、行データは取り出されていない状態です。

④10.行の「fetch カーソル名 into エリア名;」にて、「結果セット」から行データが1件取り出されて、06.行で指定した「エリア名」で定義された領域に格納されます。

⑤12.行に取り出した行データに対する処理を記述します。

⑥行データの取り出しと取り出した行データの処理を、「結果セット」内の全ての行データに対して行うため、09.行と13.行の「loop」と「end loop;」により処理を繰り返します。

⑦繰り返し処理を止める条件は、11.行の「カーソル名%notfound」で直前の「fetch」文により「結果セット」から行データが取り出せなかった場合に「true」となります。

⑧14.行の「close カーソル名;」により「カーソル名」により定義したカーソルが終了し、「結果セット」と呼ばれるメモリ領域が解放されます。

⑨16.～20.行には、07.行以降、15.行以前に、事前に予想される「例外事象発生時の対応処理」を記述します。

## コラム：「%rowtype」属性と「%type」属性

「%rowtype」属性は、カーソル実行時の「結果セット」の受け皿としての利用が多いと思われますが、カーソル以外での便利な利用方法もあります。

前述の06.行の次行に「cmsrec cms001_顧客情報%rowtype」のように定義することでテーブル「cms001_顧客情報」と同一の列項目名と項目定義を保持するレコード「cmsrec」が確保されます。
12.行の「select * into cmsrec from cms001_顧客情報 where 顧客番号 = エリア名.顧客番号;」の記述により、テーブル「cms001_顧客情報」の「エリア名.顧客番号」顧客の全項目がレコード「cmsrec」に格納され、「cmsrec.(列項目名)」による参照が可能となります。

仮に、レコード「cmsrec」の各項目への変更が終わり、テーブル「cms001_顧客情報」の更新を行う場合は、「update cms001_顧客情報 set row = cmsrec where 顧客番号 = エリア名.顧客番号;」により可能です。

「insert into cms002_顧客情報 values cmsrec;」とすると、テーブル「cms001_顧客情報」と列項目名と項目定義が同一のテーブル「cms002_顧客情報」に行データの追加が可能です。

また、「cmsrec := null;」にてレコード「cmsrec」の項目定義ごとの初期値が設定されます。

上記のようなビューを含むテーブルを参照する「%rowtype」属性は多用しました。この属性に似たテーブルの列定義を参照する「%type」属性というものがありますが殆ど利用しませんでした。
「w顧客番号 cms001_顧客情報.顧客番号%type;」は、テーブル「cms001_顧客情報」の列項目「顧客番号」の項目定義と同一の「w顧客番号」を定義しています。

### 6-3-2　その他のカーソル記述形式

前項のカーソル記述形式以外に、「カーソル for ループ」といわれる記述形式により行数を減らして記述することができます。

前項のカーソルを「カーソル for ループ」により記述した例を以下に示します。

```
01.  declare
02.  cursor カーソル名 is
03.       select *
04.       from taro.cms001_顧客情報
05.       order by 顧客番号;
06.  begin
```

```
07.  for エリア名  in カーソル名  loop
08.  (取り出した行データに対する処理を記載します)
09.  end loop;
10.  exception
11.    when    例外名1  then
12.            対応処理1;
13.               :
14.    when    例外名N  then
15.            対応処理N;
16.  end;
17.  /
```

「カーソル for ループ」により、「%rowtype」、「open」、「fetch」、「exit」、「close」文の5行が削減できました。

「カーソル for ループ」による記述形式は行数の削減効果はあると思いますが、「結果セット」の格納領域を宣言部に定義していないため、ループ処理の外で行データを参照する場合は利用できません。

ループ処理の外で行データの参照を行わない場合は、この記述形式が推奨されていますが、後述する「カーソルの入れ子」を行う場合などは見づらくなるため、COBOL に慣れ親しんできた者としては前項の記述形式を多用していました。

07. 行の「カーソル名」についてはカーソル宣言の03.〜05. 行の「select 文」を「( )」で囲み、宣言部のカーソル宣言記述を無くす記述形式もあると言われていますが、この記述形式を利用したことはありません。

08. 行内の取り出した行データに対する処理を記述する場合の項目定義は、前項と同様に「エリア名. 顧客番号」となります。

私が在職中、当章冒頭に記載した「預金・融資利用者の所属企業の指定並び順による帳票出力処理自動化」の実現に際し「パラメータ付きカーソル」と呼ばれる記述形式を利用しました。事例として提示できればと思いますが、「付録B」環境では難しいかもしれません。

### 6-3-3　更新目的のカーソル

取り出した行データに対して更新（update）を行う場合は、「for update」句をカーソル宣言文の末尾に記入すると共に、update 文の末尾に「where current of カーソル名」句を記入します。

取り出されている現在の行データに対して更新処理が行われるため、更新処理時に対象となる行を特定する記述が不要となるので、カーソルによる更新処理の記述が統一されます。

また、ROWIDによる行データへのアクセスが行われるため、高速な更新処理となります。

また、「open」文により「結果セット」に保持された行データを対象に行ロックが行われ、「end loop;」文以降の「commit」文または「rollback」文により行ロックが解放されます。

「loop」文と「end loop;」文内で「commit」文または「rollback」文を記述して実行すると、「ORA-01002: フェッチ順序が無効です。」のエラーとなります。
仮にloop処理内で「commit」文または「rollback」文を記述する場合は、「for update」句と「where current ofカーソル名」句を記述しない方法を採ります。

「for update」句はPL/SQLに特化した機能ではなく、オプションの指定もできます。詳細については、「オラクル・マニュアル」または関連書籍を参照して下さい。

### 6-3-4　カーソルの階層化

前項「6-1」にてPL/SQLの階層化について触れていますが、カーソルも階層化が可能です。「カーソルの入れ子」または「カーソルのネスト」と呼ばれる場合もあります。

以下は、テーブル「a」の全行データを1件ずつ取り込むカーソル「cura」と、テーブル「b」からテーブル「a」の顧客番号と同一の顧客番号を保有する行データを1件ずつ取り込むカーソル「curb」を定義しています。
テーブル「a」を「顧客情報」テーブル、テーブル「b」を「取引口座情報」テーブルとすると、業務システムで開発していた2階層構造のカーソルとなり、この様式が基本となる業務システムの多くを開発した記憶があります。

```
declare
cursor cura is
  select  *  from taro.a;
arec   cura%rowtype;
cursor curb is
  select  *  from taro.b
    where 顧客番号 = arec.顧客番号;
brec   curb%rowtype;

begin
open  cura;
loop
fetch cura into arec;
exit  when  cura%notfound;
    :
  open  curb;
  loop
```

```
    fetch curb into brec;
    exit  when  curb%notfound;
      :
    end loop;
    close  curb;
    :
  end  loop;
  close  cura;
  end;
  /
```

宣言部のカーソル「cura」と「curb」の記述順序を逆にすると、「PLS-00320: この式の型の宣言が不完全か、または形式が誤っています。」、「PL/SQL: ORA-00904: "AREC"."顧客番号": 無効な識別子です。」などのエラーが返されます。

宣言部では「declare」文以降、順次、宣言されていない定義を参照する記述は許可されません。

【事例：6-3　カーソル利用】

ここで、ここまでの PL/SQL ブロックとカーソルの機能を利用して、「愛知、岐阜、三重の東海３県下の自治体に居住する顧客を５桁の自治体コード順に把握する。但し、顧客が居住していない自治体も把握する」という事案への対応を以下に列記してみます。

５桁の自治体コードを有する顧客テーブルはビュー表「cms001_v 顧客情報」により把握が可能ですが、顧客が居住していない自治体を把握するためにはテーブル「jpn002_ 自治体」を利用する必要があります。

そこで、テーブル「jpn002_ 自治体」の「都道府県 CD」が「21: 岐阜県」、「23: 愛知県」、「24: 三重県」を対象に、「都道府県 CD」と「市区町村 CD」から成る５桁の自治体コード順に１件ずつ呼び出し、５桁の自治体コードに該当する顧客をビュー表「cms001_v 顧客情報」から抽出することにします。

抽出結果は、「dbms_output.put_line」により「自治体コード」、「自治体名」、「顧客番号」、「氏名」をスプールファイル「cms100_ 東海県別顧客調査.txt」に出力する以下のスクリプト「cms100_ 東海県別顧客調査.sql」を作成しました。

「dbms_output.put_line（文字列）」は、PL/SQL においてデバッグ目的などで標準出力に文字列を出力して改行を行う、有効なオラクルの組み込みファンクションです。
「spool」コマンド利用時、スプールファイル内にテーブルの行データの件数などの情報を残しておく場合に便利です。

PL/SQL ブロック先頭の「set serveroutput on」は「標準出力に表示する」というオラクルのシステム変数で、「dbms_output.put_line」利用時に設定します。

「先頭２桁数字.」は、PL/SQL ブロック補足説明用の行番号を表します。

```
    connect  taro/taro
    spool spool¥cms100_東海県別顧客調査.txt
    set linesize 128
    select to_char(sysdate, 'yyyy mm/dd amhh:mi:ss') 開始  from dual;

    set serveroutput on
01. declare
02. w_icnt            number(8);
03. w_ocnt            number(8);
04. w顧客番号         number(6);
05. w氏名             varchar2(20);
06. cursor curjpn  is
07. select    都道府県CD * 1000 + 市区町村CD       自治体CD,
08.           都道府県 || 市区町村                 自治体名
09.   from  taro.jpn002_自治体
10.   where  都道府県CD in (21, 23, 24)
11.   order  by  都道府県CD, 市区町村CD;
12. jpnrec                curjpn%rowtype;
13. begin
14. w_icnt            := 0;
15. w_ocnt            := 0;
16. open              curjpn;
17. loop
18. fetch             curjpn      into      jpnrec;
19. exit              when        curjpn%notfound;
20. w_icnt  :=  w_icnt  +  1;
21. select  顧客番号, 氏名  into  w顧客番号, w氏名
22.   from  taro.cms001_v顧客情報
23.   where  自治体CD = jpnrec.自治体CD;
24. dbms_output.put_line('自治体CD = ' || jpnrec.自治体CD ||
25.       ' 自治体名 = ' || jpnrec.自治体名 ||
26.       ' 顧客番号 = ' || w顧客番号 || ' 顧客氏名 = ' || w氏名);
27.   w_ocnt  :=  w_ocnt  +  1;
28. end  loop;
29. close             curjpn;
30. dbms_output.put_line('   自治体読込件数=' || w_icnt);
```

```
31. dbms_output.put_line('顧客情報書込件数=' || w_ocnt);
32. exception
33.   when  others  then
34.     dbms_output.put_line('　自治体読込件数=' || w_icnt);
35.     dbms_output.put_line('顧客情報書込件数=' || w_ocnt);
36.     dbms_output.put_line(sqlerrm);
37.     dbms_output.put_line('処理中断箇所:' ||
38.                          dbms_utility.format_error_backtrace);
39. end;
40. /
  select to_char(sysdate, 'yyyy mm/dd amhh:mi:ss') 終了  from dual;
  spool off
  disconnect;
  exit
```

下記は、スクリプト「cms100_東海県別顧客調査.sql」を実行するバッチファイル「cms100_東海県別顧客調査.bat」です。
「jbd001」は作成した外部コマンドです。「付録B」に補足説明があります（224頁)。詳細については、「第7章」を参照して下さい。

```
d:
cd ¥Myjob¥sql
sqlplus /NOLOG @cms100_東海県別顧客調査
jbd001 spool¥cms100_東海県別顧客調査. txt
if exist  spool¥err_cms100_東海県別顧客調査. txt  goto  errlabel

exit


:errlabel
pause
exit
```

上記バッチファイルのダブルクリックにて実行すると、エラーが発生したようで「pause」コマンドにより停止しました。下記は、スプールファイル「cms100_東海県別顧客調査.txt」の内容です。

```
開始
--------------------------------
2016 05/31 午後05:07:27

自治体読込件数=1
顧客情報書込件数=0
```

```
ORA-01422: 完全フェッチがリクエストよりも多くの行を戻しました
処理中断箇所:ORA-06512: 行21

PL/SQLプロシージャが正常に完了しました。

終了
--------------------------------
2016 05/31 午後05:07:27
```

例外名「others」により、34.〜38. 行までの処理が実行されました。

カーソル「curjpn」(06.〜11. 行) の1件目の自治体コードに該当する顧客が複数件あることにより、21.〜23. 行の「select into」文が「ORA-01422」のエラーとなりましたが、PL/SQL 自体は「PL/SQL プロシージャが正常に完了しました。」のメッセージにて正常終了しています。

エラー原因を調査する中で、ただし書きの「顧客が居住していない自治体も把握する」への対応も無く、1つの自治体に複数の顧客が居住していることへの対応もされていませんでした。

これらへの対応として、前者は例外名「no_data_found」の例外事象と捉え、後者を例外名「too_many_rows」の例外事象と捉えて、「select into」文をブロック化することとしました。

以下が修正後の新版スクリプトです。

```
    connect  taro/taro
    spool spool¥cms100_東海県別顧客調査.txt
    set linesize 128
    select to_char(sysdate, 'yyyy mm/dd amhh:mi:ss') 開始  from dual;

    set serveroutput on
01. declare
02. w_icnt          number(8);
03. w_ocnt          number(8);
04. w顧客番号       number(6);
05. w氏名           varchar2(20);
06. cursor curjpn  is
07. select    都道府県CD * 1000 + 市区町村CD             自治体CD,
08.           都道府県 || 市区町村                       自治体名
09.   from  taro.jpn002_自治体
10.   where  都道府県CD in (21, 23, 24)
11.   order  by  都道府県CD, 市区町村CD;
12. jpnrec                  curjpn%rowtype;
```

```
13. begin
14. w_icnt          := 0;
15. w_ocnt          := 0;
16. open            curjpn;
17. loop
18. fetch           curjpn        into      jpnrec;
19. exit            when          curjpn%notfound;
20. w_icnt := w_icnt + 1;
21.   begin
22.   select 顧客番号, 氏名 into w顧客番号, w氏名
23.     from taro.cms001_v顧客情報
24.     where 自治体CD = jpnrec.自治体CD;
25.   dbms_output.put_line('自治体CD = ' || jpnrec.自治体CD ||
26.      ' 自治体名 = ' || jpnrec.自治体名 ||
27.      ' 顧客番号 = ' || w顧客番号 || ' 顧客氏名 = ' || w氏名);
28.   w_ocnt := w_ocnt + 1;
29.   exception
30.     when no_data_found then
31.       dbms_output.put_line('自治体CD = ' || jpnrec.自治体CD ||
32.             ' 自治体名 = ' || jpnrec.自治体名 ||
33.             ' ------------------------------------------ 対象顧客なし');
34.     when too_many_rows then
35.       declare
36.       cursor curcms is
37.       select 顧客番号, 氏名
38.         from taro.cms001_v顧客情報
39.         where 自治体CD = jpnrec.自治体CD;
40.       begin
41.       for cmsrec in curcms loop
42.       dbms_output.put_line('自治体CD = ' || jpnrec.自治体CD ||
43.             ' 自治体名 = ' || jpnrec.自治体名 ||
44.             ' 顧客番号 = ' || cmsrec.顧客番号 ||
45.             ' 顧客氏名 = ' || cmsrec.氏名);
46.       w_ocnt := w_ocnt + 1;
47.       end loop;
48.       exception
49.         when others then
50.           dbms_output.put_line(sqlerrm);
51.           dbms_output.put_line('処理中断箇所:' ||
52.                       dbms_utility.format_error_backtrace);
```

```
53.      end;
54.    when  others  then
55.      dbms_output.put_line(sqlerrm);
56.      dbms_output.put_line('処理中断箇所:' ||
57.                             dbms_utility.format_error_backtrace);
58.   end;
59. end  loop;
60. close          curjpn;
61. dbms_output.put_line('    自治体読込件数=' || w_icnt);
62. dbms_output.put_line('顧客情報書込件数=' || w_ocnt);
63. exception
64.   when  others  then
65.     dbms_output.put_line('    自治体読込件数=' || w_icnt);
66.     dbms_output.put_line('顧客情報書込件数=' || w_ocnt);
67.     dbms_output.put_line(sqlerrm);
68.     dbms_output.put_line('処理中断箇所:' ||
69.                            dbms_utility.format_error_backtrace);
70. end;
71. /
  select to_char(sysdate, 'yyyy mm/dd amhh:mi:ss') 終了  from dual;
  spool off
  disconnect;
  exit
```

(新版補足)

①旧版21.～23. 行の「select into」文、24.～26. 行の「dbms_output.put_line」文と27. 行の出力件数カウント文を、新版21.～58. 行に追加したブロック化実行部の22.～28. 行に記述しました。

②新版追加ブロック例外処理部30.～57. 行に、例外名「no_data_found」、「too_many_rows」、「others」を対応処理と共に記述しました。

③30. 行の例外名「no_data_found」は、ただし書きの「顧客が居住していない自治体も把握する。」への対応として、「---- 対象顧客なし」のメッセージを出力します。

④34. 行の例外名「too_many_rows」は、複数顧客を1件ずつ取り込む必要があるためカーソルを利用して、35.～53. 行のPL/SQLブロック化構造となっています。カーソルの階層化となり行数削減に向け「カーソルforループ」により記述しました。
35. 行の宣言部を削除し、36.～39. 行を12. 行の次行にカット&ペーストして宣言部を一つにまとめることもできます。

⑤54. 行の例外名「others」は、このケースでは不要と思われましたが用心のため旧版同様の取り扱いとしました。

下記は、新版スクリプト実行時のスプールファイル「cms100_東海県別顧客調査.txt」の内容です。

```
開始
-------------------------------
2016 05/31 午後05:07:43

自治体CD = 21201 自治体名 = 岐阜県岐阜市 顧客番号 = 230399 顧客氏名 = 奥田　潔
自治体CD = 21201 自治体名 = 岐阜県岐阜市 顧客番号 = 230436 顧客氏名 = 石村　雄也
自治体CD = 21201 自治体名 = 岐阜県岐阜市 顧客番号 = 230764 顧客氏名 = 須賀　冨子
自治体CD = 21201 自治体名 = 岐阜県岐阜市 顧客番号 = 231319 顧客氏名 = 三好　健志
自治体CD = 21201 自治体名 = 岐阜県岐阜市 顧客番号 = 231779 顧客氏名 = 藤木　桜
自治体CD = 21201 自治体名 = 岐阜県岐阜市 顧客番号 = 232882 顧客氏名 = 新井　俊行
自治体CD = 21201 自治体名 = 岐阜県岐阜市 顧客番号 = 233110 顧客氏名 = 中本　加奈
自治体CD = 21201 自治体名 = 岐阜県岐阜市 顧客番号 = 233512 顧客氏名 = 加賀　常男
自治体CD = 21201 自治体名 = 岐阜県岐阜市 顧客番号 = 233568 顧客氏名 = 五味　夏希
自治体CD = 21201 自治体名 = 岐阜県岐阜市 顧客番号 = 233882 顧客氏名 = 平塚　晴子
自治体CD = 21201 自治体名 = 岐阜県岐阜市 顧客番号 = 234183 顧客氏名 = 水野　満夫
自治体CD = 21201 自治体名 = 岐阜県岐阜市 顧客番号 = 234947 顧客氏名 = 久保　優太
自治体CD = 21202 自治体名 = 岐阜県大垣市 顧客番号 = 230532 顧客氏名 = 寺崎　百香
自治体CD = 21202 自治体名 = 岐阜県大垣市 顧客番号 = 230816 顧客氏名 = 大矢　朋香
自治体CD = 21202 自治体名 = 岐阜県大垣市 顧客番号 = 233373 顧客氏名 = 平井　幸夫
自治体CD = 21202 自治体名 = 岐阜県大垣市 顧客番号 = 234987 顧客氏名 = 北岡　五郎
　　　　（中略）
自治体CD = 24543 自治体名 = 三重県北牟婁郡紀北町 顧客番号 = 231687 顧客氏名 = 水島　克哉
自治体CD = 24561 自治体名 = 三重県南牟婁郡御浜町 顧客番号 = 233306 顧客氏名 = 的場　楓花
自治体CD = 24562 自治体名 = 三重県南牟婁郡紀宝町 顧客番号 = 230054 顧客氏名 = 村岡　陽菜子
自治体読込件数=140
顧客情報書込件数=307

PL/SQLプロシージャが正常に完了しました。

終了
-------------------------------
2016 05/31 午後05:07:44
```

テーブル「jpn002_ 自治体」の「21:岐阜県」、「23:愛知県」、「24:三重県」の1件目「21201 岐阜県岐阜市」に12人の顧客が居住されていました。

## 6-4　テキストファイルの取り扱い

固定長形式または可変長形式のテキストファイルを「sql*loader」によりテーブル化する方

法については、『4-4』(65〜70頁)の中であれこれと記述しましたが、そこで「utl_file」パッケージのテキストファイル入力用「utl_file.get_line」プロシージャの利用について少し触れました。

私が在職中は、テキスト化されたレコード件数が多くなく、テーブル項目数も少ない場合は「sql*loader」制御文を作成せずに、「テーブル再作成、テキスト読み込み、テーブルへ行データの挿入、主キーと索引キーの作成」をPL/SQLブロックを含めた1本のスクリプトファイルを作成して実行する方法を採っていました。この方法によれば、開発効率が高く、検証しやすい場合があります。

業務システム実行時の処理方法を指定するパラメータや、ホスト管理ファイル以外の外部企業等から持ち込まれたテキストレコードを、テーブルに行追加する場合には事前のウィルスチェックを行うことは当然ですが、テーブルに行追加する前に「utl_file.get_line」で取り込んだテキストの各項目の単体チェックと項目間相関チェックを行い、その結果をフィードバックさせるために、チェックリスト様式の可変長CSV形式のテキストファイルを書き出せる「utl_file.put_line」プロシージャも含め、「utl_file」パッケージは便利なツールでした。

ここでは、「utl_file」パッケージを利用するための事前準備を含め、「utl_file.put_line」プロシージャによるテキストファイルの書き出し方法や「utl_file.get_line」プロシージャによるテキストファイルの取り込み方法などについて事例を挙げ、あれこれと列記してみます。

### 6-4-1　ディレクトリの登録と権限付与

「sql*loader」を利用する時は、テキストファイル名をフルパスにて制御文の「infile」句に指定することで、テキストファイルをテーブル化することができました。

「utl_file.put_line」や「utl_file.get_line」プロシージャがテキストファイルの書き出しや取り込みを行うためには、テキストファイルを格納するフォルダや格納されているフォルダをオラクルに登録する必要があります。

Oracle 8i以前は、初期化パラメータ「utl_file_dir」にフォルダをオラクルのディレクトリオブジェクトとして登録することとされていたため、フォルダ追加発生時には「shutdown」と「startup」コマンドなどによる再起動を必要としていました。
9i以降は「create directory」コマンドにより、オラクル稼働中にオラクルユーザごとにフォルダをディレクトリオブジェクトとして登録することが可能となりました。但し、「create directory」コマンドの実行は、「DBA権限付与ユーザ」または「create directory権限付与ユーザ」のみに制限されています。

テキストファイル用フォルダ「d:¥Myjob¥data¥jpntxt」を作成後、このフォルダをオラクルに「jpntxt」という名称で登録しました。

```
SQL〉connect taro/taro
```

```
接続されました。
SQL〉create directory jpntxt as 'd:¥Myjob¥data¥jpntxt';

ディレクトリが作成されました。
```

下記は、作成されているディレクトリオブジェクトを確認しています。

```
SQL〉column owner format a8
SQL〉column directory_name format a25
SQL〉column directory_path format a40
SQL〉select *
  2   from dba_directories
  3   order  by directory_name;

OWNER DIRECTORY_NAME            DIRECTORY_PATH
----------- ------------------------------------ ----------------------------------------------------
SYS       CMSTXT                     d:¥Myjob¥data¥cmstxt                              ①
SYS       DATA_FILE_DIR              C:¥oracle¥katada¥product¥11.2.0¥dbhome_1
                                     ¥demo¥schema¥sales_history¥

SYS       DATA_PUMP_DIR              C:¥oracle¥katada/admin/yk01/dpdump/
SYS       JPNTXT                     d:¥Myjob¥data¥jpntxt                              ②
SYS       LOG_FILE_DIR               C:¥oracle¥katada¥product¥11.2.0¥dbhome_1
                                     ¥demo¥schema¥log¥

SYS       MEDIA_DIR                  C:¥oracle¥katada¥product¥11.2.0¥dbhome_1
                                     ¥demo¥schema¥product_media¥

SYS       ORACLE_OCM_CONFIG_DIR      C:¥oracle¥katada¥product¥11.2.0¥dbhome_1
                                     /ccr/state

SYS       SS_OE_XMLDIR               C:¥oracle¥katada¥product¥11.2.0¥dbhome_1
                                     ¥demo¥schema¥order_entry¥

SYS       SUBDIR                     C:¥oracle¥katada¥product¥11.2.0¥dbhome_1
                                     ¥demo¥schema¥order_entry¥/2002/Sep

SYS       XMLDIR                     c:¥ade¥aime_dadvfh0169¥oracle/rdbms/xml

10行が選択されました。
```

①の「CMSTXT」は「【事例：4-4-1　①】（66頁）」記載の固定長テキスト（cms001_固

定長.txt）を作成するために登録したディレクトリオブジェクトです。

②の「JPNTXT」が今回「create directory jpntxt as 'd:¥Myjob¥data¥jpntxt';」により「DBA権限付与ユーザ：taro」で登録しました。オラクルでは大文字で管理されるようです。

①②以外のディレクトリオブジェクトはオラクルインストール時に登録されたものと思います。

「CMSTXT」も「JPNTXT」もユーザ「taro」により登録していますが、「OWNER」列が全て「SYS」となっています。この理由については当方不明につき、「オラクル・マニュアル」または関連書籍を参照して下さい。

「taro」が登録したディレクトリオブジェクトを一般ユーザ「yuri」が利用すると、「ORA-29289: ディレクトリ・アクセスが拒否されました。」のエラーが返されます。

一般ユーザ「yuri」が利用できるようにする場合は、下記コマンドにより登録したディレクトリオブジェクトへの「write」または「read」権限を、一般ユーザ「yuri」に付与されているロール「roletaro」に付与します。

```
grant write on directory JPNTXT to roletaro;
grant read  on directory JPNTXT to roletaro;
```

これは、『【事例：5-1】』（85頁）記載と同一のユーザ管理方法となります。

### 6-4-2 「utl_file.put_line」によるテキストファイルの書き出し

文字列をテキストファイルに書き出すためには、テキストファイルごとにファイルハンドルというものが必要となり、

1．utl_file.file_type ：テキストファイルごとに必須のファイルハンドル変数を宣言する。
2．utl_file.fopen ：テキストファイルを格納するフォルダのディレクトリオブジェクト名、文字列を書き出すテキストファイル名、書き出しの指定（w）をファイルハンドル変数に設定し、テキストファイルをオープンする。
書き出すファイル名が既にある場合は、上書きする。
3．utl_file.put_line ：ファイルハンドルを指定し、書き出したい文字列を書き出す。
4．utl_file.fclose ：ファイルハンドルを指定し、テキストファイルをクローズし書き出し処理を終了する。

これら４つの「utl_file」プロシージャを利用して行います。

以下は、フォルダ「D:¥Myjob¥data¥jpntxt」に文字列「書き出したい文字列」をテキストファイル「6_4_2テキストファイル.txt」に書き出しています。
「時刻」は、テキストファイルの更新日時の確認用です。

```
SQL> set serveroutput on
```

```
SQL〉declare
  2  v_filehandle    utl_file.file_type;
  3  begin
  4  v_filehandle := utl_file.fopen（'JPNTXT', '6_4_2 テキストファイル.txt', 'w'）;
  5  utl_file.put_line（v_filehandle,'書き出したい文字列'）;
  6  utl_file.fclose（v_filehandle）;
  7  end;
  8  /

PL/SQLプロシージャが正常に完了しました。

SQL〉select to_char（sysdate, 'yyyy mm/dd amhh:mi:ss'）時刻  from dual;

時刻
--------------------------------
2016 06/08 午後05:13:26
```

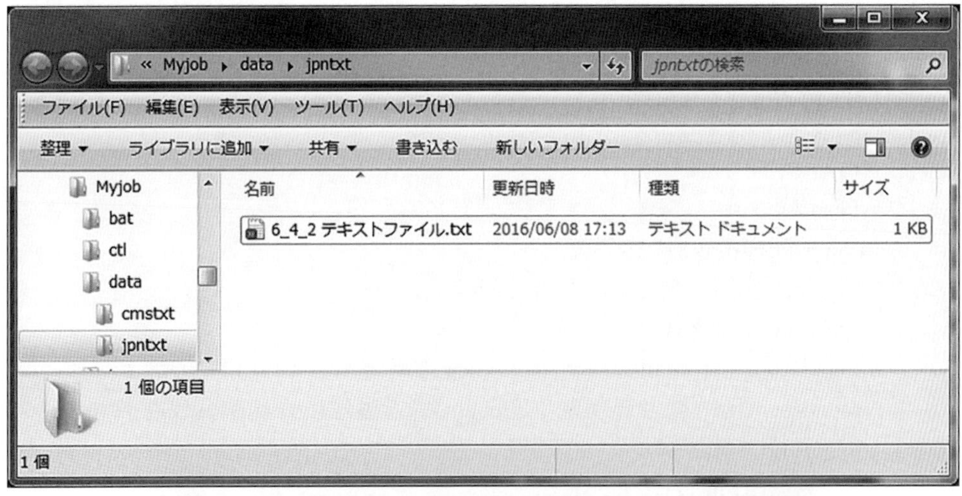


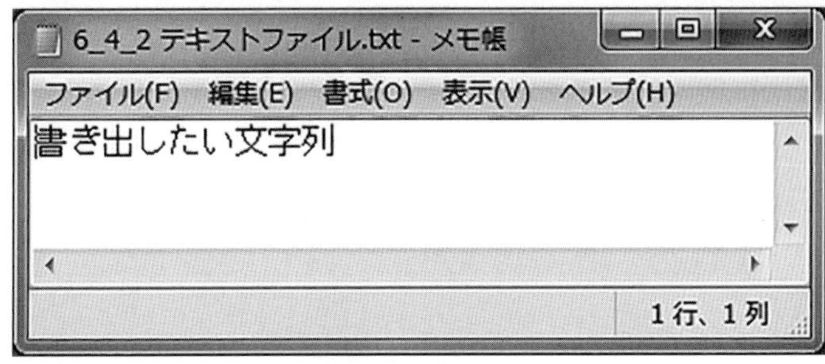


**【事例：6-4-2　テキストファイルの書き出し】**

１．可変長CSV形式テキストファイルを書き出す

本部営業推進部より、愛知、岐阜、三重の東海３県下の自治体に居住する顧客の「顧客件数」、「総預金残高合計」、「総預金残高平均」、「総融資残高合計」、「総融資残高平均」が５桁

の自治体コード順に書き出された、Excelで利用可能なファイルの作成依頼がありました。

この依頼に対し、以下のPL/SQLスクリプト「cms150_東海自治体別件数残高調査.sql」を作成してみました。

```
connect taro/taro
spool spool¥cms150_東海自治体別件数残高調査.txt
set linesize 128
select to_char(sysdate, 'yyyy mm/dd amhh:mi:ss') 開始 from dual;

set serveroutput on
declare
w_icnt          number(8);
w_ocnt          number(8);
werr_num        number;
werr_msg        varchar2(256);
wheader         varchar2(512);
wdetail         varchar2(512);
wkanma          char(1);
v_filehandle    utl_file.file_type;
cursor curcms is
select   自治体CD,
         自治体名,
         count(顧客番号) 顧客件数,
         sum(nvl(総預金残高, 0)) 総預金残高合計,
         sum(nvl(総融資残高, 0)) 総融資残高合計,
         round(sum(nvl(総預金残高, 0))/count(顧客番号), 0) 総預金残高平均,
         round(sum(nvl(総融資残高, 0))/count(顧客番号), 0) 総融資残高平均
  from taro.cms001_v顧客情報
  where 都道府県CD in (21, 23, 24)
  group by 自治体CD, 自治体名
  order by 自治体CD;
cmsrec          curcms%rowtype;
begin
w_icnt   := 0;
w_ocnt   := 0;
wkanma := ',';
open     curcms;
v_filehandle := utl_file.fopen ('JPNTXT', '6_4_2_1 東海自治体別件数残高.csv', 'w');
wheader := '自治体CD' || wkanma || '自治体名' || wkanma || '顧客件数'
           || wkanma || '総預金残高合計' || wkanma || '総預金残高平均'
```

```
            || wkanma || '総融資残高合計' || wkanma || '総融資残高平均';
utl_file.put_line (v_filehandle,wheader);
loop
fetch     curcms     into     cmsrec;
exit      when       curcms%notfound;
w_icnt :=  w_icnt + 1;
wdetail := ltrim(to_char(cmsrec.自治体CD, '00000')) || wkanma ||
           cmsrec.自治体名 || wkanma || cmsrec.顧客件数 || wkanma ||
           cmsrec.総預金残高合計 || wkanma || cmsrec.総預金残高平均 || wkanma ||
           cmsrec.総融資残高合計 || wkanma || cmsrec.総融資残高平均;
utl_file.put_line (v_filehandle,wdetail);
w_ocnt := w_ocnt + 1;
end loop;
close     curcms;
utl_file.fclose (v_filehandle);
dbms_output.put_line('      自治体読込件数=' || w_icnt);
dbms_output.put_line('自治体情報書込件数=' || w_ocnt);
exception
 when others then
  dbms_output.put_line('      自治体読込件数=' || w_icnt);
  dbms_output.put_line('自治体情報書込件数=' || w_ocnt);
  dbms_output.put_line(sqlerrm);
  dbms_output.put_line('処理中断箇所:' || dbms_utility.format_error_backtrace);
end;
/
select to_char(sysdate, 'yyyy mm/dd amhh:mi:ss') 終了 from dual;
spool off
disconnect;
exit
```

（補足説明）

①「utl_file.put_line(v_filehandle,'書き出したい文字列');」の「'書き出したい文字列'」内に文字列を編集できますが、見やすさを求め編集用文字項目「wheader、wdetail」を定義しました。

②５桁の自治体コードを保有しているビュー表「cms001_v顧客情報」より、「愛知、岐阜、三重」居住顧客を対象に、顧客件数、預金、融資に係わる合計金額と平均金額を「自治体CD」で取りまとめ、「自治体CD」の昇順で取得するselect文をカーソル「curcms」にて定義しています。

③「Excelで利用可能なファイル」に応えるためCSV形式のテキストファイルを書き出すこととし、ファイル名を「6_4_2_1東海自治体別件数残高.csv」としました。

④カーソル「curcms」処理前に、Excelシート展開時の項目名称となる表題行を書き出し、

項目名称間を「,」（カンマ）で区切っています。

⑤カーソル「curcms」より１件ずつ取り込んだ結果セットの全項目を、１件のテキストデータに書き出し、項目間を「,」（カンマ）で区切っています。

6_4_2_1 東海自治体別件数残高.csv - メモ帳

ファイル(F) 編集(E) 書式(O) 表示(V) ヘルプ(H)

```
自治体CD,自治体名,顧客件数,総預金残高合計,総預金残高平均,総融資残高合計,総融資残高平均
21201,岐阜県岐阜市,12,68396325,5699694,5367777,447315
21202,岐阜県大垣市,4,16875249,4218812,1434751,358688
21203,岐阜県高山市,4,21261501,5315375,1113977,278494
21204,岐阜県多治見市,3,17179872,5726624,1161959,387320
21205,岐阜県関市,10,21090268,2109027,6209404,620940
21206,岐阜県中津川市,1,19607312,19607312,190069,190069
21207,岐阜県美濃市,2,15768535,7884268,236011,118006
```

1行、1列

6_4_2_1 東海自治体別件数残高.csv - Excel

|  | A | B | C | D | E | F | G |
|---|---|---|---|---|---|---|---|
| 1 | 自治体CD | 自治体名 | 顧客件数 | 総預金残高合計 | 総預金残高平均 | 総融資残高合計 | 総融資残高平均 |
| 2 | 21201 | 岐阜県岐阜市 | 12 | 68396325 | 5699694 | 5367777 | 447315 |
| 3 | 21202 | 岐阜県大垣市 | 4 | 16875249 | 4218812 | 1434751 | 358688 |
| 4 | 21203 | 岐阜県高山市 | 4 | 21261501 | 5315375 | 1113977 | 278494 |
| 5 | 21204 | 岐阜県多治見市 | 3 | 17179872 | 5726624 | 1161959 | 387320 |
| 6 | 21205 | 岐阜県関市 | 10 | 21090268 | 2109027 | 6209404 | 620940 |
| 7 | 21206 | 岐阜県中津川市 | 1 | 19607312 | 19607312 | 190069 | 190069 |
| 8 | 21207 | 岐阜県美濃市 | 2 | 15768535 | 7884268 | 236011 | 118006 |

6_4_2_1 東海自治体別件数残高

テキストファイル「6_4_2_1 東海自治体別件数残高.csv」のダブルクリックにより開かれたExcelシートを編集・加工後、ファイルの種類から「Excel ブック」を選択して保存します。

このケースでは１種類のCSVファイルを書き出していますが、複数種類のCSVファイルを同時に書き出したり、固定長テキストを同時に取り込んだりするケースも業務システム案件で発生しました。

その場合は、「utl_file.file_type」のファイルハンドル変数を「v_filehandlea、v_filehandleb、……、v_filehandlen」などと複数分宣言し、それぞれの変数を利用する「utl_file」プロシージャを対応させて記述しますが、３個以上の変数は見づらくスクリプトの共有化は望めなくなります。

２. 固定長形式テキストファイルを書き出す

当事例は、【事例：4-4-1　①】（66頁）にてテーブル「cms001_顧客情報」を固定長形式データより作成する場合の「sql*loader」制御文事例の検証を行うために、事前に固定長テキスト（cms001_固定長.txt）を作成したPL/SQLスクリプト「cms001_固定長作成.sql」です。

```
connect taro/taro
```

```
spool spool¥cms001_固定長作成.txt
select to_char(sysdate, 'yyyy mm/dd amhh:mi:ss') 開始  from dual;

set serveroutput on
declare
w_icnt              number(8);
w空白               char(1);
w全空白             char(2);
v_filehandle        utl_file.file_type;
wdetail             varchar2(1024);
w性別               number(1);
wFAX                varchar2(16);
w携帯電話           varchar2(16);
wメールアドレス     varchar2(60);
w漢字住所3          varchar2(80);
w漢字住所4          varchar2(30);
w漢字住所5          varchar2(90);
wカナ住所3          varchar2(128);
wカナ住所4          varchar2(20);
wカナ住所5          varchar2(128);
cursor curcms  is
select *
 from  taro.cms001_顧客情報
 order  by  顧客番号;
cmsrec                  curcms%rowtype;
begin
w_icnt    :=  0;
w空白     := ' ';
w全空白 := '　';
v_filehandle := utl_file.fopen ('CMSTXT', 'cms001_固定長.txt', 'w');
open      curcms;
loop
fetch     curcms       into      cmsrec;
exit      when         curcms%notfound;
w_icnt    := w_icnt  +  1;
w性別     := cmsrec.性別;
if  w性別  not in (1,2)  then
          w性別  := 0;
end  if;
wFAX      := rpad(cmsrec.FAX, 16, w空白);
```

```
if wFAX is null then
        wFAX := rpad(w空白, 16, w空白);
end if;
w携帯電話 := rpad(cmsrec.携帯電話, 16, w空白);
if w携帯電話 is null then
        w携帯電話 := rpad(w空白, 16, w空白);
end if;
wメールアドレス := rpad(cmsrec.メールアドレス, 60, w空白);
if wメールアドレス is null then
        wメールアドレス := rpad(w空白, 60, w空白);
end if;
w漢字住所３ := rpad(cmsrec.漢字住所３,80,w全空白);
if w漢字住所３ is null then
        w漢字住所３ := rpad(w全空白, 80, w全空白);
end if;
w漢字住所４ := rpad(to_multi_byte(cmsrec.漢字住所４), 30, w全空白);
if w漢字住所４ is null then
        w漢字住所４ := rpad(w全空白, 30, w全空白);
end if;
w漢字住所５ := rpad(to_multi_byte(cmsrec.漢字住所５), 90, w全空白);
if w漢字住所５ is null then
        w漢字住所５ := rpad(w全空白, 90, w全空白);
end if;
wカナ住所３ := rpad(cmsrec.カナ住所３, 128, w全空白);
if wカナ住所３ is null then
        wカナ住所３ := rpad(w全空白, 128, w全空白);
end if;
wカナ住所４ := rpad(to_multi_byte(cmsrec.カナ住所４), 20, w全空白);
if wカナ住所４ is null then
        wカナ住所４ := rpad(w全空白, 20, w全空白);
end if;
wカナ住所５ := rpad(to_multi_byte(cmsrec.カナ住所５), 128, w全空白);
if wカナ住所５ is null then
        wカナ住所５ := rpad(w全空白, 128, w全空白);
end if;
wdetail := ltrim(to_char(cmsrec.顧客番号 - 230000, '000000'))
        || rpad(cmsrec.氏名, 20, w全空白)
        || rpad(cmsrec.カナ氏名, 30, w全空白) || w性別
        || rpad(cmsrec.電話番号, 16, w空白)
        || wFAX || w携帯電話 || wメールアドレス
```

```
            || rpad(cmsrec.郵便番号, 8, w空白)
            || rpad(cmsrec.漢字住所１, 10, w全空白)
            || rpad(cmsrec.漢字住所２, 30, w全空白)
            || w漢字住所３ || w漢字住所４ || w漢字住所５
            || rpad(cmsrec.カナ住所１, 20, w全空白)
            || rpad(cmsrec.カナ住所２, 40, w全空白)
            || wカナ住所３ || wカナ住所４ || wカナ住所５
            || to_char(cmsrec.生年月日, 'yyyymmdd')
            || rpad(cmsrec.出身地, 10, w全空白);
utl_file.put_line (v_filehandle, wdetail);
end loop;
utl_file.fclose (v_filehandle);
close    curcms;
dbms_output.put_line('読込件数=' || w_icnt);
exception
 when others then
  dbms_output.put_line('読込件数=' || w_icnt);
  dbms_output.put_line(sqlerrm);
  dbms_output.put_line('処理中断箇所:' ||
                        dbms_utility.format_error_backtrace);
end;
/

select to_char(sysdate, 'yyyy mm/dd amhh:mi:ss') 終了 from dual;
spool off
disconnect;
exit
```

(補足説明)

①テーブル「cms001_顧客情報」の列項目で可変長文字型で定義されている項目は、有効文字数が「varchar2(列長)」で指定されている列長にするため、半角項目、全角項目ごとに半角の空白、全角の空白を埋め込む「rpad」関数を利用しています。

②テーブル「cms001_顧客情報」の列項目に「null」が設定されている場合、「decode」関数により文字列の編集を行おうとしましたが、PL/SQLブロック内では「decode」関数が利用できないため、「if〜end if」文での対応となりました。

③「顧客番号」の列項目はテーブル作成時に、「cms001_顧客情報付加編集.sql」内にて「230000」を加算しているため、減算しておきます。

### 6-4-3 「utl_file.get_line」によるテキストファイルの取り込み

テキストファイルをオラクルに取り込むためにはファイルハンドルが必要となり、

１. utl_file.file_type：テキストファイルごとに必須のファイルハンドル変数を宣言する。

2．utl_file.fopen　：取り込むテキストファイルが格納されているフォルダのディレクトリオブジェクト名、取り込むテキストファイル名、取り込みの指定(r) をファイルハンドル変数に設定し、テキストファイルをオープンする。

3．utl_file.get_line　：ファイルハンドルを指定し、1行の文字列を指定した宣言部の変数に取り込む。

4．utl_file.fclose　：ファイルハンドルを指定し、テキストファイルをクローズし取り込み処理を終了する。

テキストファイルの書き出しと同様に、これら4つの「utl_file」プロシージャを利用して行います。

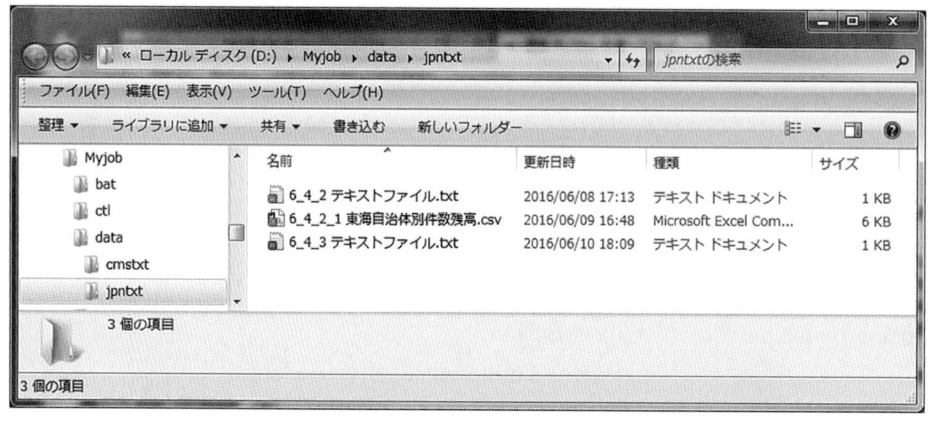


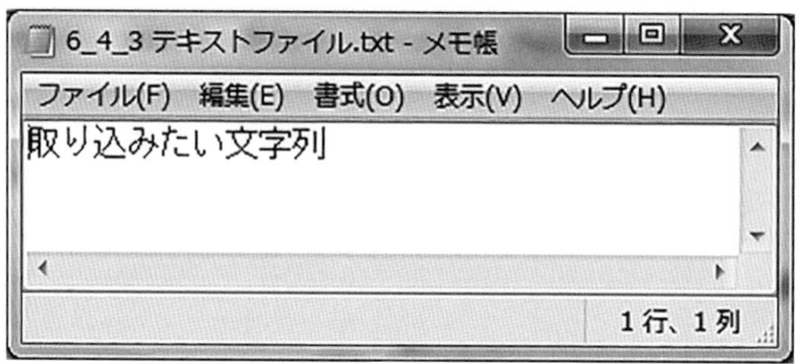


以下は、上記のフォルダ「D:¥Myjob¥data¥jpntxt」のテキストファイル「6_4_3 テキストファイル.txt」から1行を取り出し、「dbms_output.put_line」にて文字列を標準出力しています。

```
SQL〉 set serveroutput on
SQL〉 declare
  2  v_filehandle    utl_file.file_type;
  3  w文字列        varchar2(512);
  4  begin
  5  v_filehandle := utl_file.fopen ('JPNTXT', '6_4_3 テキストファイル.txt',' r');
  6  utl_file.get_line (v_filehandle, w文字列);
  7  utl_file.fclose (v_filehandle);
```

```
  8 dbms_output.put_line(w文字列);
  9 end;
 10 /
取り込みたい文字列

PL/SQLプロシージャが正常に完了しました。
```

**【事例：6-4-3　テキストファイルの取り込み】**

1．固定長テキストファイルからテーブルを作成する

当章冒頭に記述した業務システム「夏季・年末ボーナス支給時の預金募集とセンター一括入金」では、預金募集結果を固定長テキストデータに加工してトランザクションデータと位置付け、各項目の単体チェックと項目間相関チェックを行い、正常データをテーブル化していました。

以下は、固定長テキストからテーブルを作成するPL/SQLスクリプトです。

固定長テキスト「jpn020_固定長.txt」は、前述の「cms001_固定長作成.sql」スクリプトと同様、事前作成した「jpn020_固定長作成.sql」スクリプトの実行により作成しています。

```
connect  taro/taro
spool spool¥jpn120_固定長取り込み.txt
select to_char(sysdate, 'yyyy mm/dd amhh:mi:ss') 開始 from dual;

drop table taro.jpn002_自治体 cascade constraints;
create table taro.jpn002_自治体(
都道府県CD        number(2),
市区町村CD        number(3),
都道府県          varchar2(10),
市区町村          varchar2(30),
カナ都道府県      varchar2(10),
カナ市区町村      varchar2(30)
)
    pctfree 5 pctused 40
    tablespace usr1yk01
    storage(initial 50k next 1k
     minextents 1 maxextents unlimited pctincrease 0);

set serveroutput on
declare
w_icnt              number(8);
w_ocnt              number(8);
v_filehandle    utl_file.file_type;
```

```
wjpn          varchar2(256);
w都道府県CD     number(2);
w市区町村CD     number(3);
w都道府県       varchar2(10);
w市区町村       varchar2(30);
wカナ都道府県    varchar2(10);
wカナ市区町村    varchar2(30);
w全空白        char(2);
begin
w_icnt   := 0;
w_ocnt   := 0;
w全空白 := '　';
v_filehandle := utl_file.fopen ('JPNTXT', 'jpn020_固定長.txt', 'r');
loop
utl_file.get_line (v_filehandle, wjpn);
w_icnt := w_icnt + 1;
w都道府県CD     := substrb(wjpn, 1, 2);
w市区町村CD     := substrb(wjpn, 3, 3);
w都道府県       := rtrim(substrb(wjpn, 6, 10), w全空白);
w市区町村       := rtrim(substrb(wjpn, 16, 30), w全空白);
wカナ都道府県    := rtrim(substrb(wjpn, 46, 10));
wカナ市区町村    := rtrim(substrb(wjpn, 56, 30));
insert   into taro.jpn002_自治体 values
        (w都道府県CD, w市区町村CD, w都道府県, w市区町村,
         wカナ都道府県, wカナ市区町村);
w_ocnt   := w_ocnt + 1;
end loop;
exception
 when no_data_found then
  commit;
  utl_file.fclose (v_filehandle);
  dbms_output.put_line('取り込み件数=' || w_icnt);
  dbms_output.put_line('行データ件数=' || w_ocnt);
 when others then
  dbms_output.put_line('取り込み件数=' || w_icnt);
  dbms_output.put_line('行データ件数=' || w_ocnt);
  dbms_output.put_line(sqlerrm);
  dbms_output.put_line('処理中断箇所:' ||
                          dbms_utility.format_error_backtrace);
end;
```

```
/

alter table taro.jpn002_自治体 add
constraint jpn002_pk
 primary key（都道府県CD, 市区町村CD）
                        using           index
                        pctfree         5
                        tablespace      idx1yk01
                        storage (
                        initial         5k
                        next            1k
                        minextents      1
                        maxextents      unlimited
                        pctincrease     0)
                        unrecoverable;
create index taro.jpn002_knj
 on taro.jpn002_自治体（都道府県, 市区町村）
                        pctfree         5
                        tablespace      idx1yk01
                        storage (
                        initial         10k
                        next            1k
                        minextents      1
                        maxextents      unlimited
                        pctincrease     0)
                        unrecoverable;
commit;
analyze index taro.jpn002_pk            estimate statistics;
analyze index taro.jpn002_knj           estimate statistics;
analyze table taro.jpn002_自治体         estimate statistics;

select to_char(sysdate, 'yyyy mm/dd amhh:mi:ss') 終了 from dual;
spool off
disconnect;
exit
```

（補足説明）

①固定長テキスト取り込み前に、既存テーブル「jpn002_ 自治体」の削除と領域再確保を行います。

②固定長テキストファイルの１行の文字列を格納する宣言部変数を「wjpn varchar2（256）;」の可変長文字型で定義しています。本来は「wjpn char（85）;」でしょうが、丁度の長さ

の固定長型で確保するより余裕を感じられると思います。

③「substrb」関数の利用により文字列の指定位置から、該当するテーブル構成列項目を抽出し、文字項目は有効桁以降の空白を「rtrim」にて削除し、「insert into」文にてテーブルに挿入します。

④PL/SQL ブロックの終了は取り出す文字列が無くなった時です。「utl_file.get_line」プロシージャは取り出す文字列が無くなった時に例外名「no_data_found」を発生させるため、例外処理部に例外名と共に終了処理を記述します。

⑤PL/SQL ブロック終了後、索引の設定と統計情報を取得します。

### 6-4-4 「utl_file.put_line」による既存ファイルへの追加書き出し

文字列をテキストファイルに追加書き出しする場合は、『6-4-2』の「２．utl_file.fopen」の「書き出しの指定（w）」を「追加書き出しの指定（a）」に変更して行います。

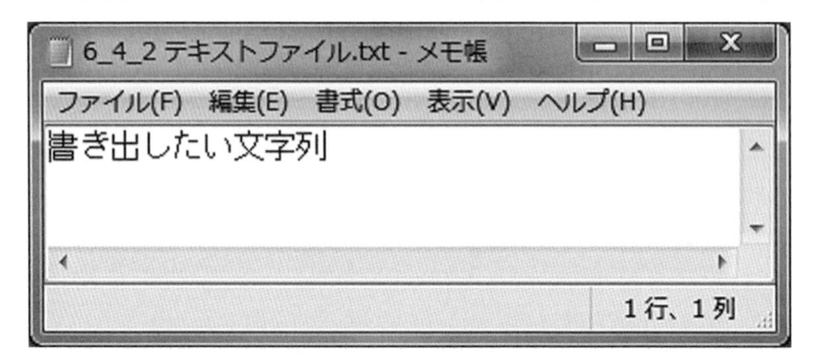


以下は、フォルダ「D:¥Myjob¥data¥jpntxt」の上記既存テキストファイル「6_4_2 テキストファイル.txt」に文字列「追加書き出ししたい文字列」を追加書き出しています。

```
SQL〉set serveroutput on
SQL〉declare
  2 v_filehandle    utl_file.file_type;
  3 begin
  4 v_filehandle := utl_file.fopen（'JPNTXT', '6_4_2 テキストファイル.txt', 'a'）;
  5 utl_file.put_line（v_filehandle, '追加書き出ししたい文字列'）;
  6 utl_file.fclose（v_filehandle）;
  7 end;
  8 /

PL/SQLプロシージャが正常に完了しました。
```

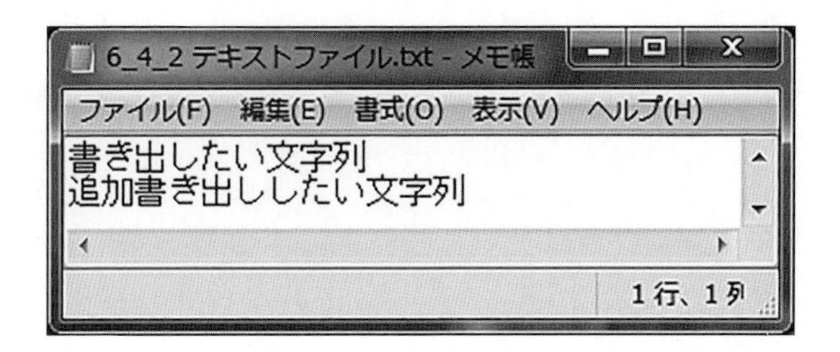


## コラム：社員番号のテキスト表示

私が勤務していた金融機関は以下の理由により、預金・融資利用者の所属企業等と個人情報の共同利用に関する同意書等のもと、預金・融資利用者の社員番号（従業員番号と呼称する企業あり）を管理していました。

預金・融資利用者の定例預入・定例返済に係る入金処理は、給与振込指定口座からの口座振替で行う方法が主流となっていますが、預金・融資利用者の社員番号を利用して企業間とのデータ交換により給与天引きで行う方法があります。

社員番号に半角文字を含める企業もあることから、社員番号を可変長文字にてテーブルの列項目として管理していました。

Excelの利用を前提に、チェックリスト様式の可変長CSV形式のテキストファイルに社員番号を書き出す場合、数字項目のみの社員番号の編集方法に四苦八苦し、結局、納得がいかないまま妥協しました。

文字列として定義されている社員番号「001234」を可変長CSV形式テキストに含めた場合、当該ファイルをダブルクリックしてExcelが起動されると「1234」となってしまいます。
Excelでは「'」（アポストロフィ）を先頭に付けて文字列とし「001234」を表示させているので、「utl_file.put_line」の書き出したい文字列の社員番号の直前に「'」を付加すれば良しと思われました。

文字列「'」を書き出すためには「'」で囲む必要があるため、社員番号項目の直前に「'''」と結合演算子「||」を付加しましたが、「ORA-01756: 引用符付き文字列が正しく終了していません」のエラーが返されました。

そこで「'''」を「''''」とすると正常終了しましたが、ダブルクリックしてExcelが起動されると「'001234」となっており「'」が残ってしまい、どうしても「001234」と表示させることができませんでした。

興味がある方がお見えでしたらトライして頂ければと思います。

---

## 6-5　ストアドサブプログラム

ここまでに記述してきたPL/SQLブロックは「無名ブロック」と呼ばれ、実行する都度にオラクル内部で接続要求が出されてサーバプロセスが起動、「無名ブロック」の解析処理後に実行されていました（「付録C」参照）。

ストアドサブプログラムはストアドプロシージャ（以下、プロシージャ）とストアドファンクション（以下、ファンクション）の2種類があり、オラクル内部にコンパイル（解析処理ともいいます）して名前を付けて格納されているため、ストアドサブプログラムを実行する場合は付けられた名前を指定するだけで、サーバプロセスでの解析処理はスキップされて実行されます。

ファンクションは1つ以上の入力変数をもとに出力結果となる戻り値を1つだけ返すもので、select文などのSQL文で利用が可能です。プロシージャは1つ以上の入力変数をもとに出力結果となる戻り値を1つ以上返せますが、SQL文での利用は不可能です。但し、プロシージャは、テーブルに対するinsert文などの更新処理やcommit文などのトランザクション制御が可能です。これらが、プロシージャとファンクションの大きな違いだと思います。

なお、プロシージャには、高いセキュリティの確保を主たる目的として、DDL文やDML文などの実行前後に自動起動させるトリガーというものがあります。私が在職中は、この機能を利用するような業務システム事案はありませんでしたので、ここでの記述も省略させて頂きたいと思います。

関連性のあるプロシージャやファンクションを取りまとめたものにパッケージというものがあります。パッケージの使用によるメリットとして「モジュール性」、「アプリケーション設計の容易性」、「情報の隠ぺい」、「機能の追加」、「高いパフォーマンス」などが挙げられています。

ストアドサブプログラムは「複数の業務システムに共通して利用することが可能」なことから、システム開発に掛かる工期短縮が図られ、生産性向上に繋げることができます。

### 6-5-1　プロシージャの作成と実行

以下は、前項『6-4-3』で提示している『テキストファイル「D:¥Myjob¥data¥jpntxt¥6_4_2テキストファイル.txt」から1行取り出し、「dbms_output.put_line」にて文字列を標準出力している無名PL/SQLブロック』を、プロシージャ名「p_get_line」にて登録しています。

```
SQL〉create procedure taro.p_get_line is
```

```
 2 v_filehandle    utl_file.file_type;
 3 w文字列    varchar2(512);
 4 begin
 5 v_filehandle := utl_file.fopen ('JPNTXT', '6_4_3 テキストファイル.txt', 'r');
 6 utl_file.get_line (v_filehandle, w文字列);
 7 utl_file.fclose (v_filehandle);
 8 dbms_output.put_line(w文字列);
 9 end;
10 /

プロシージャが作成されました。

SQL> show errors
エラーはありません。
```

無名PL/SQLブロックとの相違点は、「declare」文を「create procedure taro.p_get_line is」文に置き換えただけです。実行すると、「プロシージャが作成されました。」の正常終了メッセージが返されました。

プロシージャ、ファンクション、パッケージ作成時にコンパイル・エラーが発生していても、オラクルはオブジェクトとして格納し、「コンパイル・エラーがあります。」のメッセージを表示するだけです。

「show errors」文は、直近にコンパイルされたプロシージャ、ファンクション、パッケージのエラー情報を表示してくれます。これらのオブジェクト作成時には「/」に続けて必ず「show errors」文を発行することにしています。

以下は、「end;」文未記入時のコンパイル・エラーの詳細を表示しています。

```
SQL> create procedure taro.p_get_line is
 2 v_filehandle    utl_file.file_type;
 3 w文字列    varchar2(512);
 4 begin
 5 v_filehandle := utl_file.fopen ('JPNTXT', '6_4_3 テキストファイル.txt', 'r');
 6 utl_file.get_line (v_filehandle, w文字列);
 7 utl_file.fclose (v_filehandle);
 8 dbms_output.put_line(w文字列);
 9 /

警告: プロシージャが作成されましたが、コンパイル・エラーがあります。

SQL> show errors
```

```
PROCEDURE TARO.P_GET_LINEのエラーです。

LINE/COL ERROR
-------------- ------------------------------------------------------------------------
8/30     PLS-00103: 記号"end-of-file"が見つかりました。
         次のうちの1つが入るとき:
         ( begin case declare end exception exit for goto if loop mod
         null pragma raise return select update while with
         〈an identifier〉〈a double-quoted delimited-identifier〉
         〈a bind variable〉〈〈 continue close current delete fetch lock
         insert open rollback savepoint set sql execute commit forall
         merge pipe purge
```

「end;」文記入によりコンパイル・エラー対応を行った後は、「警告：プロシージャが作成されましたが、」のメッセージを忘れずに、「drop procedure taro.p_get_line;」文で削除後に再度実行します。

「show errors」文発行に対して「エラーはありません。」メッセージが返されたら、以下のように実行します。「set serveroutput on」はシステム変数設定なので、「SQL Plus」起動後に1回発行されていれば、以降は発行不要です。

```
SQL〉 set serveroutput on
SQL〉 begin
  2  taro.p_get_line;
  3  end;
  4  /
取り込みたい文字列

PL/SQLプロシージャが正常に完了しました。
```

上記は、宣言部なしのPL/SQL内からの実行方法です。PL/SQLによる業務システム開発時に多用される実行方法ですが、「SQL Plus」から実行する場合は下記のように「execute」コマンドを利用します。

```
SQL〉 execute taro.p_get_line
取り込みたい文字列

PL/SQLプロシージャが正常に完了しました。
```

### 6-5-2　入力パラメータありプロシージャの作成と実行

以下は、前項のプロシージャ「p_get_line」内で指定していたテキストファイルのディレクトリオブジェクト名とファイル名を、実行時に入力パラメータとして取り込むプロシージャ名「pi_get_line」にて登録しています。

```
SQL〉create procedure taro.pi_get_line
  2 （wdir in varchar2, wfname in varchar2）is
  3 v_filehandle    utl_file.file_type;
  4 w文字列    varchar2(512);
  5 begin
  6 v_filehandle := utl_file.fopen（wdir, wfname, 'r'）;
  7 utl_file.get_line（v_filehandle, w文字列）;
  8 utl_file.fclose（v_filehandle）;
  9 dbms_output.put_line(w文字列）;
 10 end;
 11 /

プロシージャが作成されました。

SQL〉show errors
エラーはありません。
```

プロシージャ「p_get_line」との変更点は、以下の２点です。

①登録するプロシージャ名「pi_get_line」に続けて、( ) 内に入力するパラメータの「プロシージャ内で使用する任意の名称」、「入力の宣言」、「データ型」をセットでディレクトリオブジェクト名とファイル名を定義しています。

②「v_filehandle := utl_file.fopen（wdir,wfname,'r');」文では、直接指定していたディレクトリオブジェクト名とファイル名を「プロシージャ内で使用する任意の名称」に変更しています。

以下は、作成したプロシージャ「pi_get_line」を「SQL Plus」から実行した結果です。( ) 内にプロシージャ内で指定した入力パラメータの定義に該当する具体的なディレクトリオブジェクト名とファイル名を指定します。

```
SQL〉execute taro.pi_get_line('JPNTXT', '6_4_3 テキストファイル.txt')
取り込みたい文字列

PL/SQLプロシージャが正常に完了しました。
```

以下は、入力パラメータの指定順序を間違えて実行した結果です。

```
SQL〉execute taro.pi_get_line('6_4_3 テキストファイル.txt', 'JPNTXT')
BEGIN taro.pi_get_line('6_4_3 テキストファイル.txt', 'JPNTXT'); END;

*
行1でエラーが発生しました。:
```

```
ORA-29280: 無効なディレクトリ・パスです。
ORA-06512: "SYS.UTL_FILE", 行41
ORA-06512: "SYS.UTL_FILE", 行478
ORA-06512: "TARO.PI_GET_LINE", 行6
ORA-06512: 行1
```

これは、プロシージャ「pi_get_line」6行目の「utl_file.fopen」プロシージャが呼び出されて制御が移り、「utl_file」パッケージの「SYS.UTL_FILE」モジュールであろう41行目と478行目で、ディレクトリオブジェクトとして指定した「'6_4_3 テキストファイル.txt'」が存在しないという問題が発生した結果、「ORA-29280: 無効なディレクトリ・パスです。」のエラーが返されたと思われます。

### 6-5-3　入出力パラメータありプロシージャの作成と実行

以下は、前項のプロシージャ「pi_get_line」内で入力パラメータとして指定したテキストファイルのディレクトリオブジェクト名とファイル名に加えて、出力先とする文字列もパラメータとし実行時に取り込むプロシージャを「pio_get_line」名にて登録しています。

```
SQL〉create procedure taro.pio_get_line
  2 （wdir in varchar2, wfname in varchar2, wstring out varchar2）is
  3  v_filehandle    utl_file.file_type;
  4  begin
  5  v_filehandle := utl_file.fopen（wdir, wfname, 'r'）;
  6  utl_file.get_line（v_filehandle, wstring）;
  7  utl_file.fclose（v_filehandle）;
  8  end;
  9  /

プロシージャが作成されました。

SQL〉show errors
エラーはありません。
```

プロシージャ「pi_get_line」との変更点は、以下の３点です。

①登録するプロシージャ名「pio_get_line」に続けた（ ）内の記載済入力パラメータ２個に続けて、出力する文字列の「プロシージャ内で使用する任意の名称」、「出力の宣言」、「データ型」をセットで定義しています。

②「utl_file.get_line（v_filehandle, w 文字列）;」文の「w 文字列」を出力するパラメータ文字列に変更しています。

③「dbms_output.put_line（w 文字列）;」文は不要なので削除しています。

作成したプロシージャ「pio_get_line」は、出力するパラメータ文字列を事前定義する必要があるため、「execute」コマンドは利用できません。
以下は、PL/SQLによる実行方法です。

```
SQL〉declare
  2  w文字列    varchar2(512);
  3  begin
  4  taro.pio_get_line('JPNTXT', '6_4_3テキストファイル.txt', w文字列);
  5  dbms_output.put_line(w文字列);
  6  end;
  7  /
取り込みたい文字列

PL/SQLプロシージャが正常に完了しました。
```

ここまでで、入出力パラメータ有無のプロシージャ作成にあたってのポイントは摑めたものと思われます。

### 6-5-4　ファンクションの作成と実行

以下は、「w合計」を「w件数」で除して小数点以下第1位で四捨五入し、整数の平均値を求めるファンクションを「f_平均」名にて登録し、実行しています。

```
SQL〉create function taro.f_平均
  2  (w合計 in number, w件数 in number)
  3   return number  is
  4  begin
  5    return(round((w合計/ w件数), 0));
  6  end;
  7  /

ファンクションが作成されました。

SQL〉show errors
エラーはありません。
SQL〉select  f_平均(124, 10)  from dual;

F_平均(124, 10)
----------------------
                    12

SQL〉select  f_平均(125, 10)  from dual;

F_平均(125, 10)
```

```
----------------------
              13
```

「taro」が作成してきたプロシージャやファンクションを一般ユーザ「yuri」が利用すると、「ORA-00904: "F_平均": 無効な識別子です。」のエラーが返されます。

一般ユーザ「yuri」が利用できるようにする場合は、ディレクトリオブジェクト登録時と同様に、プロシージャやファンクションが実行できる「execute」権限を、一般ユーザ「yuri」に付与されているロール「roletaro」に付与します。

```
grant execute on taro.f_平均 to roletaro;
```

「taro」以外の一般ユーザが利用する場合は、他の「taro」オブジェクト利用時と同様に下記のように作成者（所属スキーマともいいます）を指定します。

```
select  taro.f_平均(124, 10) from dual;
```

指定せずに利用すると、同様に「ORA-00904: "F_平均": 無効な識別子です。」のエラーが返されます。

**【事例：6-5-2、6-5-3、6-5-4】**

ここで、【事例：6-4-2】の「１．可変長CSV形式テキストファイルを書き出す」で提示したPL/SQLスクリプト「cms150_東海自治体別件数残高調査.sql」をプロシージャとファンクションの強引ともいえる作成を含め、機能追加を試みました。

機能追加の内容は、「Excelで利用可能な自治体別件数残高調査結果をスクリプト『cms150_東海自治体別件数残高調査.sql』と同様な都道府県別の47個のファイルとし、顧客が居住していない自治体も把握する」とします。

これへの対応方法にはいくつかあろうかと思われますが、「cms150_東海自治体別件数残高調査.sql」をベースとし、以下の手順により行いました。

１．「総預金残高平均」、「総融資残高平均」の算出を行う「cms_f平均」ファンクションを作成しました。

```
SQL〉create function taro.cms_f平均
  2 (w残高合計 in number, w件数 in number)
  3  return number  is
  4  begin
  5   return(round((w残高合計/ w件数), 0));
  6  end;
  7  /
```

```
ファンクションが作成されました。

SQL〉show errors
エラーはありません。
```

（補足説明）

実質的には、先行提示のファンクション「f_平均」と同一のものです。

2．顧客が居住していない自治体も含めた5桁の自治体コードごとの「顧客件数」、「総預金残高合計」、「総融資残高合計」、「総預金残高平均」、「総融資残高平均」の計算を行う「cms_p自治体計算」入出力パラメータありプロシージャを作成します。

```
SQL〉create procedure taro.cms_p自治体計算
  2 （w自治体 in number, w件数 out number,
  3   w預金合計 out number, w融資合計 out number,
  4   w預金平均 out number, w融資平均 out number）is
  5 begin
  6 select count（顧客番号）, sum（nvl（総預金残高, 0））, sum（nvl（総融資残高, 0））
  7   into w件数, w預金合計, w融資合計
  8   from taro.cms001_v顧客情報
  9   where 自治体CD = w自治体;
 10 if w件数 〉0 then
 11   w預金平均 := cms_f平均（w預金合計, w件数）;
 12   w融資平均 := cms_f平均（w融資合計, w件数）;
 13 else
 14   w預金合計 := 0;
 15   w融資合計 := 0;
 16   w預金平均 := 0;
 17   w融資平均 := 0;
 18 end if;
 19 end;
 20 /

プロシージャが作成されました。

SQL〉show errors
エラーはありません。
```

（補足説明）

①指定された5桁の自治体コードを保有するビュー表「cms001_v顧客情報」の「顧客件数」等を算出するプロシージャです。

②6行目の「count」関数は「where」句の指定条件に該当がなかった場合は「0」を返し、「sum」の場合は「null」を返すため、除数「w件数」が「0」を想定して14〜17行目で

は「0」を設定しています。

3．都道府県ごとの自治体コード別計算結果をCSV形式ファイルへ出力する「cms_p自治体作成」入力パラメータありプロシージャを作成します。

```
SQL〉create procedure taro.cms_p自治体作成
  2 (wdir in varchar2, w都道府県CD in number, w都道府県 in varchar2) is
  3 woutline   varchar2(512);
  4 wfname          varchar2(128);
  5 wkanma        char(1);
  6 v_filehandle   utl_file.file_type;
  7 w件数            number(8);
  8 w預金合計  number(14);
  9 w融資合計  number(14);
 10 wg件数             number(8);
 11 wg預金合計        number(14);
 12 wg融資合計        number(14);
 13 w預金平均  number(12);
 14 w融資平均  number(12);
 15 cursor curcms  is
 16 select  都道府県CD * 1000 + 市区町村CD     自治体CD,
 17    市区町村CD,
 18    市区町村
 19   from  taro.jpn002_自治体
 20   where  都道府県CD = w都道府県CD
 21   order  by  自治体CD;
 22 cmsrec           curcms%rowtype;
 23 begin
 24 wg件数        := 0;
 25 wg預金合計 := 0;
 26 wg融資合計 := 0;
 27 wkanma     := ',';
 28 open          curcms;
 29 wfname := ltrim(to_char(w都道府県CD, '00')) || ' ' || w都道府県 ||
 30                '市町村別件数残高調査表.csv';
 31 v_filehandle := utl_file.fopen (wdir, wfname, 'w');
 32 woutline := '市区町村CD' || wkanma || '市区町村' || wkanma || '顧客件数'
 33      || wkanma || '総預金残高合計' || wkanma || '総預金残高平均'
 34      || wkanma || '総融資残高合計' || wkanma || '総融資残高平均';
 35 utl_file.put_line (v_filehandle, woutline);
 36 loop
```

```
37 fetch    curcms  into   cmsrec;
38 exit     when   curcms%notfound;
39 cms_p自治体計算(cmsrec.自治体CD, w件数,
40          w預金合計, w融資合計, w預金平均, w融資平均);
41 woutline := ltrim(to_char(cmsrec.市区町村CD, '000')) || wkanma ||
42          cmsrec.市区町村 || wkanma || w件数 || wkanma ||
43          w預金合計 || wkanma || w預金平均 || wkanma ||
44          w融資合計 || wkanma || w融資平均;
45 utl_file.put_line (v_filehandle, woutline);
46 wg件数         := wg件数 + w件数;
47 wg預金合計 := wg預金合計 + w預金合計;
48 wg融資合計 := wg融資合計 + w融資合計;
49 end  loop;
50 close    curcms;
51 if  wg件数 〉0  then
52    woutline := '999' || wkanma || '   合        計' || wkanma ||
53       wg件数 || wkanma || wg預金合計 || wkanma ||
54       cms_f平均(wg預金合計, wg件数) || wkanma ||
55       wg融資合計 || wkanma || cms_f平均(wg融資合計, wg件数);
56 else
57    woutline := '999' || wkanma || '   合        計' || wkanma ||
58       wg件数 || wkanma || wg預金合計 || wkanma ||
59       wg件数 || wkanma || wg融資合計 || wkanma || wg件数;
60 end  if;
61 utl_file.put_line (v_filehandle, woutline);
62 utl_file.fclose (v_filehandle);
63 end;
64 /

プロシージャが作成されました。

SQL〉show errors
エラーはありません。
```

(補足説明)

①29～31行目で、都道府県ごとのCSV形式出力ファイルの定義と宣言を行っています。

②32～35行目で、CSV形式出力ファイルの項目見出し行を編集、出力しています。

③当プロシージャから自治体ごとの「顧客件数」等を算出するプロシージャ「cms_p自治体計算」を39～40行目で呼び出し、都道府県最終行に都道府県の合計行を算出するためにファンクション「cms_f平均」を54～55行目で呼び出しています。また、57～59行目では「顧客件数」が「0」となる都道府県への対応を行っています。

4．都道府県コード順に「cms_p自治体作成」プロシージャの処理を行うPL/SQLスクリプト「cms250_都道府県自治体別件数等調査」を作成、実行します。

```
SQL〉declare
  2 w_icnt          number(8);
  3 w_ocnt          number(8);
  4 cursor curjpn  is
  5 select * from taro.jpn002_v都道府県
  6  order by 都道府県CD;
  7 jrec            curjpn%rowtype;
  8 begin
  9 w_icnt     := 0;
 10 w_ocnt     := 0;
 11 open       curjpn;
 12 loop
 13 fetch      curjpn  into   jrec;
 14 exit       when   curjpn%notfound;
 15 w_icnt := w_icnt + 1;
 16 cms_p自治体作成('CMSCSV', jrec.都道府県CD, jrec.都道府県名称);
 17 w_ocnt := w_ocnt + 1;
 18 end loop;
 19 close     curjpn;
 20 dbms_output.put_line('          都道府県読込件数=' || w_icnt);
 21 dbms_output.put_line('都道府県別CSV書込件数=' || w_ocnt);
 22 exception
 23  when others then
 24    dbms_output.put_line('          都道府県読込件数=' || w_icnt);
 25    dbms_output.put_line('都道府県別CSV書込件数=' || w_ocnt);
 26    dbms_output.put_line(sqlerrm);
 27    dbms_output.put_line('処理中断箇所:'
 28                          || dbms_utility.format_error_backtrace);
 29 end;
 30 /
都道府県読込件数=47
都道府県別CSV書込件数=47

PL/SQLプロシージャが正常に完了しました。
```

(補足説明)

①4～6行目までのカーソル「curjpn」にてビュー表「jpn002_v都道府県」(「付録B」の「B-3-2」231頁参照) から都道府県コード順に「都道府県CD」と「都道府県名称」を順次呼び出し、16行目のプロシージャ「cms_p自治体作成」を実行しています。

上記4．の処理結果メッセージ「都道府県別CSV書込件数=47」から、以下のようにディレクトリ「D:¥Myjob¥data¥cmscsv」に「都道府県コード＋都道府県名＋'市町村別件数残高調査表.csv'」名の47都道府県ごとのCSV形式ファイルを作成することができました。

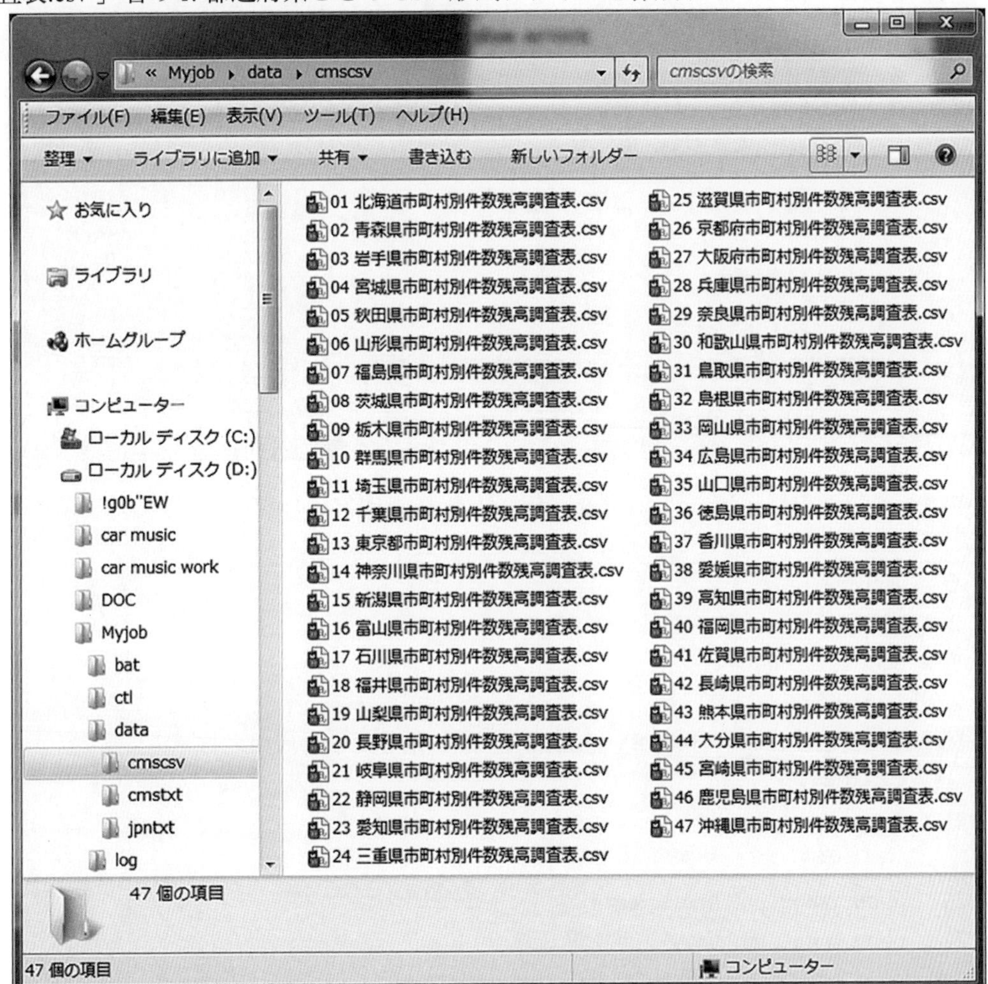


これらのCSV形式ファイルから「16 富山県市町村別件数残高調査表.csv」を選択、ダブルクリックにより開いてみました。

「市区町村CD/市区町村」では、「321/中新川郡舟橋村」と「322/中新川郡上市町」には顧客が居住されていません。

47都道府県ごとのCSVファイルのダブルクリックにてExcelシートに展開され、顧客が居住していない自治体も出力され、「合計」行も出力されていることが確認できました。

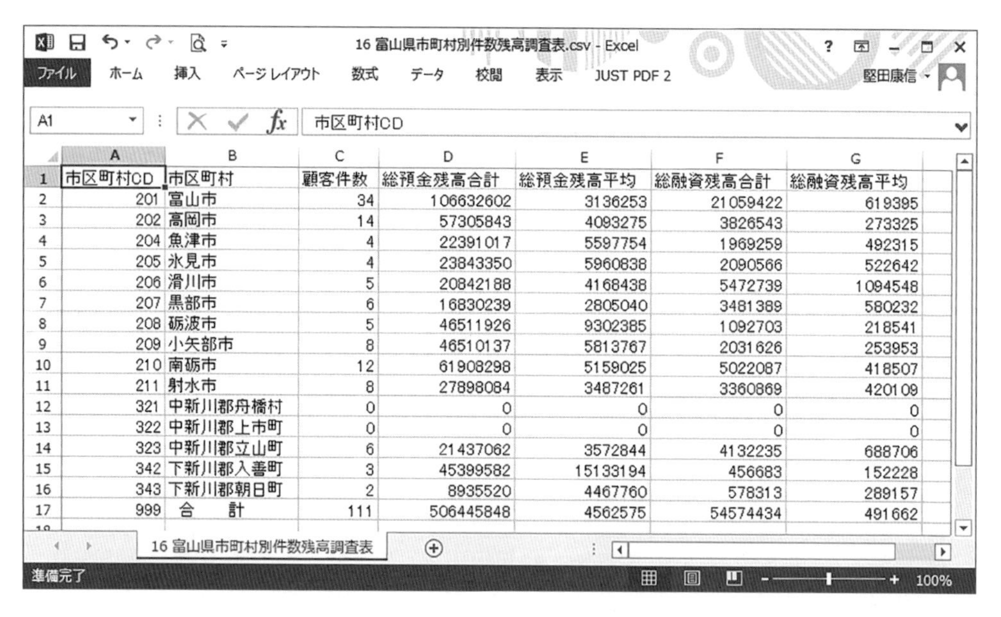


| | A | B | C | D | E | F | G |
|---|---|---|---|---|---|---|---|
| 1 | 市区町村CD | 市区町村 | 顧客件数 | 総預金残高合計 | 総預金残高平均 | 総融資残高合計 | 総融資残高平均 |
| 2 | 201 | 富山市 | 34 | 106632602 | 3136253 | 21059422 | 619395 |
| 3 | 202 | 高岡市 | 14 | 57305843 | 4093275 | 3826543 | 273325 |
| 4 | 204 | 魚津市 | 4 | 22391017 | 5597754 | 1969259 | 492315 |
| 5 | 205 | 氷見市 | 4 | 23843350 | 5960838 | 2090566 | 522642 |
| 6 | 206 | 滑川市 | 5 | 20842188 | 4168438 | 5472739 | 1094548 |
| 7 | 207 | 黒部市 | 6 | 16830239 | 2805040 | 3481389 | 580232 |
| 8 | 208 | 砺波市 | 5 | 46511926 | 9302385 | 1092703 | 218541 |
| 9 | 209 | 小矢部市 | 8 | 46510137 | 5813767 | 2031626 | 253953 |
| 10 | 210 | 南砺市 | 12 | 61908298 | 5159025 | 5022087 | 418507 |
| 11 | 211 | 射水市 | 8 | 27898084 | 3487261 | 3360869 | 420109 |
| 12 | 321 | 中新川郡舟橋村 | 0 | 0 | 0 | 0 | 0 |
| 13 | 322 | 中新川郡上市町 | 0 | 0 | 0 | 0 | 0 |
| 14 | 323 | 中新川郡立山町 | 6 | 21437062 | 3572844 | 4132235 | 688706 |
| 15 | 342 | 下新川郡入善町 | 3 | 45399582 | 15133194 | 456683 | 152228 |
| 16 | 343 | 下新川郡朝日町 | 2 | 8935520 | 4467760 | 578313 | 289157 |
| 17 | 999 | 合　　計 | 111 | 506445848 | 4562575 | 54574434 | 491662 |

当事例への対応中、「when others then」句によりPL/SQLブロックそのものは正常終了しましたが、以下のエラーが返されることがありました。

```
SQL〉declare
  2  w_icnt          number(8);
  3  w_ocnt          number(8);
         (中略)
 16  cms_p自治体作成('CMSCSV', jrec.都道府県CD, jrec.都道府県名称);
         (中略)
 23    when  others  then
         (中略)
 26      dbms_output.put_line(sqlerrm);
 27      dbms_output.put_line('処理中断箇所:'
 28                  || dbms_utility.format_error_backtrace);
 29  end;
 30  /
都道府県読込件数=1                                        ①
都道府県別CSV書込件数=0                                   ②
ORA-01476: 除数がゼロです。                               ③
処理中断箇所:ORA-06512: "TARO.CMS_F平均", 行5            ④
ORA-06512:                                                ⑤
"TARO.CMS_P自治体作成", 行52                              ⑥
ORA-06512: 行16                                           ⑦



PL/SQLプロシージャが正常に完了しました。
```

（補足説明）
①と②より、最初の都道府県「01北海道」の処理中にエラーが発生したようです。
③と④が、ファンクション「cms_f平均」の5行目「return(round((w残高合計 / w件数),0));」の「w件数」が「0」のために発生したエラーを表しています。
⑤と⑥は、プロシージャ「cms_p自治体作成」の52行目から55行目までの「合計」行を編集している下記コマンド内にエラー原因があることを表しています。

```
52    woutline := '999' || wkanma || '　合　　　計' || wkanma ||
53        wg件数 || wkanma || wg預金合計 || wkanma ||
54        cms_f平均(wg預金合計, w件数) || wkanma ||
55        wg融資合計 || wkanma || cms_f平均(wg融資合計, w件数);
```

注視により、本来「wg件数」とすべきところを「w件数」としていたため、ファンクション「cms_f平均」がエラーとなり、③と④のエラーが発行されたと捉えるべきでしょう。
プロシージャ「cms_p自治体計算」記述のコピー＆ペースト後の修正漏れと推測されます。
調査の結果、「01北海道」の最終行となる自治体は「01694 目梨郡羅臼町」で「顧客件数」が「0」となるために発生したものでした。
⑦は、実行PL/SQLブロックのプロシージャ「cms_p自治体作成」内でエラーが発生したことを表示しています。

### 6-5-5　パッケージの作成と実行

前述の事例で作成したファンクションとプロシージャは作成経緯より関連性があるため、当節冒頭に記述しているパッケージに取りまとめることができます。

パッケージは、「create package」句から始まるパッケージ仕様部と「create package body」句から始まるパッケージ本体から構成されます。

パッケージ仕様部には、PL/SQLブロックやSQL文に記述して利用する時のファンクションであればその名称と（ ）内に入力パラメータ定義のみを記述し、プロシージャであればその名称と入出力パラメータが必要な場合は（ ）内にそのパラメータ定義のみを記述します。

パッケージ本体に、パッケージ仕様部に記述したファンクションやプロシージャの「begin」句から始まり「end;」句で終わる処理コマンドを記述します。

プロシージャ内で利用するファンクションやプロシージャをパッケージ本体に記述しても、パッケージ仕様部に記述する必要がなく、当節冒頭に記述した「情報の隠ぺい」を図るメリットがあります。また、パッケージ化により実行時にパッケージ全体がメモリに呼び込まれるため、利用するファンクションやプロシージャを個別に呼び込まれるよりも「高いパフォーマンス」が得られます。

パッケージ化によるメリット詳細について興味のある方は、「オラクル・マニュアル」または関連書籍を参照して下さい。

**【事例：6-5-5　パッケージの作成と実行】**

下記は、【事例：6-5-2、6-5-3、6-5-4】で作成したプロシージャとファンクションをパッケージ化したものです。

1．パッケージ仕様部を作成します。PL/SQL ブロックから呼び出されるプロシージャのみを記述します。

```
SQL〉create package taro.cms_pk
  2  is
  3    procedure p自治体作成
  4     (wdir in varchar2, w都道府県CD in number, w都道府県 in varchar2);
  5  end;
  6  /

パッケージが作成されました。

SQL〉show errors
エラーはありません。
```

（補足説明）

①1行目の「taro.cms_pk」が、ユーザ「taro」のパッケージ名「cms_pk」を宣言しています。

②3、4行目でプロシージャ名「p 自治体作成」と入力パラメータ定義のみが記述されています。前述の事例で作成したプロシージャ「cms_p 自治体作成」の名称を「p 自治体作成」としています。

2．パッケージ本体を作成します。PL/SQL ブロックから呼び出されるプロシージャを含め、プロシージャ内で利用するファンクションやプロシージャを記述します。

```
SQL〉create package body taro.cms_pk
  2  is
  3
  4  function f平均
  5  (w残高合計 in number, w件数 in number)
  6   return number  is
  7  begin
  8    return(round((w残高合計/ w件数), 0));
  9  end f平均;
 10
```

```
11 procedure p自治体計算
12 (w自治体 in number, w件数 out number,
13   w預金合計 out number, w融資合計 out number,
14   w預金平均 out number, w融資平均 out number) is
15 begin
16 select count(顧客番号), sum(nvl(総預金残高, 0)), sum(nvl(総融資残高, 0))
17   into w件数, w預金合計, w融資合計
18   from taro.cms001_v顧客情報
19   where 自治体CD = w自治体;
20 if w件数 > 0 then
21   w預金平均 := f平均(w預金合計, w件数);
22   w融資平均 := f平均(w融資合計, w件数);
23 else
24   w預金合計 := 0;
25   w融資合計 := 0;
26   w預金平均 := 0;
27   w融資平均 := 0;
28 end if;
29 end p自治体計算;
30
31 procedure p自治体作成
32 (wdir in varchar2, w都道府県CD in number, w都道府県 in varchar2) is
33 woutline   varchar2(512);
34 wfname          varchar2(128);
35 wkanma       char(1);
36 v_filehandle   utl_file.file_type;
37 w件数          number(8);
38 w預金合計  number(14);
39 w融資合計  number(14);
40 wg件数          number(8);
41 wg預金合計      number(14);
42 wg融資合計      number(14);
43 w預金平均  number(12);
44 w融資平均  number(12);
45 cursor curcms  is
46 select 都道府県CD * 1000 + 市区町村CD     自治体CD,
47   市区町村CD,
48   市区町村
49  from taro.jpn002_自治体
50  where 都道府県CD = w都道府県CD
```

```
51   order by 自治体CD;
52  cmsrec                curcms%rowtype;
53  begin
54  wg件数        := 0;
55  wg預金合計 := 0;
56  wg融資合計 := 0;
57  wkanma       := ',';
58  open          curcms;
59  wfname := ltrim(to_char(w都道府県CD,'00')) || ' ' || w都道府県 ||
60             '市町村別件数残高調査表.csv';
61  v_filehandle  :=  utl_file.fopen (wdir,wfname,'w');
62  woutline := '市区町村CD' || wkanma || '市区町村' || wkanma || '顧客件数'
63       || wkanma || '総預金残高合計' || wkanma || '総預金残高平均'
64       || wkanma || '総融資残高合計' || wkanma || '総融資残高平均';
65  utl_file.put_line (v_filehandle,woutline);
66  loop
67  fetch     curcms  into    cmsrec;
68  exit      when    curcms%notfound;
69  p自治体計算(cmsrec.自治体CD, w件数,
70              w預金合計, w融資合計, w預金平均, w融資平均);
71  woutline :=  ltrim(to_char(cmsrec.市区町村CD,'000')) || wkanma ||
72            cmsrec.市区町村 || wkanma || w件数 || wkanma ||
73            w預金合計 || wkanma || w預金平均 || wkanma ||
74            w融資合計 || wkanma || w融資平均;
75  utl_file.put_line (v_filehandle,woutline);
76  wg件数        := wg件数 + w件数;
77  wg預金合計  := wg預金合計 + w預金合計;
78  wg融資合計  := wg融資合計 + w融資合計;
79  end  loop;
80  close     curcms;
81  if wg件数 〉0  then
82     woutline :=  '999' || wkanma || '    合          計' || wkanma ||
83        wg件数 || wkanma || wg預金合計 || wkanma ||
84        cms_f平均(wg預金合計, wg件数) || wkanma ||
85        wg融資合計 || wkanma || cms_f平均(wg融資合計, wg件数);
86  else
87     woutline :=  '999' || wkanma || '    合          計' || wkanma ||
88        wg件数 || wkanma || wg預金合計 || wkanma ||
89        wg件数 || wkanma || wg融資合計 || wkanma || wg件数;
90  end  if;
```

```
 91  utl_file.put_line (v_filehandle,woutline);
 92  utl_file.fclose (v_filehandle);
 93  end p自治体作成;
 94
 95  end;
 96  /

パッケージ本体が作成されました。

SQL〉show errors
エラーはありません。
```

以下の記述で「(中略)」とした箇所は、【事例：6-5-2、6-5-3、6-5-4】で作成したプロシージャとファンクションのそれぞれと同一の記述を前記から削除し、説明用に編集しました。

```
SQL〉create package body taro.cms_pk
  2  is
  3
  4  function f平均
          (中略)
  9  end f平均;
 10
 11  procedure p自治体計算
          (中略)
 29  end p自治体計算;
 30
 31  procedure p自治体作成
          (中略)
 93  end p自治体作成;
 94
 95  end;
 96  /

パッケージ本体が作成されました。

SQL〉show errors
エラーはありません。
```

(補足説明)

①1行目の「taro.cms_pk」は、パッケージ仕様部作成時に宣言した名称と同一とします。

②10、30、94行目で、作成するファンクションとプロシージャを識別しやすいように空白

行を挿入しています。

③9、29、93行目で、各ファンクションとプロシージャの最終行は「end;」でも可能ですが、一つのパッケージ内のファンクションとプロシージャ数が増加した場合、判別しやすくなります。

④31行目でパッケージ仕様部で前述の事例のプロシージャ名「cms_p自治体作成」を「p自治体作成」に変更しているためパッケージ本体でも同様の対応を行います。
併せて、4行目でファンクション「cms_f平均」を「f平均」に、11行目でプロシージャ名「cms_p自治体計算」を「p自治体計算」に変更しています。
また、プロシージャ内の参照先プロシージャ名、参照先ファンクション名も変更します。

なお、パッケージ仕様部作成前にパッケージ本体を作成すると、下記エラーが返されます。

```
警告: パッケージ本体が作成されましたが、コンパイル・エラーがあります。

SQL〉 show errors
PACKAGE BODY TARO.CMS_PKのエラーです。

LINE/COL  ERROR
--------  ------------------------------------------------------------
0/0       PL/SQL: Compilation unit analysis terminated
1/19      PLS-00201: 識別子CMS_PKを宣言してください。
1/19      PLS-00304:
          コンパイル済の仕様がないためCMS_PKの本体をコンパイルできません。
```

この場合、パッケージ仕様部の作成に続けてパッケージ本体を作成すると、下記エラーが返されます。

```
create package body taro.cms_pk
                  *
行1でエラーが発生しました。:
ORA-00955: すでに使用されているオブジェクト名です。

SQL〉 show errors
エラーはありません。
```

「警告：パッケージ本体が作成されましたが、……」メッセージが返されたら、「drop package body taro.cms_pk;」を発行後パッケージ本体を作成するか、「drop package taro.cms_pk;」の発行後にパッケージ仕様部の作成に続けてパッケージ本体を作成します。

3．パッケージ仕様部に定義したプロシージャをPL/SQLブロック内で実行する場合、「cms_pk.p自治体作成('CMSCSV', jpnrec.都道府県CD, jpnrec.都道府県);」のように「パッケージ名」に続けて「.プロシージャ名」を記述します。

4．一般ユーザ「yuri」が利用する場合は、他オブジェクトと同様に「execute」権限を、一般ユーザ「yuri」に付与されているロール「roletaro」に付与します。

```
grant execute on taro.cms_pk to roletaro;
```

「taro」以外の一般ユーザが利用する場合は、他の「taro」オブジェクト利用時と同様に下記のように所属スキーマを指定します。

```
taro.cms_pk.p自治体作成('CMSCSV', jpnrec.都道府県CD, jpnrec.都道府県);
```

### 6-5-6　最終更新日時の確認

あってはならないことですが、「本番系で発生した障害の原因調査によりAプロシージャにバグがあることが判明、開発系でAプロシージャの修正を行い動作確認後、本番系に適用。その数日後に発生した障害原因が前回と全く同じものであった」という事象が発生したと仮定します。

原因として、「Aプロシージャの本番適用処理がスクリプトの複写のみで、コンパイルされていなかった」ということが推測されます。

以降、運用要員はAプロシージャのスクリプトファイルの更新日時よりも、下記SQL文によるAプロシージャの最終更新日時が大きいことを確認の上、本番適用作業チェックシートに記入することとし、運用管理者も自ら下記SQL文による確認の上、回付されてきたチェックシートの検印を行うこととしました。

```
SQL> select substr(object_name, 1, 16) オブジェクト名,
  2   object_type      オブジェクトタイプ,
  3   created          作成日,
  4   last_ddl_time    最終更新日時,
  5   status           状態
  6   from dba_objects
  7   where owner = 'TARO'
  8    and (object_type = 'PACKAGE BODY'
  9      or object_type = 'PROCEDURE'
 10      or object_type = 'FUNCTION')
 11    and last_ddl_time > add_months(sysdate, -6) -- 検証日より6か月以内を対象
 12   order by object_type, last_ddl_time;

オブジェクト名          オブジェクトタイプ    作成日               最終更新日時           状態
---------------------- --------------------- -------------------- -------------------- ----------
F_平均                  FUNCTION             2016-06-22 13:07:25  2016-06-22 13:39:27  VALID
CMS_F平均               FUNCTION             2016-06-28 17:12:48  2016-06-28 17:12:48  VALID
CMS_PK                  PACKAGE BODY         2016-06-28 17:18:20  2016-06-28 17:18:20  INVALID
SPF                     PACKAGE BODY         2016-07-07 15:02:00  2016-07-07 15:02:00  VALID
```

```
P_UTL_FILE             PROCEDURE    2016-06-17 12:04:34  2016-06-17 12:04:34  INVALID
P_GET_LINE             PROCEDURE    2016-06-17 15:52:39  2016-06-17 15:52:39  VALID
PI_GET_LINE            PROCEDURE    2016-06-17 16:35:31  2016-06-17 16:35:31  VALID
PIO_GET_LINE           PROCEDURE    2016-06-17 17:54:01  2016-06-17 17:54:01  VALID
CMS_P自治体計算         PROCEDURE    2016-06-28 17:12:48  2016-06-28 17:12:48  INVALID
CMS_P自治体作成         PROCEDURE    2016-06-28 17:12:48  2016-06-28 17:12:48  INVALID
CMS001_P顧客情報更新    PROCEDURE    2016-07-08 11:33:08  2016-07-08 11:33:08  INVALID
CMS_PTABLESLIDE        PROCEDURE    2016-07-11 14:27:02  2016-07-11 17:13:56  INVALID

12行が選択されました。
```

（補足説明）

①11行目：最終更新日時が検証日より6か月以内を対象としていますが、随時この条件を変更して検証対象を絞り込みます。

②返された結果の「状態」が「INVALID」（無効または使用不可と訳されています）となっているオブジェクトがあると、「え、誰もどこも触っていないのにどういうこと？」と思い、いろいろと調べた結果、無視するようにしました。

「状態」が「INVALID」となっているオブジェクトが参照しているテーブルが削除されて再作成されたり、オブジェクト内で利用しているファンクションやプロシージャが修正されたりと、オブジェクトが参照（「依存」ともいいます）している他のオブジェクトに異動が生じた場合は、「INVALID」となりオブジェクトの再コンパイルが必要となるそうです。

但し、このまま放置して実行すると「INVALID」状態にあるオブジェクトは、自動的に再コンパイルされるとのことで、敢えて手動での再コンパイルは不要になりますが、最終更新日時も自動更新されます。

障害発生時の原因調査に最終更新日時を利用することには疑問が残るところとなりますが、種々の業務システム実行の都度、当SQL文実行により「VALID / INVALID」を確認することは非現実的であり、オブジェクトのスクリプトファイルの更新日時よりも最終更新日時が大きければ良しと思われますが、どうでしょうか。

これ以上は、ユーザが理解する範囲を超えていると思われるので、興味がある方は「オラクル・マニュアル」または関連書籍を参照して下さい。

## 6-6 動的SQLとカーソル変数

金融機関では、店舗内端末取引データ、店舗内外に設置したATM機（現金自動預入払出機）取引データや期日管理自動更新取引データ、または取引先やインターネットで日々発生した顧客取引データを、日単位（日次）、週単位（週次）、月単位（月次）、年単位（年次）に取りまとめて各種経営管理資料を作成しています。

取引科目によっては各種調査事案発生時の証跡とするため、日々発生した顧客取引データを加工せずに一定期間累積管理しています。

私が在職中、これらの顧客取引データは一つのテーブル領域では管理が困難な膨大なデータ量となるため、専用の表領域を別途確保して１カ月分を一つのテーブルに取りまとめ、13カ月分を管理する場合はテーブル名を「取引履歴０１」、……、「取引履歴１３」などとし、月が変わる都度に「取引履歴１３」を削除後、「取引履歴１２」を「取引履歴１３」に改名、順次「取引履歴（N－１）」を「取引履歴（N）」に改名、直近テーブルを「取引履歴０１」として再作成していました。

これら13テーブルを「union all」句で結合させたビュー表を定義し、管理帳票の作成や調査事案発生時に利用していました。

このテーブル名を改名してスライドさせるような管理を行うために、PL/SQLブロック内で変動するテーブル名を含んだSQL文を組み立て実行できる動的SQLは、便利なツールとなりました。

また、PL/SQLブロック内で自由にSQL文を組み立て実行できることは、システム開発課題対応領域が拡大でき、業務案件への対応力を増加させることに繋がります。

ところで、動的SQLがあるなら、静的SQLもあるのではとは誰もが思うことではないでしょうか。

動的SQLも静的SQLもPL/SQLブロック内に記述して実行しますが、前項「6-5」に掲載した事例は全て静的SQLでSQL文が解析済で格納されているのに対し、動的SQLは「変動するテーブル名などを含んだSQL文」を解析して実行するため、解析処理に掛かるオーバーヘッドがあり、静的SQLに比べて処理効率は低くなります。

動的SQLと同じようにカーソルには、カーソルオープンの都度カーソル内容を変更し複数の「select」文を利用することが可能となる、カーソル変数という機能があります。

当章冒頭に記載した「預金・融資利用者の所属企業の指定並び順による帳票出力処理自動化」では、この機能を利用して実現することができました。

ここでは、動的SQLとカーソル変数の基本に触れつつ、あれこれと列記してみます。

### 6-6-1　動的SQLの基本要素

以下は、ビュー表「cms001_v顧客情報」より東海３県に居住する「顧客件数」、「預金合計」、「融資合計」を求める「select」文を実行しています。

```
SQL〉select count(顧客番号) 顧客件数,
  2   sum(nvl(総預金残高, 0)) 預金合計,
  3   sum(nvl(総融資残高, 0)) 融資合計
  4  from taro.cms001_v顧客情報
  5  where 都道府県CD in (21, 23, 24);
```

```
 顧客件数    預金合計    融資合計
------------- ---------------- ------------------
       307  1635659121  174459851
```

上記「select」文を動的SQLとして実行する場合のPL/SQLブロックを以下に編集、実行してみました。

```
SQL〉declare
  2 sqls          varchar2(4096);
  3 begin
  4 sqls := 'select count(顧客番号), sum(nvl(総預金残高, 0)),';
  5 sqls := sqls || ' sum(nvl(総融資残高, 0))';
  6 sqls := sqls || ' from taro.cms001_v顧客情報';
  7 sqls := sqls || ' where 都道府県CD in (21, 23, 24)';
  8 execute immediate sqls;
  9 exception
 10   when others then
 11    dbms_output.put_line(sqlerrm);
 12    dbms_output.put_line('処理中断箇所:'
 13               || dbms_utility.format_error_backtrace);
 14 end;
 15 /

PL/SQLプロシージャが正常に完了しました。
```

(補足説明)

①2行目：SQL文を組み立てるための可変長文字列「sqls」を定義しています。長さは自分の好みで「2の累乗」にしています。

②4～7行目：1行文字数に制限があるここへの記述のため、複数行で繋いでいます。半角空白により項目間の区切りを忘れないようにします。

③8行目：「execute immediate」文に続けて、組み立てたSQL文を記述することにより即座に実行されます。

上記最終行に「PL/SQLプロシージャが正常に完了しました。」メッセージが返されましたが、計算結果が表示されませんでした。

PL/SQLブロック内で「select」文を発行してその結果を利用する場合、返される結果が1行のときは「into」句、複数行の結果が返されるときは「カーソル」または「コレクション」(次項に記載) などを利用して、宣言部に記述する変数に格納後、利用します。

今回のケースのように、動的SQL文「sqls」が返す1行の結果を受け取る変数の前置詞

「into」句は、以下のように「execute immediate」文内に記述します。

```
SQL〉declare
  2  sqls              varchar2(4096);
  3  w件数            number(8);
  4  w総預金残高      number(14);
  5  w総融資残高      number(14);
  6  begin
  7  sqls := 'select count(顧客番号), sum(nvl(総預金残高, 0)),';
  8  sqls := sqls || ' sum(nvl(総融資残高, 0))';
  9  sqls := sqls || ' from taro.cms001_v顧客情報';
 10  sqls := sqls || ' where  都道府県CD in (21, 23, 24)';
 11  execute immediate sqls into  w件数, w総預金残高, w総融資残高;
 12  dbms_output.put_line('東海３県顧客集計 顧客件数=' || w件数 ||
 13     ' 預金合計=' || w総預金残高 || ' 融資合計=' || w総融資残高);
 14  exception
 15    when  others  then
 16      dbms_output.put_line(sqlerrm);
 17      dbms_output.put_line('処理中断箇所:'
 18                  || dbms_utility.format_error_backtrace);
 19  end;
 20  /
東海３県顧客集計 顧客件数=307 預金合計=1635659121 融資合計=174459851


PL/SQLプロシージャが正常に完了しました。
```

（補足説明）

①３～５行目：３件の受け取る変数を定義しています。

⑫12行目：受け取った３件の変数を「dbms_output.put_line」プロシージャにて表示させます。

③上記最終行「PL/SQL プロシージャが正常に完了しました。」メッセージの前に、「dbms_output.put_line」プロシージャの実行結果が表示されました。

因みに、「sqls」文字列内に「into」句を記述して実行すると「ORA-00905: キーワードがありません。」のエラーが「execute immediate」文記述行で返されました。

当事例により、動的SQLの基本要素は『PL/SQL ブロック内で SQL 文を編集し、編集した SQL 文を「execute immediate」文により実行する』ということであり、編集した SQL 文は実行前の解析処理対象にはならないため、事前にテスト実行するなど十分な注意を払わなければなりません。

### 6-6-2 DDLとDMLの動的SQL

当節冒頭に記述した「取引履歴テーブルのスライド管理」は、データベース定義言語（DDL）やデータベース操作言語（DML）を多用するため、PL/SQL ブロック内で動的 SQL の利用にて実現できました。

ここでは以下の４手順にて、テーブル「cms001_顧客情報」に項目「月末基準日」の列追加を行い、直近月末分を含め過去13カ月分を顧客月次履歴管理テーブルとして管理するために、動的 SQL を利用した PL/SQL ブロック事例を見てみます。

手順１．テーブル「cms001_顧客情報」に項目「月末基準日」を追加したテーブル領域確保用テーブル「cms500_顧客月次９９」を作成し、これより直近月末分を含めた過去13カ月分のテーブル「cms500_顧客月次０１」から「cms500_顧客月次１３」の領域を事前に確保し、13テーブルのうち、行データがどのテーブルまで格納されているかを管理するテーブル「cms500_スライド管理」を作成しておきます。

```
SQL〉create table taro.cms500_顧客月次99(
  2  顧客番号          number(6),
  3  氏名              varchar2(20),
  4  カナ氏名          varchar2(30),
  5  性別              number(1),
  6  電話番号          varchar2(16),
  7  FAX               varchar2(16),
  8  携帯電話          varchar2(16),
  9  メールアドレス    varchar2(60),
 10  郵便番号          varchar2(8),
 11  漢字住所1         varchar2(10),        -- 都道府県名
 12  漢字住所2         varchar2(30),        -- 市区町村名
 13  漢字住所3         varchar2(80),        -- 町域名
 14  漢字住所4         varchar2(30),        -- 番地
 15  漢字住所5         varchar2(90),        -- 建物名
 16  カナ住所1         varchar2(20),
 17  カナ住所2         varchar2(40),
 18  カナ住所3         varchar2(128),
 19  カナ住所4         varchar2(20),
 20  カナ住所5         varchar2(128),
 21  生年月日          date,
 22  出身地            varchar2(10),
 23  総預金残高        number(12),
 24  総融資残高        number(12),
 25  基準日            date                 -- 月末日
 26  )
```

```
27     pctfree 5 pctused 40
28     tablespace usr1yk01
29     storage(initial 1m next 10k
30      minextents 1 maxextents unlimited pctincrease 0);

表が作成されました。

SQL〉set serveroutput on
SQL〉declare
 2  sqls                 varchar2(4096);
 3  wcnt                 number(2);
 4  wi                   number(2);
 5  w件数                number(6);
 6  begin
 7  wcnt := 13;
 8  wi   := 1;
 9  while wi 〈= wcnt loop
10   begin
11   sqls := 'create table taro.cms500_顧客月次' || to_multi_byte(to_char(wi, 'FM00'));
12   sqls := sqls || ' tablespace usr1yk01 as  select * from taro.cms500_顧客月次99';
13   execute immediate sqls;
14   sqls := 'select count(顧客番号) from taro.cms500_顧客月次';
15   sqls := sqls || to_multi_byte(to_char(wi, 'FM00'));
16   execute immediate sqls into w件数;
17   dbms_output.put_line('cms500_顧客月次' || to_multi_byte(to_char(wi, 'FM00')) ||
18                                         ' 顧客件数=' || w件数);
19   wi := wi + 1;
20   exception
21    when others then
22     dbms_output.put_line(wi);
23     dbms_output.put_line(sqlerrm);
24     dbms_output.put_line('処理中断箇所:'
25                          || dbms_utility.format_error_backtrace);
26   end;
27  end loop;
28  exception
29   when others then
30    dbms_output.put_line(wi);
31    dbms_output.put_line(sqlerrm);
32    dbms_output.put_line('処理中断箇所:'
```

```
 33                              || dbms_utility.format_error_backtrace);
 34  end;
 35  /
cms500_顧客月次01 顧客件数=0
cms500_顧客月次02 顧客件数=0
cms500_顧客月次03 顧客件数=0
cms500_顧客月次04 顧客件数=0
cms500_顧客月次05 顧客件数=0
cms500_顧客月次06 顧客件数=0
cms500_顧客月次07 顧客件数=0
cms500_顧客月次08 顧客件数=0
cms500_顧客月次09 顧客件数=0
cms500_顧客月次10 顧客件数=0
cms500_顧客月次11 顧客件数=0
cms500_顧客月次12 顧客件数=0
cms500_顧客月次13 顧客件数=0

PL/SQLプロシージャが正常に完了しました。

SQL> create table taro.cms500_スライド管理(
  2  管理番号   number(2)
  3  )
  4       pctfree 5 pctused 40
  5       tablespace usr1yk01
  6       storage(initial 1k next 1k
  7        minextents 1 maxextents unlimited pctincrease 0);

表が作成されました。

SQL> insert  into taro.cms500_スライド管理 values (0);

1行が作成されました。

SQL> commit;

コミットが完了しました。
```

手順２．テーブル「cms001_顧客情報」より作業用テーブル「cms001_w 顧客情報」を作成、項目「基準日」を「cms001_w 顧客情報」に列追加し直近月末基準日を設定します。

```
SQL〉drop table cms001_w顧客情報 cascade constraints;

表が削除されました。

SQL〉create table cms001_w顧客情報 tablespace usr1yk01
  2    as select * from cms001_顧客情報;

表が作成されました。

SQL〉alter table cms001_w顧客情報 add (基準日 date);

表が変更されました。

SQL〉update  cms001_w顧客情報
  2      set  基準日 = last_day(add_months(trunc(sysdate),-1));

5000行が更新されました。
```

手順３．処理開始月は、作業用テーブル「cms001_w 顧客情報」よりテーブル「cms500_顧客月次０１」への行データの挿入、主キー「cms500_01pk」の設定を行い、テーブル「cms500_スライド管理」の管理番号に「１」を設定します。

処理開始次月以降は、テーブル「cms500_顧客月次１３」から「cms500_顧客月次０１」のうち、行データが格納されているテーブルを降順に検索しテーブル名下２桁ＮＮを把握します。テーブル「cms500_顧客月次(ＮＮ＋１)」から「cms500_顧客月次１３」までが行データ未格納。処理開始次月は「cms500_顧客月次01」のみに行データがあります。
テーブル「cms500_顧客月次(ＮＮ＋１)」を削除、テーブル「cms500_顧客月次(ＮＮ)」を「cms500_顧客月次(ＮＮ＋１)」に改名、改名後「cms500_顧客月次(ＮＮ＋１)」より主キー「cms500_(NN)pk」を削除（後述していますが、便宜的に過去13カ月分を事前作成した時に主キーを設定しています)、主キーを「cms500_(NN+1)pk」として再設定します。
『テーブル「cms500_顧客月次(ＮＮ－１)」を「cms500_顧客月次(ＮＮ)」に改名、改名後「cms500_顧客月次(ＮＮ)」より主キー「cms500_(NN-1)pk」を削除、主キーを「cms500_(NN)pk」として再設定します。』この『』内の「(ＮＮ－１)」が「０１」となるまでカウントダウンしながら、『　』内の処理を繰り返します。
テーブル「cms500_顧客月次９９」よりテーブル「cms500_顧客月次０１」を再確保、処理開始次月以降の手順２にて作成した作業用テーブル「cms001_w 顧客情報」よりテーブル「cms500_顧客月次０１」への行データの挿入、主キー「cms500_01pk」の設定を行い、テーブル「cms500_スライド管理」の管理番号に

「NN+1」を設定します。

以下が手順３を動的SQLの利用により作成したPL/SQLブロックを、「SQL Plus」で実行した結果です。

88行目以降の「dbms_output.put_line」プロシージャによる標準出力結果を見ると、直近月末日分テーブル「cms500_顧客月次１３」の月末基準日は「2015/06/30」で、「cms500_顧客月次０１」の月末基準日は「2016/06/30」となっています。

これは、PL/SQLブロックのテストを含め便宜的に過去13カ月分を事前作成した後に、当PL/SQLブロックを実行したためです。

便宜的に過去13カ月分を事前作成したPL/SQLブロックと実行時スプールファイルは「付録Ｅ」に掲載しました。

```
SQL〉declare
  2  sqls                 varchar2(4096);
  3  wcnt                 number(2);
  4  wicnt                number(2);
  5  w件数                number(6);
  6  w基準日    date;
  7  w総預金残高          number(14);
  8  w総融資残高          number(14);
  9  begin
 10  wcnt := 13;
 11  w件数        := 0;
 12  while w件数 = 0 loop
 13  sqls := 'select count(顧客番号) from cms500_顧客月次';
 14  sqls := sqls || to_multi_byte(to_char(wcnt, 'fm00'));
 15  execute immediate sqls into w件数;
 16  dbms_output.put_line('cms500_顧客月次' || to_multi_byte(to_char(wcnt, 'fm00')) ||
 17                 ' 顧客件数=' || w件数);
 18  wcnt        := wcnt - 1;
 19  if  wcnt = 0  and w件数 = 0 then
 20    wicnt := wcnt + 1;
 21    goto  end_999;
 22  end  if;
 23  end  loop;
 24  wcnt        := wcnt + 1;
 25  if  wcnt 〈 13  then
 26    sqls := 'drop table cms500_顧客月次' || to_multi_byte(to_char(wcnt + 1,'fm00'));
 27    sqls := sqls || ' cascade constraints';
```

```
28   execute immediate sqls;
29  end  if;
30  if  wcnt  = 13  then
31   sqls := 'drop table cms500_顧客月次13';
32   sqls := sqls || ' cascade constraints';
33   execute immediate sqls;
34   wcnt := 12;
35  end  if;
36  wicnt          := wcnt + 1;
37  while wcnt 〉0 loop
38  sqls := 'alter table cms500_顧客月次' || to_multi_byte(to_char(wcnt, 'fm00'));
39  sqls := sqls || ' rename to cms500_顧客月次';
40  sqls := sqls || to_multi_byte(to_char(wcnt + 1, 'fm00'));
41  execute immediate sqls;
42  sqls := 'alter table cms500_顧客月次' || to_multi_byte(to_char(wcnt + 1, 'fm00'));
43  sqls := sqls || ' drop constraint cms500_' || to_char(wcnt, 'fm00') || 'pk';
44  execute immediate sqls;
45  sqls := 'alter table cms500_顧客月次' || to_multi_byte(to_char(wcnt + 1, 'fm00'));
46  sqls := sqls || ' add constraint cms500_' || to_char(wcnt + 1, 'fm00') || 'pk';
47  sqls := sqls || ' primary key(顧客番号) using index tablespace idx1yk01';
48  sqls := sqls || ' storage (initial 10k  next 1k) unrecoverable';
49  execute immediate sqls;
50  dbms_output.put_line('cms500_顧客月次' || to_multi_byte(to_char(wcnt + 1, 'fm00'))
51    || ' 主キー再作成 名称= cms500_' || to_char(wcnt + 1, 'fm00') || 'pk');
52  sqls := 'select 基準日, sum(nvl(総預金残高, 0)),';
53  sqls := sqls || ' sum(nvl(総融資残高, 0)) from cms500_顧客月次';
54  sqls := sqls || to_multi_byte(to_char(wcnt + 1, 'fm00'));
55  sqls := sqls || ' group  by 基準日 order  by 基準日';
56  execute immediate sqls into  w基準日, w総預金残高, w総融資残高;
57  dbms_output.put_line('cms500_顧客月次' || to_multi_byte(to_char(wcnt + 1, 'fm00'))
58    || ' 基準日:' || to_char(w基準日, 'yyyy/mm/dd')
59    || ' 預金合計=' || w総預金残高 || ' 融資合計=' || w総融資残高);
60  wcnt          := wcnt - 1;
61  end  loop;
62  sqls := 'create table cms500_顧客月次01 tablespace usr1yk01';
63  sqls := sqls || ' as select * from cms500_顧客月次99';
64  execute immediate sqls;
65  〈〈end_999〉〉
66  null;
67  insert  into  cms500_顧客月次01 select * from cms001_w顧客情報;
```

```
68 sqls := 'alter table cms500_顧客月次01 add constraint cms500_01pk';
69 sqls := sqls || ' primary key(顧客番号) using index tablespace idx1yk01';
70 sqls := sqls || ' storage (initial 10k  next 1k) unrecoverable';
71 execute immediate sqls;
72 sqls := 'select 基準日, sum(nvl(総預金残高, 0)),';
73 sqls := sqls || ' sum(nvl(総融資残高, 0)) from cms500_顧客月次01';
74 sqls := sqls || ' group  by 基準日 order  by 基準日';
75 execute immediate sqls into  w基準日, w総預金残高, w総融資残高;
76 dbms_output.put_line('cms500_顧客月次01' ||
77   ' 基準日:' || to_char(w基準日, 'yyyy/mm/dd') ||
78   ' 預金合計=' || w総預金残高 || ' 融資合計=' || w総融資残高);
79 dbms_output.put_line('管理番号 =' || wicnt);
80 update cms500_スライド管理 set 管理番号 = wicnt;
81 exception
82  when  others  then
83    dbms_output.put_line(wcnt);
84    dbms_output.put_line(sqlerrm);
85    dbms_output.put_line('処理中断箇所:'
86                || dbms_utility.format_error_backtrace);
87 end;
88 /
cms500_顧客月次１３ 顧客件数=5000
cms500_顧客月次１３ 主キー再作成 名称= cms500_13pk
cms500_顧客月次１３ 基準日:2015/06/30 預金合計=27396992205 融資合計=2742546800
cms500_顧客月次１２ 主キー再作成 名称= cms500_12pk
cms500_顧客月次１２ 基準日:2015/07/31 預金合計=27348380957 融資合計=2736396432
cms500_顧客月次１１ 主キー再作成 名称= cms500_11pk
cms500_顧客月次１１ 基準日:2015/08/31 預金合計=27173570038 融資合計=2595927077
cms500_顧客月次１０ 主キー再作成 名称= cms500_10pk
cms500_顧客月次１０ 基準日:2015/09/30 預金合計=27560588878 融資合計=2715017061
cms500_顧客月次０９ 主キー再作成 名称= cms500_09pk
cms500_顧客月次０９ 基準日:2015/10/31 預金合計=27696170280 融資合計=2697063322
cms500_顧客月次０８ 主キー再作成 名称= cms500_08pk
cms500_顧客月次０８ 基準日:2015/11/30 預金合計=27388529495 融資合計=2697131200
cms500_顧客月次０７ 主キー再作成 名称= cms500_07pk
cms500_顧客月次０７ 基準日:2015/12/31 預金合計=26988996646 融資合計=2722723245
cms500_顧客月次０６ 主キー再作成 名称= cms500_06pk
cms500_顧客月次０６ 基準日:2016/01/31 預金合計=26686744637 融資合計=2738522112
cms500_顧客月次０５ 主キー再作成 名称= cms500_05pk
cms500_顧客月次０５ 基準日:2016/02/29 預金合計=27157119052 融資合計=2698908603
```

```
cms500_顧客月次０４ 主キー再作成 名称= cms500_04pk
cms500_顧客月次０４ 基準日:2016/03/31 預金合計=27261626098 融資合計=2723229609
cms500_顧客月次０３ 主キー再作成 名称= cms500_03pk
cms500_顧客月次０３ 基準日:2016/04/30 預金合計=27493044746 融資合計=2669542733
cms500_顧客月次０２ 主キー再作成 名称= cms500_02pk
cms500_顧客月次０２ 基準日:2016/05/31 預金合計=27813623924 融資合計=2764504596
cms500_顧客月次０１ 基準日:2016/06/30 預金合計=27364944688 融資合計=2680262507
管理番号 =13

PL/SQLプロシージャが正常に完了しました。
```

（補足説明）

①10〜23行目：テーブル「cms500_顧客月次０１」から「cms500_顧客月次13」までのうち、どのテーブルまでが利用されているかを把握し、テーブル名を標準出力しています。履歴管理開始後13カ月を超えない場合、テーブル名下２桁が若い番号から順次利用されます。
よって、利用されている大きい番号から順番にスライドさせるため、スライド開始番号を把握しています。
19〜22行目は、スライド管理開始時にはテーブルスライドは発生せず、テーブル「cms500_顧客月次０１」への行データの格納のみを65行目以降で行います。

②24行目は18行目に対する戻しです。

③25〜29行目は、履歴管理開始後13カ月を超えない場合に最初のスライド先テーブルは不要なため削除しています。

④30〜35行目は、履歴管理開始後13カ月を超えている場合に最初のスライド先テーブル「cms500_顧客月次１３」は不要なため削除し、以降の最初のスライド対象テーブル「cms500_顧客月次１２」を指すためにカウンタを「12」としています。

⑤36行目は、当PL/SQLブロック実行終了後に予定されるテーブル「cms500_顧客月次０１」から「cms500_顧客月次ＸＸ」までの索引再作成処理用カウンタ「ＸＸ」の保管です。

⑥37〜61行目で、スライド処理としてテーブル名下２桁が「ＸＸ」から「ＸＸ＋１」への「alter〜rename to」コマンドによるテーブル名改名、改名後テーブルの主キー再作成（主キー再作成については、「付録Ｅ」で触れています）と、改名後のテーブル確認を行うための「基準日、預金・融資残高合計」の算出と標準出力を、テーブル「cms500_顧客月次０１」まで順次行っています。

⑦62〜78行目で、テーブル「cms500_顧客月次０１」を再確保し、事前作成している「cms500_顧客月次０１」作成用作業テーブル「cms001_w顧客情報」から行データを取り込み、主キーを作成、テーブル確認用「基準日、預金・融資残高合計」の算出と標準出力を行っています。

⑧79〜80行目では、⑤で保管した「管理番号」を標準出力し、テーブル「cms500_スライド管理」を更新しています。

テーブル「cms500_顧客月次０１」から「cms500_顧客月次１３」までの「顧客番号」を主キーとする処理は当PL/SQLブロック内で対応していますが、他項目を索引として作成する場合はテーブル「cms500_スライド管理」の「管理番号」を利用して別途PL/SQLブロックを作成して行うこととします。サンプルPL/SQLブロックを「付録F」に掲載しました。

本番適用時は、手順２のSQL文と「set serveroutput on」文を１行目に追加した上記PL/SQLブロックをまとめ、前後にオラクルへの接続、切断コマンド、スプール開始、終了コマンドを追記、「cms500_顧客月次情報スライド.sql」名にて１本のスクリプトとします。

手順４．テーブル「cms500_顧客月次０１」から「cms500_顧客月次１３」までと、主キー「cms500_01pk」から「cms500_13pk」までの統計情報を取得します。

```
SQL〉declare
  2  w管理番号  number(2);
  3  wi              number(2);
  4  sqls            varchar2(4096);
  5  begin
  6  select 管理番号 into w管理番号 from taro.cms500_スライド管理;
  7  wi      := 1;
  8  while w管理番号 〉= wi loop
  9  sqls := 'analyze table cms500_顧客月次' || to_multi_byte(to_char(wi, 'fm00'));
 10  sqls := sqls || ' estimate statistics';
 11  execute immediate sqls;
 12  sqls := 'analyze index cms500_' || to_char(wi, 'fm00') || 'pk';
 13  sqls := sqls || ' estimate statistics';
 14  execute immediate sqls;
 15  wi      := wi + 1;
 16  end loop;
 17  wi      := wi - 1;
 18  dbms_output.put_line('顧客月次履歴テーブル統計情報取得カウント=' || wi);
 19  exception
 20   when others then
 21     dbms_output.put_line(wi);
 22     dbms_output.put_line(sqlerrm);
 23     dbms_output.put_line('処理中断箇所:'
 24                          || dbms_utility.format_error_backtrace);
 25  end;
 26  /
顧客月次履歴テーブル統計情報取得カウント=13
```

```
PL/SQLプロシージャが正常に完了しました。
```

上記PL/SQLブロックも「set serveroutput on」文を含めて「cms500_顧客月次情報スライド.sql」と同様に、「cms500_顧客月次情報分析.sql」としてスクリプトを作成します。

これら２つのスクリプトを実行させる下記バッチファイル「cms500_顧客月次情報スライド.bat」を作成し、月次による自動運用を行います。

```
d:
cd ¥Myjob¥sql
sqlplus /NOLOG @cms500_顧客月次情報スライド
jbd001 spool¥cms500_顧客月次情報スライド.txt
if exist  spool¥err_cms500_顧客月次情報スライド.txt  goto  errlabel
sqlplus /NOLOG @cms500_顧客月次情報分析
jbd001 spool¥cms500_顧客月次情報分析.txt
if exist  spool¥err_cms500_顧客月次情報分析.txt  goto  errlabel
exit

:errlabel
pause
exit
```

以下は、13カ月分の顧客情報を利用しやすくするために「union all」句により、ビュー表「cms500_v全顧客月次」を編集・定義しています。

```
SQL〉create view taro.cms500_v全顧客月次 as
  2    select * from taro.cms500_顧客月次０１ union all
  3    select * from taro.cms500_顧客月次０２ union all
  4    select * from taro.cms500_顧客月次０３ union all
  5    select * from taro.cms500_顧客月次０４ union all
  6    select * from taro.cms500_顧客月次０５ union all
  7    select * from taro.cms500_顧客月次０６ union all
  8    select * from taro.cms500_顧客月次０７ union all
  9    select * from taro.cms500_顧客月次０８ union all
 10    select * from taro.cms500_顧客月次０９ union all
 11    select * from taro.cms500_顧客月次１０ union all
 12    select * from taro.cms500_顧客月次１１ union all
 13    select * from taro.cms500_顧客月次１２ union all
 14    select * from taro.cms500_顧客月次１３;

ビューが作成されました。
```

以下は、ビュー表「cms500_v全顧客月次」より指定顧客の過去13カ月の月末日の「総預金残高」と「総融資残高」の推移を把握しています。

```
SQL〉select substr(氏名, 1,7) 氏名,
  2   to_char(総預金残高, '999,999,999') 総預金残高,
  3   to_char(総融資残高, '999,999,999') 総融資残高,
  4   基準日
  5  from taro.cms500_v全顧客月次
  6  where 顧客番号 = 230996
  7  order by 基準日;

氏名          総預金残高  総融資残高    基準日
-------------- ---------------- ------------------ --------------
相田　洋二    20,342,776      154,311   15-07-31
相田　洋二    16,445,360      345,557   15-08-31
相田　洋二     6,025,209    2,911,215   15-09-30
相田　洋二    17,215,941    2,225,752   15-10-31
相田　洋二       386,353      705,352   15-11-30
相田　洋二       285,687      812,265   15-12-31
相田　洋二    18,257,655    1,648,315   16-01-31
相田　洋二    20,967,763      940,846   16-02-29
相田　洋二    10,605,392      628,015   16-03-31
相田　洋二    15,717,445    2,144,438   16-04-30
相田　洋二    10,929,607      716,060   16-05-31
相田　洋二     1,939,424    1,152,522   16-06-30
相田　洋二    23,579,682    2,231,860   16-07-31

13行が選択されました。
```

## コラム：動的SQLのプロシージャ化

上記PL/SQL ブロックは「cms500_顧客月次情報スライド.sql」名にて登録、バッチファイル「cms500_顧客月次情報スライド.bat」により月次で自動運用させると、「無名ブロック」の実行となり解析処理が実行の都度必要となります。

そこで、前記88行のPL/SQL ブロックのプロシージャ化を行い「cms_ptableslide」名にて登録、「cms500_顧客月次情報スライド.sql」スクリプトを下記のように変更しました。

```
connect taro/taro
spool spool¥cms500_顧客月次情報スライド.txt
select to_char(sysdate, 'yyyy mm/dd amhh:mi:ss') 開始 from dual;
```

```
drop table cms001_w顧客情報 cascade constraints;
create table cms001_w顧客情報 tablespace usr1yk01
  as select * from cms001_顧客情報;
alter table cms001_w顧客情報 add (基準日 date);
update  cms001_w顧客情報
    set  基準日 = last_day(add_months(trunc(sysdate),-1));

set serveroutput on
execute cms_ptableslide;

select to_char(sysdate, 'yyyy mm/dd amhh:mi:ss') 終了  from dual;
spool off
disconnect;
exit
```

下記は、上記スクリプトを実行させる「cms500_顧客月次情報スライド.bat」の処理結果です。

```
D:¥Myjob¥sql>sqlplus /NOLOG @cms500_顧客月次情報スライド

SQL*Plus: Release 11.2.0.1.0 Production on 月 7月 11 16:44:01 2016

Copyright (c) 1982, 2010, Oracle.  All rights reserved.

接続されました。

開始
--------------------------------
2016 07/11 午後04:44:01


表が削除されました。


表が作成されました。


表が変更されました。


5000行が更新されました。
```

```
cms500_顧客月次１３ 顧客件数=5000
cms500_顧客月次１３ 主キー再作成 名称= cms500_13pk
cms500_顧客月次１３ 基準日:2015/06/30 預金合計=26642875614 融資合計=2721193129
cms500_顧客月次１２ 主キー再作成 名称= cms500_12pk
cms500_顧客月次１２ 基準日:2015/07/31 預金合計=27253364461 融資合計=2745856699
cms500_顧客月次１１ 主キー再作成 名称= cms500_11pk
cms500_顧客月次１１ 基準日:2015/08/31 預金合計=27500896147 融資合計=2707619688
cms500_顧客月次１０ 主キー再作成 名称= cms500_10pk
cms500_顧客月次１０ 基準日:2015/09/30 預金合計=26600249025 融資合計=2637929469
cms500_顧客月次０９ 主キー再作成 名称= cms500_09pk
cms500_顧客月次０９ 基準日:2015/10/31 預金合計=27556681620 融資合計=2709049730
cms500_顧客月次０８ 主キー再作成 名称= cms500_08pk
cms500_顧客月次０８ 基準日:2015/11/30 預金合計=27279578334 融資合計=2721694073
cms500_顧客月次０７ 主キー再作成 名称= cms500_07pk
cms500_顧客月次０７ 基準日:2015/12/31 預金合計=26846962501 融資合計=2717154952
cms500_顧客月次０６ 主キー再作成 名称= cms500_06pk
cms500_顧客月次０６ 基準日:2016/01/31 預金合計=27570752341 融資合計=2700757612
cms500_顧客月次０５ 主キー再作成 名称= cms500_05pk
cms500_顧客月次０５ 基準日:2016/02/29 預金合計=26946222175 融資合計=2687892441
cms500_顧客月次０４ 主キー再作成 名称= cms500_04pk
cms500_顧客月次０４ 基準日:2016/03/31 預金合計=27384029323 融資合計=2628217636
cms500_顧客月次０３ 主キー再作成 名称= cms500_03pk
cms500_顧客月次０３ 基準日:2016/04/30 預金合計=27320784400 融資合計=2694861451
cms500_顧客月次０２ 主キー再作成 名称= cms500_02pk
cms500_顧客月次０２ 基準日:2016/05/31 預金合計=26725822942 融資合計=2707277916
cms500_顧客月次０１ 基準日:2016/06/30 預金合計=27488988608 融資合計=2742438280
管理番号 =13

PL/SQLプロシージャが正常に完了しました。


終了
--------------------------------
2016 07/11 午後04:44:01

Oracle Database 11g Release 11.2.0.1.0 - 64bit Productionとの接続が切断されました。
```

動的 SQL を含む PL/SQL ブロックをプロシージャ化しても正常に処理されました。

そこで動的 SQL にこだわり、プロシージャ実行前の DDL 分等を更に動的 SQL とし、PL/

SQLブロック化を行い、「cms500_顧客月次情報スライド.sql」スクリプトを下記のように変更しました。

```
connect  taro/taro
spool spool¥cms500_顧客月次情報スライド.txt
select to_char(sysdate, 'yyyy mm/dd amhh:mi:ss') 開始  from dual;

set serveroutput on
declare
sqlstm                varchar2(4096);
begin
sqlstm := 'drop table cms001_w顧客情報 cascade constraints';
execute immediate sqlstm;
sqlstm := 'create table cms001_w顧客情報 tablespace usr1yk01';
sqlstm := sqlstm || ' as select * from cms001_顧客情報';
execute immediate sqlstm;
sqlstm := 'alter table cms001_w顧客情報 add (基準日 date)';
execute immediate sqlstm;
update  cms001_w顧客情報
  set  基準日 = last_day(add_months(trunc(sysdate),-1));
cms_ptableslide;
exception
  when  others  then
    dbms_output.put_line(sqlerrm);
    dbms_output.put_line('処理中断箇所:'
                      || dbms_utility.format_error_backtrace);
end;
/

select to_char(sysdate, 'yyyy mm/dd amhh:mi:ss') 終了  from dual;
spool off
disconnect;
exit
```

下記は、上記スクリプトを実行させるバッチファイル「cms500_顧客月次情報スライド.bat」の処理結果です。

```
D:¥Myjob¥sql>sqlplus /NOLOG @cms500_顧客月次情報スライド


SQL*Plus: Release 11.2.0.1.0 Production on 月 7月 11 16:56:29 2016


Copyright (c) 1982, 2010, Oracle.  All rights reserved.
```

```
接続されました。

開始
------------------------------
2016 07/11 午後04:56:29

ORA-06508: PL/SQL: コールしているプログラム単位が見つかりませんでした
処理中断箇所:ORA-06512: 行13



PL/SQLプロシージャが正常に完了しました。


終了
------------------------------
2016 07/11 午後04:56:30

Oracle Database 11g Release 11.2.0.1.0 - 64bit Productionとの接続が切断されました。
```

PL/SQL ブロックは例外「others」により正常終了していますが、「ORA-06508: PL/SQL: コールしているプログラム単位が見つかりませんでした」のエラーが返されました。

プロシージャ実行前の DDL 分等の動的 SQL 化を元に戻して、「cms500_顧客月次情報スライド.sql」スクリプトを以下のように変更後、実行させたら正常終了しました。

```
connect  taro/taro
spool spool¥cms500_顧客月次情報スライド.txt
select to_char(sysdate, 'yyyy mm/dd amhh:mi:ss') 開始  from dual;

drop table cms001_w顧客情報 cascade constraints;
create table cms001_w顧客情報 tablespace usr1yk01
  as select * from cms001_顧客情報;
alter table cms001_w顧客情報 add (基準日 date);
update  cms001_w顧客情報
    set  基準日 = last_day(add_months(trunc(sysdate),-1));

set serveroutput on
declare
begin
cms_ptableslide;
```

```
exception
  when others then
    dbms_output.put_line(sqlerrm);
    dbms_output.put_line('処理中断箇所:'
                         || dbms_utility.format_error_backtrace);
end;
/

select to_char(sysdate, 'yyyy mm/dd amhh:mi:ss') 終了  from dual;
spool off
disconnect;
exit
```

「ORA-06508」をネット検索により調べてみたところ、「動的SQLを使用してDDL文を実行しているプロシージャやPL/SQLブロックで、ORA-06508というエラーが発生することがあります」というサイト（http://ameblo.jp/archive-redo-blog/entry-10035275827.html）がありましたが、「これだ！」と私自身が理解できるような記載を見つけることはできませんでした。

「動的SQLを含むPL/SQLブロックをプロシージャ化して利用する場合、他のDDL文の動的SQLと共にPL/SQLブロック化して実行すると、実行前の解析処理にて不都合な状況が発生する場合があるため、別々のPL/SQLブロックを作成して利用する」ということだと思いました。

## コラム：COBOL・OCCURS句のようなテーブル列項目名

「取引履歴テーブルのスライド管理」ではテーブル名を「cms500_顧客月次０１」、～「cms500_顧客月次１３」とし、テーブル名の下２桁を「０１」、～「１３」の全角数字としていたことにより、動的SQLの利用ができました。

ホスト管理ファイルの中には、融資利用者の「返済予定日」、「返済元金」、「返済利息」、「返済後予定残高」の１カ月分の返済予定情報が１年分格納され、これを入力ファイルとする場合、COBOLでは以下のような記述を行い、添え字の利用にて動的SQLと同様な処理ができます。

```
DATA                DIVISION.
FILE                SECTION.
FD  INFILE1.
01  INREC1.
        05 顧客番号              PIC 9(10).
                :
```

```
05 返済予定情報 OCCURS 12.
  10 返済予定日          PIC 9(8).
  10 返済元金            PIC 9(8).
  10 返済利息            PIC 9(8).
  10 返済後予定残高      PIC 9(10).
05 返済用口座番号        PIC 9(7).
          :
```

私が在職中、上記と同様な構造を持つテーブルがあり、返済予定情報の列項目名が「返済予定日０１、返済元金０１、返済利息０１、返済後予定残高０１」、「返済予定日０２、返済元金０２、返済利息０２、返済後予定残高０２」、……、「返済予定日１２、返済元金１２、返済利息１２、返済後予定残高１２」とされていたため、あたかも動的 SQL と同様に添え字を利用した「動的 PL/SQL」処理ができれば見栄えが良くなると思い、いろいろと試みましたが結局できずに全ての列項目名を並べることしかできませんでした。

上記のようなホスト管理ファイルをテーブル化するときは、「4-1」の項５（59頁）のように、「キー項目 + データ項目１」、「キー項目 + データ項目２」、……、「キー項目 + データ項目１２」のように12件に分割する方法を採るしかないのでしょうか。

---

### 6-6-3　動的SQLの暗黙コミット

全ての動的 SQL が対象となるということではありませんが、「create table」などの DDL 文を動的 SQL として実行すると、それ以前に発行したトランザクションがある場合は、ロールバック「rollback」を発行しても元に戻らないので注意が必要です。

以下は、その事例です。

```
SQL> select 総預金残高, 総融資残高 from  taro.cms001_顧客情報
  2  where 顧客番号 = 230001;

総預金残高    総融資残高
-------------- ------------------
    123456           111111

SQL> update  taro.cms001_顧客情報
  2  set   総預金残高 = 0, 総融資残高 = 0
  3  where 顧客番号 = 230001;

1行が更新されました。
```

```
SQL> declare
  2  sqls              varchar2(4096);
  3  begin
  4  sqls := 'create table taro.cms500_顧客月次９８ tablespace usr1yk01';
  5    sqls := sqls || ' as  select * from taro.cms500_顧客月次９９';
  6  execute immediate sqls;
  7  end;
  8  /
declare
*
行1でエラーが発生しました。:
ORA-00955: すでに使用されているオブジェクト名です。
ORA-06512: 行6



SQL> rollback;

ロールバックが完了しました。

SQL> select 総預金残高, 総融資残高 from  taro.cms001_顧客情報
  2    where  顧客番号 = 230001;

総預金残高　総融資残高
--------------- -------------------
             0                 0
```

このように、「commit」文を発行していなくても、動的SQL文実行の正常終了、異常終了にかかわらず暗黙コミットされてしまい、「rollback」文を発行してもロールバックされません。

動的SQLを利用した業務システム開発時は、事前に更新対象テーブルのバックアップを取得しておくと、思わぬところで胸をなでおろします。

### 6-6-4　カーソル変数の利用

前項「6-3」でテーブルの行データを1件ずつ取り込むカーソルについてあれこれと列記しましたが、カーソルを定義した「select」文の「where」句や「order by」句などの抽出条件や抽出順序を処理の途中で変更することはできませんでした。

当章冒頭に記述した「預金・融資利用者の所属企業の指定並び順による帳票出力処理自動化」は、A企業は「部署番号 / 社員番号順」、B企業は「部署番号 / カナ氏名順」、……N企業は「利用者居住の郵便番号順」などの出力順指定があるため、「order by」句の抽出順序を

変更できなければ、A企業からN企業までの企業ごとのシステムを作成しなければなりませんでした。

「order by」句の抽出順序を企業ごとに変更できるカーソル変数の存在に気が付いたことは非常にラッキーでした。またこの機能により、大袈裟な言い方をすれば「更に業務案件対応力が強化された」ことは間違いありませんでした。

ここで「指定並び順による帳票出力」を、『顧客宛DM帳票出力順序「1：顧客番号、2：カナ氏名、3：郵便番号」を指定したテキストファイルに基づき、ビュー表「cms001_v顧客情報」から岐阜県岐阜市在住の顧客を対象に、郵便番号、顧客住所、氏名等をCSV形式の貼付シール用ファイルに書き出す。』とした、カーソル変数利用事例を以下に記載します。

```
SQL〉declare
  2  v_filehandle    utl_file.file_type;
  3  cms600          varchar2(80);
  4  worder                  number(1);
  5  worderrow       varchar2(10);
  6  type rcms is ref cursor;
  7  curcms rcms;
  8  cmrec                   taro.cms001_v顧客情報%rowtype;
  9  wincnt                  number(6);
 10  wkanma                  char(1);
 11  wfilename               varchar2(80);
 12  begin
 13  v_filehandle := utl_file.fopen ('CMSTXT', 'cms600_出力順序.txt', 'r');
 14  utl_file.get_line (v_filehandle, cms600);
 15  worder := substrb(cms600, 1, 1);
 16  utl_file.fclose (v_filehandle);
 17  case worder
 18   when 1 then worderrow := '顧客番号';
 19   when 2 then worderrow := 'カナ氏名';
 20   when 3 then worderrow := '郵便番号';
 21  end case;
 22  open curcms for
 23   'select * from taro.cms001_v顧客情報
 24    where 自治体CD = 21201
 25    order by ' || worderrow;
 26  wfilename := 'cms600_貼付シール用_' || worderrow || '順.csv';
 27  v_filehandle := utl_file.fopen ('CMSCSV', wfilename, 'w');
 28  wkanma   := ',';
```

```
29 wincnt := 0;
30 loop
31 fetch curcms into cmrec;
32 exit when curcms%notfound;
33 wincnt := wincnt + 1;
34 utl_file.put_line (v_filehandle,cmrec.郵便番号 || wkanma ||
35   cmrec.住所 || wkanma || cmrec.氏名 || wkanma ||
36   cmrec.カナ氏名 || wkanma ||cmrec.顧客番号);
37 end loop;
38 utl_file.fclose (v_filehandle);
39 close curcms;
40 dbms_output.put_line('対象件数=' || wincnt);
41 exception
42  when others then
43   dbms_output.put_line(sqlerrm);
44   dbms_output.put_line('処理中断箇所:'
45               || dbms_utility.format_error_backtrace);
46 end;
47 /
対象件数=12

PL/SQLプロシージャが正常に完了しました。
```

（補足説明）

①2行目：テキストファイルに必須のファイルハンドル変数を宣言しています。
13行目で出力順序を指定しているテキストファイル「cms600_出力順序.txt」を取り込み指定「r」にてオープンしています。また、27行目では26行目で編集した文字列をファイル名として書き出し指定「w」にてオープンしています。
テキストファイル取り込み終了後にCSV形式ファイルの書き出し処理を開始するため、1つのファイルハンドル変数を宣言しています。

②3～5、13～21行目：出力順序指定テキストファイルの1行目1列の番号より、文字列「worderrow」にビュー表「cms001_v顧客情報」の該当する列項目名称を設定しています。

③6、7、22～25行目：カーソル変数の宣言部、実行部での記述です。
6、7の2行でカーソル変数を定義します。「ref cursor」型「rcms」を定義し、その型をカーソル変数名「curcms」と対応付けます。
「for」以降の23～25行目に組み立てられた「select」文が「curcms」のカーソル変数に対応付けられ、「open」により実行結果が結果セットに格納されることになります。
25行目の「order by」句による出力順序指定項目を、動的に変化させる変数として捉えたカーソルです。

④30～39行目：通常のカーソルと同様に、「fetch～into」にて結果セットから1行ずつ取

り出し、CSV 形式レコードを編集、書き出し終了後、「close」しています。

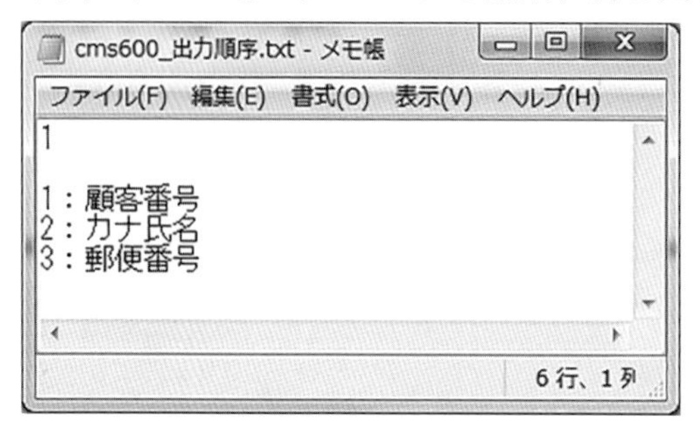

```
1

1：顧客番号
2：カナ氏名
3：郵便番号
```

「1：顧客番号」指定による出力結果です。

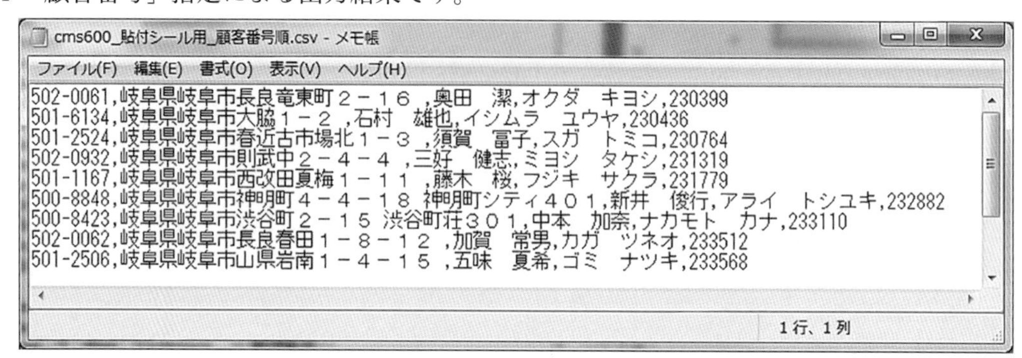

```
502-0061,岐阜県岐阜市長良竜東町２－１６ ,奥田　潔,オクダ　キヨシ,230399
501-6134,岐阜県岐阜市大脇１－２ ,石村　雄也,イシムラ　ユウヤ,230436
501-2524,岐阜県岐阜市春近古市場北１－３ ,須賀　冨子,スガ　トミコ,230764
502-0932,岐阜県岐阜市則武中２－４－４ ,三好　健志,ミヨシ　タケシ,231319
501-1167,岐阜県岐阜市西改田夏梅１－１１ ,藤木　桜,フジキ　サクラ,231779
500-8848,岐阜県岐阜市神明町４－４－１８ 神明町シティ４０１,新井　俊行,アライ　トシユキ,232882
500-8423,岐阜県岐阜市渋谷町２－１５ 渋谷町荘３０１,中本　加奈,ナカモト　カナ,233110
502-0062,岐阜県岐阜市長良春田１－８－１２ ,加賀　常男,カガ　ツネオ,233512
501-2506,岐阜県岐阜市山県岩南１－４－１５ ,五味　夏希,ゴミ　ナツキ,233568
```

「3：郵便番号」指定による出力結果です。

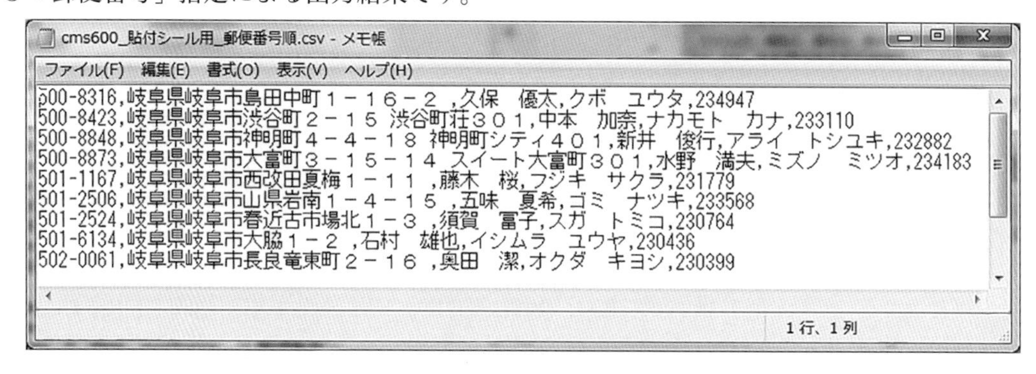

```
500-8316,岐阜県岐阜市島田中町１－１６－２ ,久保　優太,クボ　ユウタ,234947
500-8423,岐阜県岐阜市渋谷町２－１５ 渋谷町荘３０１,中本　加奈,ナカモト　カナ,233110
500-8848,岐阜県岐阜市神明町４－４－１８ 神明町シティ４０１,新井　俊行,アライ　トシユキ,232882
500-8873,岐阜県岐阜市大富町３－１５－１４ スイート大富町３０１,水野　満夫,ミズノ　ミツオ,234183
501-1167,岐阜県岐阜市西改田夏梅１－１１ ,藤木　桜,フジキ　サクラ,231779
501-2506,岐阜県岐阜市山県岩南１－４－１５ ,五味　夏希,ゴミ　ナツキ,233568
501-2524,岐阜県岐阜市春近古市場北１－３ ,須賀　冨子,スガ　トミコ,230764
501-6134,岐阜県岐阜市大脇１－２ ,石村　雄也,イシムラ　ユウヤ,230436
502-0061,岐阜県岐阜市長良竜東町２－１６ ,奥田　潔,オクダ　キヨシ,230399
```

## 6-7　コレクション

行データ件数が数百件を超えないような業務管理用テーブルを、顧客ごとにあるいは顧客取引口座ごとに参照する業務システムを実行すると、予想以上の処理時間が掛かることがありました。

こんな場合、参照のみの業務管理用テーブルをコレクションという機能を利用して PL/SQL ブロックの宣言部に配列として格納し、処理部で参照することにより処理時間を大幅に短縮することができます。

また、長期定期預金口座の 1 年ごとの予定受取利息の推移、融資口座の月別予定返済元金と支払利息など口座ごとの「年月日、元金、利息」の予定履歴情報作成時の作業用領域として、コレクションの配列機能を利用して効率的な処理を行うことができました。

コレクションは、同じデータ型の複数の値を配列として格納できる変数で、配列は索引と要素で構成されています。

参照したい要素は「配列名（索引番号）」で指定します。複数の列項目で構成された業務管理テーブルを配列に格納した場合には、「配列名（索引番号).要素名（列項目名に対応）」にて参照します。

コレクションには、「結合配列」、「ネストした表」、「VARRAY」の３種類がありますが、「結合配列」が多用されるとのことです。それぞれ、「型の定義」と「変数の宣言」を宣言部に記述し、処理部で「:=」、「select〜into」、「fetch〜into」などにより要素に値を設定します。

３種類のコレクションの違いは、「SQL文による利用可否」、「要素数制限有無」、「初期化設定」、「索引番号連番利用可否」などです。詳細については、「PL/SQLの配列 = コレクション型（http://www.shift-the-oracle.com/plsql/collection/)」または、「オラクル・マニュアル」や関連書籍を参照して下さい。

ここでは、【事例：6-5-2、6-5-3、6-5-4】で利用したビュー表「jpn002_v都道府県」を、３種類の方法で配列に格納する事例をあれこれと列記してみます。

ビュー表「jpn002_v都道府県」の列項目名称等は以下の通りです。

```
SQL〉desc jpn002_v都道府県;
 名前                                  NULL?         型
 ------------------------------------- ------------- -------------
 都道府県CD                            NOT NULL      NUMBER(2)
 都道府県名称                                        VARCHAR2(10)
 カナ都道府県名称                                    VARCHAR2(10)
```

### 6-7-1　結合配列とカーソルの利用

以下は、「結合配列」にて「jpn002_v都道府県.都道府県名称」の１項目をカーソル「curjpn」の利用によりコレクションに格納しています。格納結果を「dbms_output.put_line」プロシージャにて確認しています。

```
SQL〉declare
  2  w_icnt        number(8);
  3  cursor curjpn  is
  4  select  *  from  taro.jpn002_v都道府県
  5    order  by  都道府県CD;
  6  jrec          curjpn%rowtype;
  7  type  都道府県  is  table of varchar2(10)  index by pls_integer;
  8  w都道府県 都道府県;
```

```
 9 wn        number(6);
10 begin
11 w_icnt    := 0;
12 wn        := 0;
13 for jrec in curjpn loop
14 w_icnt := w_icnt + 1;
15 wn        := wn + 2;
16 w都道府県 (wn) := jrec.都道府県名称;
17 end loop;
18 wn := 80;
19 while wn <= w都道府県.last loop
20 dbms_output.put_line(wn || '番目コレクション要素= ' || w都道府県 (wn));
21 wn        := wn + 2;
22 end loop;
23 dbms_output.put_line('カーソル            読込件数=' || w_icnt);
24 dbms_output.put_line('コレクション    格納要素数=' || w都道府県.count);
25 dbms_output.put_line('コレクション 最初索引番号=' || w都道府県.first);
26 dbms_output.put_line('コレクション    最初の要素=' || w都道府県 (w都道府県.first));
27 dbms_output.put_line('コレクション 最後索引番号=' || w都道府県.last);
28 dbms_output.put_line('コレクション    最後の要素=' || w都道府県 (w都道府県.last));
29 exception
30   when others then
31     dbms_output.put_line('カーソル  読込件数=' || w_icnt);
32     dbms_output.put_line(sqlerrm);
33     dbms_output.put_line('処理中断箇所:'
34                          || dbms_utility.format_error_backtrace);
35 end;
36 /
80番目コレクション要素= 福岡県
82番目コレクション要素= 佐賀県
84番目コレクション要素= 長崎県
86番目コレクション要素= 熊本県
88番目コレクション要素= 大分県
90番目コレクション要素= 宮崎県
92番目コレクション要素= 鹿児島県
94番目コレクション要素= 沖縄県
カーソル            読込件数=47
コレクション    格納要素数=47
コレクション 最初索引番号=2
コレクション    最初の要素=北海道
```

```
コレクション 最後索引番号=94
コレクション　最後の要素=沖縄県

PL/SQLプロシージャが正常に完了しました。
```

（補足説明）

①7行目：「型の定義」を行っています。「type」句により、データ型が10桁の可変長文字項目のテーブルを「都道府県」の名称で、「index by」句で索引のデータ型に「pls_integer」を利用する結合配列を定義しています。
「index by」句の利用が結合配列の特徴です。「pls_integer」の利用が一般的ですが、「binary_integer」、「varchar2」型の指定もできます。

②8行目：「変数の宣言」を行っています。「都道府県」の名称のテーブル型定義を利用して結合配列名「w都道府県」のコレクション変数を定義しています。

③13〜17行で、ビュー表「jpn002_v都道府県」の列項目「都道府県名称」を索引番号が偶数番号の結合配列に格納しています。結合配列以外のコレクションは索引番号が連番であることを必須としていますが、これが結合配列の特徴でもあります。
当事例で「dbms_output.put_line(w都道府県（11));」を発行すると、「ORA-01403: データが見つかりません。」のエラーが返されます。

④18〜22行で、索引番号「80」から最後の索引番号までの要素を「dbms_output.put_line」にて表示しています。「w都道府県.last」はコレクションに関する情報を保持するコレクション・メソッドの一つで「コレクションの最後の索引番号」を保持しています。
24行の「count」はコレクションに格納されている要素数、25行の「first」はコレクションの最初の索引番号を保持しているコレクション・メソッドです。
ここで利用したコレクション・メソッド以外については、「オラクル・マニュアル」または関連書籍を参照して下さい。

＊28と29行間にコレクション変数を利用した処理を記述します。

### 6-7-2　結合配列とbulk collect intoの利用

前項では、「jpn002_v都道府県.都道府県名称」の1項目をカーソル「curjpn」の利用によりコレクションに格納していますが、以下ではビュー表「jpn002_v都道府県」の全項目をカーソルによらず、「bulk collect」句の利用にて複数の行データを一回の「select」文で結合配列に格納しています。

```
SQL〉declare
  2  type 都道府県 is table of
  3    taro.jpn002_v都道府県%rowtype index by pls_integer;
  4  w都道府県 都道府県;
  5  begin
  6  select * bulk collect into w都道府県
  7    from  taro.jpn002_v都道府県
  8    order  by  都道府県CD;
```

```
 9 for i in 40..w都道府県.last loop
10 dbms_output.put_line(i || '番目コレクション要素=' || w都道府県(i).都道府県CD ||
11   w都道府県(i).都道府県名称 || ' ' || w都道府県(i).カナ都道府県名称);
12 end loop;
13 dbms_output.put_line('コレクション　格納要素数=' || w都道府県.count);
14 dbms_output.put_line('コレクション 最初索引番号=' || w都道府県.first);
15 dbms_output.put_line('コレクション 最後索引番号=' || w都道府県.last);
16 exception
17   when others then
18     dbms_output.put_line(sqlerrm);
19     dbms_output.put_line('処理中断箇所:'
20                        || dbms_utility.format_error_backtrace);
21 end;
22 /
40番目コレクション要素=40福岡県 フクオカケン
41番目コレクション要素=41佐賀県 サガケン
42番目コレクション要素=42長崎県 ナガサキケン
43番目コレクション要素=43熊本県 クマモトケン
44番目コレクション要素=44大分県 オオイタケン
45番目コレクション要素=45宮崎県 ミヤザキケン
46番目コレクション要素=46鹿児島県 カゴシマケン
47番目コレクション要素=47沖縄県 オキナワケン
コレクション　格納要素数=47
コレクション 最初索引番号=1
コレクション 最後索引番号=47

PL/SQLプロシージャが正常に完了しました。
```

（補足説明）

①２～３行目：「型の定義」を行っています。「type」句により、データ型が「%rowtype」句を利用してビュー表「jpn002_v都道府県」と同一のテーブルを「都道府県」の名称で、「index by」句で索引のデータ型に「pls_integer」を利用する結合配列を定義しています。

②４行目：「変数の宣言」を行っています。「都道府県」の名称のテーブル型定義を利用して結合配列名「w都道府県」のコレクション変数を定義しています。

③６～８行目：ビュー表「jpn002_v都道府県」を「都道府県CD」の昇順にて、「bulk collect」句の利用により１回の「select」文で全行データをコレクション変数「w都道府県」に格納しています。この場合、索引番号はデフォルト設定の連番です。

④９～12行で、索引番号「40」からコレクション・メソッド「w都道府県.last」により最後の索引番号までの要素を「dbms_output.put_line」にて表示しています。

＊15と16行間にコレクション変数を利用した処理を記述します。

### 6-7-3　ネストした表の利用

以下ではビュー表「jpn002_v都道府県」の全項目を「bulk collect」句の利用にて複数の行データを一回でネストした表に格納しています。

```
SQL〉declare
  2  type 都道府県 is table of taro.jpn002_v都道府県%rowtype;
  3  w都道府県 都道府県;
  4  begin
  5  select * bulk collect into w都道府県
  6    from  taro.jpn002_v都道府県
  7    order  by  都道府県CD;
  8  for i in 40..w都道府県.last loop
  9  dbms_output.put_line(i || '番目コレクション要素= ' || w都道府県 (i).都道府県CD ||
 10    w都道府県 (i).都道府県名称 || ' ' || w都道府県 (i).カナ都道府県名称);
 11  end  loop;
 12  dbms_output.put_line('コレクション    格納要素数=' || w都道府県.count);
 13  dbms_output.put_line('コレクション 最初索引番号=' || w都道府県.first);
 14  dbms_output.put_line('コレクション 最後索引番号=' || w都道府県.last);
 15  exception
 16   when  others  then
 17     dbms_output.put_line(sqlerrm);
 18     dbms_output.put_line('処理中断箇所:'
 19                           || dbms_utility.format_error_backtrace);
 20  end;
 21  /
40番目コレクション要素= 40福岡県 フクオカケン
41番目コレクション要素= 41佐賀県 サガケン
42番目コレクション要素= 42長崎県 ナガサキケン
43番目コレクション要素= 43熊本県 クマモトケン
44番目コレクション要素= 44大分県 オオイタケン
45番目コレクション要素= 45宮崎県 ミヤザキケン
46番目コレクション要素= 46鹿児島県 カゴシマケン
47番目コレクション要素= 47沖縄県 オキナワケン
コレクション    格納要素数=47
コレクション 最初索引番号=1
コレクション 最後索引番号=47

PL/SQLプロシージャが正常に完了しました。
```

（補足説明）
①2行目：「型の定義」を行っています。「index by pls_integer」句の記載がない以外は前述の「結合配列」と全く同一です。

ネストした表と次項のvarrayは、「w都道府県」のコレクション変数が初期化されていないと利用できません。
事例では「bulk collect」句を利用しているため暗黙的に初期化されコレクション変数に格納されています。これ以外の方法により利用する場合はコンストラクタ関数による初期化が必要となります。
詳細については、「オラクル・マニュアル」または関連書籍を参照して下さい。

＊14と15行間にコレクション変数を利用した処理を記述します。

### 6-7-4　VARRAYの利用

以下ではビュー表「jpn002_v都道府県」の全項目を「bulk collect」句の利用にて複数の行データを一回でvarrayに格納しています。

```
SQL〉declare
  2  type 都道府県 is varray(50) of taro.jpn002_v都道府県%rowtype;
  3  w都道府県 都道府県;
  4  begin
  5  select * bulk collect into w都道府県
  6   from taro.jpn002_v都道府県
  7   order by 都道府県CD;
  8  for i in 40..w都道府県.last loop
  9  dbms_output.put_line(i || '番目コレクション要素=' || w都道府県(i).都道府県CD ||
 10    w都道府県(i).都道府県名称 || ' ' || w都道府県(i).カナ都道府県名称);
 11  end loop;
 12  dbms_output.put_line('コレクション　格納要素数=' || w都道府県.count);
 13  dbms_output.put_line('コレクション 最初索引番号=' || w都道府県.first);
 14  dbms_output.put_line('コレクション 最後索引番号=' || w都道府県.last);
 15  exception
 16   when others then
 17     dbms_output.put_line(sqlerrm);
 18     dbms_output.put_line('処理中断箇所:'
 19                          || dbms_utility.format_error_backtrace);
 20  end;
 21  /
40番目コレクション要素=40福岡県 フクオカケン
41番目コレクション要素=41佐賀県 サガケン
42番目コレクション要素=42長崎県 ナガサキケン
```

```
43番目コレクション要素= 43熊本県 クマモトケン
44番目コレクション要素= 44大分県 オオイタケン
45番目コレクション要素= 45宮崎県 ミヤザキケン
46番目コレクション要素= 46鹿児島県 カゴシマケン
47番目コレクション要素= 47沖縄県 オキナワケン
コレクション　格納要素数=47
コレクション 最初索引番号=1
コレクション 最後索引番号=47

PL/SQLプロシージャが正常に完了しました。
```

（補足説明）

①２行目：「型の定義」を行っています。「table」句の「varray(50)」への変更以外は前述の「ネストした表」と全く同一です。

結合配列とネストした表では要素数は自動確保されましたが、varrayでは利用するであろう最大数を指定しなければなりません。

＊14と15行間にコレクション変数を利用した処理を記述します。

ここまで３種類のコレクション事例を記載していますが、私が在職中に利用したコレクションは「結合配列」のみでした。

# 第７章　管理と運用あれこれ

サーバへのオラクルシステムのインストール作業はかなり簡素化されましたが、インストール後に業務システム開発着手までに行う作業がいくつかあり、業務システム開発後、本番適用までにも行う作業もいくつかあります。

そして、業務システム本番適用以降には、業務システムが安定した継続運用を確保する対応が必要です。

ここでは、各章で既に触れていた事項もあろうかと思われますが再確認の意味を含め、オラクルシステムと業務システムの運用と管理のあれこれについて列記してみます。

## 7-1　表領域の確保

「4-3」（60頁）で「cms001_顧客情報」テーブル作成用スクリプト「cms001_顧客情報作成.sql」を記載していますが、この中の「tablespace usr1yk01」によりテーブルを確保する表領域「usr1yk01」を指定しています。

表領域は、DBA（Data Base Administrator）権限保有ユーザが「create tablespace」コマンドにより、オラクルシステムのインストール作業時に指定したデータベースファイル格納先に作成します。下記は、表領域「usr1yk01」を作成したコマンドです。

```
create tablespace usr1yk01
datafile 'D:¥oracle¥database¥yk01¥usr1yk01.dbf'
        size 10480M
        autoextend on next 2048M
        maxsize 20960M;
```

表領域「usr1yk01」は論理的名称で、「datafile」句で指定した物理的な確保場所とファイル名称を対応付けます。「D:¥oracle¥database¥yk01」はオラクルシステムのインストール作業時に指定したデータベースファイル格納先で、「usr1yk01.dbf」がファイル名です。
表領域「usr1yk01」の確保量はざっと10GB、これが一杯になったら２GBずつ20GBまで自動拡張する設定で確保しています。

表領域の自動拡張は負荷が大きいため、実際には自動拡張されない方が良いのですが、リスク管理の一環として位置づけました。

取り敢えず、以下のような表領域の状況確認用sqlを定期的に自動発行し、「使用率（%）」

を検証すると良いかもしれません。

```
SQL〉select  d.file_id id,
  2    substr(d.tablespace_name,1,8) 表領域名,
  3    to_char(現サイズ, '999,999,999') "現サイズ[MB]",
  4    to_char(round(現サイズ-空き容量), '999,999,999') "使用量[MB]",
  5    round((1 - (空き容量/現サイズ))*100) "使用率(%)",
  6    to_char(空き容量, '999,999,999') "空き容量[MB]"
  7   from
  8    (select file_id, tablespace_name,
  9         round(sum(bytes)/(1024*1024)) "現サイズ"
 10     from dba_data_files
 11     group  by  file_id, tablespace_name) d,
 12    (select tablespace_name, round(SUM(bytes)/(1024*1024)) "空き容量"
 13     from dba_free_space
 14     group  by  tablespace_name) f
 15   where d.tablespace_name = f.tablespace_name
 16   order  by  d.file_id;

ID  表領域名     現サイズ[MB]  使用量[MB]   使用率(%)  空き容量[MB]
--- ------------------ -------------------- ------------------ ---------------- ---------------------
  1  SYSTEM              700          696           99             4
  2  SYSAUX              530          493           93            37
  3  UNDOTBS1          1,030           19            2         1,011
  4  USERS                 5            4           80             1
  5  EXAMPLE             100           23           23            77
  6  USR1YK01         10,480          106            1        10,374
  7  IDX1YK01          5,120           26            1         5,094

7行が選択されました。
```

（補足説明）

①IDが1～5の表領域は、オラクルシステムのインストール時に作成されたものです。

②ID 7 IDX1YK01は主キーや索引用の表領域として確保しました。

日次システム用、週次システム用、月次システム用などとシステムサイクルごとに表領域を作成すると、表領域指定によるバックアップにより効率的な運用スケジュールの管理ができます。

## 7-2　ユーザの作成

オラクルシステムのインストール時に、「SCOTT」、「SYSMAN」、「ANONYMOUS」、「SYSTEM」など30を超えるユーザが自動作成されています。

これらのユーザを使用して業務システムを構築すると、ユーザのデフォルト表領域、一時表領域、アカウントロックの有無などを確認しなければならず、仮に使用してもどんな状況が発生するか分からないため、業務システム構築着手前に業務システム用ユーザを作成します。

「付録A-2-2」では、『Access利用時のオラクルユーザとして、DBA権限付与ユーザ「taro」と一般ユーザ「yuri」を作成する』(217頁)としていましたが、実際には業務システム構築用DBA権限付与ユーザ「taro」であり、業務システム利用一般ユーザ「yuri」となっています。

下記は、DBA権限付与ユーザ「taro」作成時の「create user」コマンドです。

```
create user taro
identified by taro
default tablespace usr1yk01
temporary tablespace temp;
grant DBA to taro;
```

デフォルト表領域を「usr1yk01」としているため、テーブル「cms001_顧客情報」作成用スクリプトの「tablespace usr1yk01」は無くても構いません。一時表領域はオラクルシステムのインストール時に自動作成された「temp」を指定しています。
「grant DBA to taro;」文にて、ユーザ「taro」にDBA権限を付与しています。

下記は、一般ユーザ「yuri」作成時の「create user」コマンドです。

```
create user yuri
identified by yuri
default tablespace usr1yk01
temporary tablespace temp;
grant connect to yuri;
```

「grant connect to yuri;」文にて、ユーザ「yuri」にオラクルへの接続権限のみを付与しています。
DBA権限や接続権限については、次項で触れます。

「taro」と「yuri」の2ユーザ以外を作成することは、実際の業務システム構築や利用についてもありませんでした。パソコン利用ユーザ全員をオラクルユーザとして「create user」コマンドにて登録することは現実的ではなく、管理の煩わしさを生むばかりです。

パソコンのIPアドレスは、IPV4にて8ビットごとの10進数表記を本部・営業店の部署ごとに対応させて静的に割り当てを行い、パソコン利用者のログオンIDは社員番号をベースに編集・加工していたため、オラクルのツール「Enterprise Manager」によるリアルタイム監視、データベース利用ログの参照により利用者を特定することができました。

以下は、オラクルに接続中のユーザ情報を提供する「v$session」ビューから、「接続ユーザ（USERNAME）」、「ログオンユーザ（OSUSER）」、「接続マシン（MACHINE）」、「利用プログラム（PROGRAM）」の４項目を表示しています。

```
SQL〉select username, osuser, machine, program
  2  from  v$session
  3  order  by  machine;

USERNAME  OSUSER                         MACHINE                             PROGRAM
--------- ------------------------------ ----------------------------------- --------------------------
          SYSTEM                         KATADA-PC                           ORACLE.EXE (GEN0)
          SYSTEM                         KATADA-PC                           ORACLE.EXE (DIA0)
          SYSTEM                         KATADA-PC                           ORACLE.EXE (SMCO)
          SYSTEM                         KATADA-PC                           ORACLE.EXE (Q000)
          SYSTEM                         KATADA-PC                           ORACLE.EXE (CKPT)
          SYSTEM                         KATADA-PC                           ORACLE.EXE (MMNL)
          SYSTEM                         KATADA-PC                           ORACLE.EXE (QMNC)
          SYSTEM                         KATADA-PC                           ORACLE.EXE (W000)
          SYSTEM                         KATADA-PC                           ORACLE.EXE (J000)
          SYSTEM                         KATADA-PC                           ORACLE.EXE (Q001)
          SYSTEM                         KATADA-PC                           ORACLE.EXE (DIAG)
          SYSTEM                         KATADA-PC                           ORACLE.EXE (MMAN)
          SYSTEM                         KATADA-PC                           ORACLE.EXE (SMON)
          SYSTEM                         KATADA-PC                           ORACLE.EXE (J001)
          SYSTEM                         KATADA-PC                           ORACLE.EXE (PMON)
          SYSTEM                         KATADA-PC                           ORACLE.EXE (DBRM)
          SYSTEM                         KATADA-PC                           ORACLE.EXE (DBW0)
          SYSTEM                         KATADA-PC                           ORACLE.EXE (RECO)
          SYSTEM                         KATADA-PC                           ORACLE.EXE (CJQ0)
          SYSTEM                         KATADA-PC                           ORACLE.EXE (VKTM)
          SYSTEM                         KATADA-PC                           ORACLE.EXE (PSP0)
          SYSTEM                         KATADA-PC                           ORACLE.EXE (LGWR)
          SYSTEM                         KATADA-PC                           ORACLE.EXE (MMON)
TARO      katada-PC¥katada               WORKGROUP¥KATADA-PC                 sqlplus.exe
SYSTEM    katada-PC¥HomeGroupUser$       WORKGROUP¥KATADA-VERSA              sqlplus.exe
YURI      katada-PC¥HomeGroupUser$       WORKGROUP¥KATADA-VERSA              MSACCESS.EXE

26行が選択されました。
```

（補足説明）

①「PROGRAM」列の「ORACLE.EXE（XXXX）」はオラクル（正確には、インスタンス）起動時に起動される各プロセスです。このうち「J000」と「J001」は、クライアントア

プリケーションとのセッションが確立されたときに起動される「サーバプロセス」で、これら以外はメモリ管理、データ書き込み管理、障害対応管理などを行う「バックグラウンドプロセス」です。

②「MACHINE」列の「WORKGROUP¥KATADA-VERSA」から、「SQL Plus」をユーザ「SYSTEM」で起動、Accessの利用をODBC接続ユーザ「YURI」で利用していることが確認できます。

「v$session」ビューや「バックグラウンドプロセス」の詳細について興味のある方は、「オラクル・マニュアル」または関連書籍を参照して下さい。

## 7-3 権限の管理

オラクルで一般ユーザ作成後、そのユーザがテーブルを作成するためには「create table権限」が必要であり、それ以前にオラクルに接続するための「create session権限」が必要となります。

データベースに格納されている情報はいかなる脅威からも保護しなければなりません。

オラクルは、データベースを構成するテーブルを含めた各オブジェクトに対する「作成」、「照会」、「更新」、「削除」、「実行」など、ユーザが行う各種操作をユーザごとに許可させるときは「〜権限を付与する。(grant)」、許可を取り消すときは「〜権限を取り消す。(revoke)」という管理形態にて、高いセキュリティ機能を確保しています。

「権限」には、各オブジェクトに対する「オブジェクト権限」と、オラクルを構築・管理・運用するための「システム権限」があります。

オラクルシステムのインストール時に非常に多くの「権限」が既に作成されており、テーブル、ビュー、サブプログラムなどの作成により他ユーザが利用できるように更に「権限」の数が増えます。

そこで、管理しやすいように「権限」を目的または役割ごとに取りまとめてグループを作り、そのグループに名前を付けて一括管理させるロール（role：日本語で「役割」だそうです）が作成されました。

ユーザにロールを付与することで、ロールに付与されている全ての権限がユーザに付与され、ユーザからロールを取り消すことで、ロールに付与されている全ての権限をユーザから取り消せるので、管理がしやすくなります。

前述の「grant DBA to taro;」文や「grant connect to yuri;」文の「DBA」は「DBA権限」を取りまとめ、「connect」は「connect権限」を取りまとめたロールです。

ロール「connect」には、当初「create table」、「create view」、「create sequence」などの権限が付与されていましたが、Oracle10.2以降「create session」権限のみとなっています。

本文を遡ってみると、「5-1」に、『……ロール「roletaro」に、ビュー表「cms001_v顧客情報」への「select」権限を付与しています。』(86頁）と記載しています。

「5-3」には、『……更新許可をロール「roletaro」が付与されている一般ユーザ「yuri」に付与する場合は、「grant update（郵便番号）on　taro.cms001_v顧客情報 to roletaro;」を発行します。』(96頁）と記載しています。

また、「6-4-1」で、『……登録したディレクトリオブジェクトへの「write」または「read」権限を、一般ユーザ「yuri」に付与されているロール「roletaro」に付与します。』(116頁）と記載しています。

そして、「6-5-4」では、『……ファンクションが実行できる「execute」権限を、一般ユーザ「yuri」に付与されているロール「roletaro」に付与します。』(136頁）と記載しています。

これらを見ると、ビュー表への「select」権限、テーブル列項目に対する「update」権限、ディレクトリオブジェクトに対する「write」と「read」権限、ファンクションを実行する「execute」権限などを、ロール「roletaro」に付与して一般ユーザ「yuri」も各オブジェクトを利用できるようにしています。

ロール「roletaro」は、業務システム構築用ユーザ「taro」の作成後、「taro」でログオンし「create role roletaro;」にて作成しました。そして、一般ユーザ「yuri」作成後、「taro」でログオンし「grant roletaro to yuri;」にてユーザ「yuri」にロール「roletaro」を付与していました。
下記は、ロール「roletaro」に付与されているオブジェクト権限を表示しています。

```
SQL〉select table_name, privilege, owner
  2  from  role_tab_privs
  3  where  role = 'ROLETARO'
  4  order  by  table_name;

TABLE_NAME                          PRIVILEGE    OWNER
----------------------------------- ------------ ----------
CMS001_V顧客集計元情報               SELECT       TARO
CMS001_V顧客情報                     UPDATE       TARO
CMS001_V顧客情報                     SELECT       TARO
CMS001_V都道自治性年預融集計         SELECT       TARO
CMS001_V都道自治年預融集計           SELECT       TARO
CMS001_V都道年預集計                 SELECT       TARO
```

```
CMS001_V都道年預融集計          SELECT      TARO
CMS001_V年集計                  SELECT      TARO
F_平均                          EXECUTE     TARO
JPN001_V自治体                  SELECT      TARO
JPN001_V郵便番号                SELECT      TARO
JPN002_V自治体                  SELECT      TARO
JPN002_V都道府県                SELECT      TARO
JPN002_自治体                   SELECT      TARO
JPNTXT                          WRITE       SYS

15行が選択されました。
```

ロール名は大文字で管理されています。小文字では「レコードが選択されませんでした。」のエラーが返されます。

「JPNTXT」ディレクトリへの書き込み権限は、「system」ユーザで付与していたようです。

## 7-4　バックアップの設定

オラクルのアンロード/リロード用バックアップユーティリティは、Oracle 10gから「DataPump」と呼ばれる「EXPDP/IMPDP」が追加されましたが、在職中は10gの本番系では従来の「EXPORT/IMPORT」を利用しながら、開発系で「DataPump」の利用勝手についてあれこれと理解を深め、より高速に処理でき、管理も容易になったと実感し、11gからバックアップは全て「DataPump」の利用となりました。

障害対応への備えとしてテーブル等のアンロードを行うことは当然ですが、業務システム開発時のテスト段階にテーブル更新の変移を確認しながら戻したいと思った時に、ステップごとのバックアップはありがたく、「IMPORT」を行う前に対象テーブルの削除は必須でしたが、「IMPDP」はその必要がなかったことがとりわけありがたく思えました。

私が在職中、通常日次バックアップは、22時から「EXPDP」を個別指定モードで日次更新テーブルをアンロード、23時から「EXPDP」をフルバックアップモードで開始、終了後に市販バックアップソフトにより論理ドライブ指定にてLTO（Linear Tape-Open）への書き込みを4時までに終了させていました。

ここでは、「DataPump」を利用するための事前準備を含め、「EXPDP」によるアンロード、「IMPDP」によるリロードについて事例を挙げ、あれこれと列記してみます。

### 7-4-1　ディレクトリの登録

「EXPORT/IMPORT」では必要なかったディレクトリの登録が、「6-4-1」（114頁）と同様に「EXPDP/IMPDP」でも必要です。

「EXPDP」実行時に作成されるアンロードと実行時ログの２つのファイルを格納するフォルダをディレクトリオブジェクトとして登録します。２つのファイルは同一フォルダでも構いませんが、識別しやすく別管理とします。

下記は、「d:¥Myjob¥data¥dpump」フォルダをアンロードファイル格納用として新規に作成し「dpump」名にて、既存「d:¥Myjob¥log」フォルダを実行時ログファイル格納用とし「dplog」名にてディレクトリオブジェクトを作成しています。

```
SQL〉connect taro/taro
接続されました。
SQL〉create directory dpump as 'd:¥Myjob¥data¥dpump';

ディレクトリが作成されました。

SQL〉create directory dplog as 'd:¥Myjob¥log';

ディレクトリが作成されました。
```

セキュリティ上、一般ユーザによる「DataPump」の利用は想定外につき、登録したディレクトリオブジェクトへの「write」または「read」権限はロール「roletaro」には付与しません。

### 7-4-2　テーブル個別指定のEXPDPによるアンロード

通常運用時にテーブルを個別指定してアンロードを行うことはありませんが、当節冒頭にも記述しているように、業務システム開発時に行いました。

下記は、テーブル個別指定時のバッチファイル「expdp_tables.bat」です。

```
d:
del D:¥Myjob¥data¥dpump¥expdp_tables.dmp
expdp taro/taro parfile=D:¥Myjob¥data¥cmstxt¥expdp_tables.txt
cd ¥Myjob¥log
jbd001 expdp_tables.log
if exist  err_expdp_tables.log  goto  errlabel
exit
:errlabel
pause
exit
```

（補足説明）

①２行目：「del」コマンドで、アンロードファイルを削除しています。
　次回以降の実行時に有効となります。アンロードファイルは上書きできません。

②３行目：「expdp taro/taro parfile= ～」でアンロードファイルを作成します。「parfile=」で

フルパス指定しているパラメータファイルにてアンロード対象等の詳細を指定します。

下記が、パラメータファイル「expdp_tables.txt」の内容です。

```
dumpfile=dpump:expdp_tables.dmp
logfile=dplog:expdp_tables.log
tables=
cms001_顧客情報,
jpn001_郵便番号,
jpn002_自治体
```

(補足説明)
①1行目：アンロードファイルの格納先ディレクトリとファイル名を指定します。
②2行目：実行時ログファイルの格納先ディレクトリとファイル名を指定します。
③3行目〜：個別テーブル指定「tables=」以降に対象テーブルを指定します。

下記は、実行時ログファイル「D:¥Myjob¥log¥expdp_tables.log」の内容です。
最終行の「……正常に完了しました」により正常終了が確認されました。

```
;;;
Export: Release 11.2.0.1.0 - Production on 土 7月 23 17:03:22 2016

Copyright (c) 1982, 2009, Oracle and/or its affiliates.  All rights reserved.
;;;
接続先: Oracle Database 11g Release 11.2.0.1.0 - 64bit Production
"TARO"."SYS_EXPORT_TABLE_01"を起動しています: taro/******** parfile=D:¥Myjob¥data¥cmstxt¥expdp_tables.txt
BLOCKSメソッドを使用して見積り中です...
オブジェクト型TABLE_EXPORT/TABLE/TABLE_DATAの処理中です
BLOCKSメソッドを使用した見積り合計: 18.12 MB
オブジェクト型TABLE_EXPORT/TABLE/TABLEの処理中です
オブジェクト型TABLE_EXPORT/TABLE/GRANT/OWNER_GRANT/OBJECT_GRANTの処理中です
オブジェクト型TABLE_EXPORT/TABLE/INDEX/INDEXの処理中です
オブジェクト型TABLE_EXPORT/TABLE/CONSTRAINT/CONSTRAINTの処理中です
オブジェクト型TABLE_EXPORT/TABLE/INDEX/STATISTICS/INDEX_STATISTICSの処理中です
オブジェクト型TABLE_EXPORT/TABLE/STATISTICS/TABLE_STATISTICSの処理中です
. . "TARO"."JPN001_郵便番号"          9.791 MB     123823行がエクスポートされました
. . "TARO"."CMS001_顧客情報"          1.131 MB       5000行がエクスポートされました
. . "TARO"."JPN002_自治体"            94.17 KB       1896行がエクスポートされました
マスター表"TARO"."SYS_EXPORT_TABLE_01"は正常にロード/アンロードされました
******************************************************************************
TARO.SYS_EXPORT_TABLE_01に設定されたダンプ・ファイルは次のとおりです:
  D:¥MYJOB¥DATA¥DPUMP¥EXPDP_TABLES.DMP
ジョブ"TARO"."SYS_EXPORT_TABLE_01"が17:03:27で正常に完了しました
```

### 7-4-3　表領域指定のEXPDPによるアンロード

業務システムのテーブル格納表領域を日次、週次、月次と振り分けている場合に、効率的なアンロード運用が図られます。

下記は、表領域指定時のバッチファイル「expdp_tablespaces.bat」です。

```
d:
del D:¥Myjob¥data¥dpump¥expdp_tablespaces.dmp
expdp taro/taro parfile=D:¥Myjob¥data¥cmstxt¥expdp_tablespaces.txt
cd ¥Myjob¥log
jbd001 expdp_tablespaces.log
if exist  err_expdp_tablespaces.log  goto  errlabel
exit
:errlabel
pause
exit
```

（補足説明）

①アンロードファイル名、パラメータファイル名、「expdp」実行後の実行時ログファイル名以外は、テーブル個別指定時と同一です。

下記が、パラメータファイル「expdp_tablespaces.txt」の内容です。

```
dumpfile=dpump:expdp_tablespaces.dmp
logfile=dplog:expdp_tablespaces.log
tablespaces=
usr1yk01
```

（補足説明）

①１、２行目：アンロードファイル名、実行時ログファイル名以外は、テーブル個別指定時と同一です。

②３行目〜：表領域指定「tablespaces=」以降に対象表領域を指定します。

下記は、実行時ログファイル「D:¥Myjob¥log¥expdp_tablespaces.log」の内容です。
最終行の「……正常に完了しました」により正常終了が確認されました。

```
;;;
Export: Release 11.2.0.1.0 - Production on 土 7月 23 17:04:42 2016


Copyright (c) 1982, 2009, Oracle and/or its affiliates.  All rights reserved.
;;;
接続先: Oracle Database 11g Release 11.2.0.1.0 - 64bit Production
"TARO"."SYS_EXPORT_TABLESPACE_01"を起動しています: taro/******** parfile=D:¥Myjob¥data¥cmstxt¥expdp_tablespaces.txt
BLOCKSメソッドを使用して見積り中です...
オブジェクト型TABLE_EXPORT/TABLE/TABLE_DATAの処理中です
```

```
BLOCKSメソッドを使用した見積り合計: 104.1 MB
オブジェクト型TABLE_EXPORT/TABLE/TABLEの処理中です
オブジェクト型TABLE_EXPORT/TABLE/GRANT/OWNER_GRANT/OBJECT_GRANTの処理中です
オブジェクト型TABLE_EXPORT/TABLE/INDEX/INDEXの処理中です
オブジェクト型TABLE_EXPORT/TABLE/CONSTRAINT/CONSTRAINTの処理中です
オブジェクト型TABLE_EXPORT/TABLE/INDEX/STATISTICS/INDEX_STATISTICSの処理中です
オブジェクト型TABLE_EXPORT/TABLE/COMMENTの処理中です
オブジェクト型TABLE_EXPORT/TABLE/STATISTICS/TABLE_STATISTICSの処理中です
. . "TARO"."JYU001_住所"            15.68 MB   148466行がエクスポートされました
. . "TARO"."JPN001_郵便番号"         9.791 MB   123823行がエクスポートされました
. . "TARO"."JPN001_カナ無郵便番号"    6.926 MB   123823行がエクスポートされました
. . "TARO"."CMS001_W顧客情報"        1.170 MB     5000行がエクスポートされました
. . "TARO"."CMS001_顧客情報"         1.131 MB     5000行がエクスポートされました
. . "TARO"."CMS500_顧客月次01"       1.170 MB     5000行がエクスポートされました
. . "TARO"."CMS500_顧客月次02"       1.170 MB     5000行がエクスポートされました
. . "TARO"."CMS500_顧客月次03"       1.170 MB     5000行がエクスポートされました
. . "TARO"."CMS500_顧客月次04"       1.170 MB     5000行がエクスポートされました
. . "TARO"."CMS500_顧客月次05"       1.170 MB     5000行がエクスポートされました
. . "TARO"."CMS500_顧客月次06"       1.170 MB     5000行がエクスポートされました
. . "TARO"."CMS500_顧客月次07"       1.170 MB     5000行がエクスポートされました
. . "TARO"."CMS500_顧客月次08"       1.170 MB     5000行がエクスポートされました
. . "TARO"."CMS500_顧客月次09"       1.170 MB     5000行がエクスポートされました
. . "TARO"."CMS500_顧客月次10"       1.170 MB     5000行がエクスポートされました
. . "TARO"."CMS500_顧客月次11"       1.170 MB     5000行がエクスポートされました
. . "TARO"."CMS500_顧客月次12"       1.170 MB     5000行がエクスポートされました
. . "TARO"."CMS500_顧客月次13"       1.170 MB     5000行がエクスポートされました
. . "TARO"."JPN002_自治体"           94.17 KB     1896行がエクスポートされました
. . "TARO"."CMS500_スライド管理"      5.078 KB        1行がエクスポートされました
. . "TARO"."CMS500_顧客月次９９"         0 KB        0行がエクスポートされました
マスター表"TARO"."SYS_EXPORT_TABLESPACE_01"は正常にロード/アンロードされました
******************************************************************************
TARO.SYS_EXPORT_TABLESPACE_01に設定されたダンプ・ファイルは次のとおりです:
  D:¥MYJOB¥DATA¥DPUMP¥EXPDP_TABLESPACES.DMP
ジョブ"TARO"."SYS_EXPORT_TABLESPACE_01"が17:04:49で正常に完了しました
```

### 7-4-4 データベース全体指定のEXPDPによるアンロード

当節冒頭記載の23時から実施していた通常日次バックアップの、フルバックアップモードによるアンロードです。

下記は、表領域指定時のバッチファイル「expdp_full.bat」です。

```
d:
del D:¥Myjob¥data¥dpump¥expdp_full.dmp
expdp taro/taro parfile=D:¥Myjob¥data¥cmstxt¥expdp_full.txt
cd ¥Myjob¥log
jbd001 expdp_full.log
if exist  err_expdp_full.log  goto  errlabel
exit
:errlabel
pause
exit
```

（補足説明）

①アンロードファイル名、パラメータファイル名、「expdp」実行後の実行時ログファイル名以外は、表領域指定時と同一です。

下記が、パラメータファイル「expdp_full.txt」の内容です。

```
dumpfile=dpump:expdp_full.dmp
logfile=dplog:expdp_full.log
full=y
```

（補足説明）

①１、２行目：アンロードファイル名、実行時ログファイル名以外は、表領域指定時と同一です。

②３行目：データベース全体「full=y」を指定します。

下記は、実行時ログファイル「D:¥Myjob¥log¥expdp_full.log」の内容です。
行数が1,431行もありましたので、割愛しました。
最終行の「……正常に完了しました」により正常終了が確認されました。

```
;;;
Export: Release 11.2.0.1.0 - Production on 日 7月 24 16:40:19 2016

Copyright (c) 1982, 2009, Oracle and/or its affiliates.  All rights reserved.
;;;
接続先: Oracle Database 11g Release 11.2.0.1.0 - 64bit Production
"TARO"."SYS_EXPORT_FULL_01"を起動しています: taro/******** parfile=D:¥Myjob¥data¥cmstxt¥expdp_full.txt
BLOCKSメソッドを使用して見積り中です...
オブジェクト型DATABASE_EXPORT/SCHEMA/TABLE/TABLE_DATAの処理中です
BLOCKSメソッドを使用した見積り合計: 189.3 MB
オブジェクト型DATABASE_EXPORT/TABLESPACEの処理中です
オブジェクト型DATABASE_EXPORT/PROFILEの処理中です
オブジェクト型DATABASE_EXPORT/SYS_USER/USERの処理中です
オブジェクト型DATABASE_EXPORT/SCHEMA/USERの処理中です
```

```
オブジェクト型DATABASE_EXPORT/ROLEの処理中です
                    (中略)
. . "SYSTEM"."REPCAT$_USER_AUTHORIZATIONS"0 KB        0行がエクスポートされました
. . "SYSTEM"."REPCAT$_USER_PARM_VALUES"0 KB           0行がエクスポートされました
. . "SYSTEM"."SQLPLUS_PRODUCT_PROFILE" 0 KB           0行がエクスポートされました
. . "TARO"."CMS500_顧客月次９９"          0 KB           0行がエクスポートされました
マスター表"TARO"."SYS_EXPORT_FULL_01"は正常にロード/アンロードされました
******************************************************************************
TARO.SYS_EXPORT_FULL_01に設定されたダンプ・ファイルは次のとおりです:
  D:¥MYJOB¥DATA¥DPUMP¥EXPDP_FULL.DMP
ジョブ"TARO"."SYS_EXPORT_FULL_01"が16:45:34で正常に完了しました
```

### 7-4-5　テーブル個別指定のIMPDPによるリロード

下記は、テーブル個別指定時のリロードバッチファイル「impdp_tables.bat」です。

```
d:
impdp taro/taro parfile=D:¥Myjob¥data¥cmstxt¥impdp_tables.txt
cd ¥Myjob¥log
jbd001 impdp_tables.log
if exist  err_impdp_tables.log  goto  errlabel
exit
:errlabel
pause
exit
```

(補足説明)

①「expdp」時バッチファイルの「del」コマンドが無いことと、「ex」を「im」に変更しただけです。

下記が、パラメータファイル「impdp_tables.txt」の内容です。

```
dumpfile=dpump:expdp_tables.dmp
logfile=dplog:impdp_tables.log
table_exists_action=replace
tables=
cms001_顧客情報,
jpn001_郵便番号,
jpn002_自治体
```

(補足説明)

①「expdp」時のパラメータファイル「expdp_tables.txt」と異なるところは、実行時ログファイル名とリロード対象テーブル既存時置き換え指定の３行目です。

置き換え指定がないと、「ORA-39151: 表"TARO"."JPN001_郵便番号"が存在します。スキップの table_exists_action のため、すべての依存メタデータおよびデータはスキップされます」のエラーがリロード対象テーブル分返されます。

下記は、実行時ログファイル「D:¥Myjob¥log¥impdp_tables.log」の内容です。
最終行の「……正常に完了しました」により正常終了が確認されました。

```
;;;
Import: Release 11.2.0.1.0 - Production on 土 7月 23 18:13:43 2016

Copyright (c) 1982, 2009, Oracle and/or its affiliates.  All rights reserved.
;;;
接続先: Oracle Database 11g Release 11.2.0.1.0 - 64bit Production
マスター表"TARO"."SYS_IMPORT_TABLE_01"は正常にロード/アンロードされました
"TARO"."SYS_IMPORT_TABLE_01"を起動しています: taro/******** parfile=D:¥Myjob¥data¥cmstxt¥impdp_tables.txt
オブジェクト型TABLE_EXPORT/TABLE/TABLEの処理中です
オブジェクト型TABLE_EXPORT/TABLE/TABLE_DATAの処理中です
. . "TARO"."JPN001_郵便番号"        9.791 MB    123823行がインポートされました
. . "TARO"."CMS001_顧客情報"        1.131 MB      5000行がインポートされました
. . "TARO"."JPN002_自治体"          94.17 KB      1896行がインポートされました
オブジェクト型TABLE_EXPORT/TABLE/GRANT/OWNER_GRANT/OBJECT_GRANTの処理中です
オブジェクト型TABLE_EXPORT/TABLE/INDEX/INDEXの処理中です
オブジェクト型TABLE_EXPORT/TABLE/CONSTRAINT/CONSTRAINTの処理中です
オブジェクト型TABLE_EXPORT/TABLE/INDEX/STATISTICS/INDEX_STATISTICSの処理中です
オブジェクト型TABLE_EXPORT/TABLE/STATISTICS/TABLE_STATISTICSの処理中です
ジョブ"TARO"."SYS_IMPORT_TABLE_01"が18:13:47で正常に完了しました
```

### 7-4-6　表領域指定のIMPDPによるリロード

下記は、表領域指定時のリロードバッチファイル「impdp_tablespaces.bat」です。

```
d:
impdp taro/taro parfile=D:¥Myjob¥data¥cmstxt¥impdp_tablespaces.txt
cd ¥Myjob¥log
jbd001 impdp_tablespaces.log
if exist  err_impdp_tablespaces.log  goto  errlabel
exit
:errlabel
pause
exit
```

(補足説明)

①「expdp」時バッチファイルの「del」コマンドが無いことと、「ex」を「im」に変更しただけです。

下記が、パラメータファイル「impdp_tablespaces.txt」の内容です。

```
dumpfile=dpump:expdp_tablespaces.dmp
logfile=dplog:impdp_tablespaces.log
table_exists_action=replace
tablespaces=
usr1yk01
```

（補足説明）

①「expdp」時のパラメータファイル「expdp_tablespaces.txt」と異なるところは、実行時ログファイル名とリロード対象テーブル既存時置き換え指定の３行目です。

下記は、実行時ログファイル「D:¥Myjob¥log¥impdp_tablespaces.log」の内容です。
最終行の「……正常に完了しました」により正常終了が確認されました。

```
;;;
Import: Release 11.2.0.1.0 - Production on 日 7月 24 17:14:56 2016

Copyright (c) 1982, 2009, Oracle and/or its affiliates.  All rights reserved.
;;;
接続先: Oracle Database 11g Release 11.2.0.1.0 - 64bit Production
マスター表"TARO"."SYS_IMPORT_TABLESPACE_01"は正常にロード/アンロードされました
"TARO"."SYS_IMPORT_TABLESPACE_01"を起動しています: taro/******** parfile=D:¥Myjob¥data¥cmstxt¥impdp_tablespaces.txt
オブジェクト型TABLE_EXPORT/TABLE/TABLEの処理中です
オブジェクト型TABLE_EXPORT/TABLE/TABLE_DATAの処理中です
. . "TARO"."JYU001_住所"                15.68 MB    148466行がインポートされました
. . "TARO"."JPN001_郵便番号"             9.791 MB    123823行がインポートされました
. . "TARO"."JPN001_カナ無郵便番号"        6.926 MB    123823行がインポートされました
. . "TARO"."CMS001_W顧客情報"            1.170 MB      5000行がインポートされました
. . "TARO"."CMS001_顧客情報"             1.131 MB      5000行がインポートされました
. . "TARO"."CMS500_顧客月次０１"          1.170 MB      5000行がインポートされました
. . "TARO"."CMS500_顧客月次０２"          1.170 MB      5000行がインポートされました
. . "TARO"."CMS500_顧客月次０３"          1.170 MB      5000行がインポートされました
. . "TARO"."CMS500_顧客月次０４"          1.170 MB      5000行がインポートされました
. . "TARO"."CMS500_顧客月次０５"          1.170 MB      5000行がインポートされました
. . "TARO"."CMS500_顧客月次０６"          1.170 MB      5000行がインポートされました
. . "TARO"."CMS500_顧客月次０７"          1.170 MB      5000行がインポートされました
. . "TARO"."CMS500_顧客月次０８"          1.170 MB      5000行がインポートされました
. . "TARO"."CMS500_顧客月次０９"          1.170 MB      5000行がインポートされました
. . "TARO"."CMS500_顧客月次１０"          1.170 MB      5000行がインポートされました
. . "TARO"."CMS500_顧客月次１１"          1.170 MB      5000行がインポートされました
. . "TARO"."CMS500_顧客月次１２"          1.170 MB      5000行がインポートされました
. . "TARO"."CMS500_顧客月次１３"          1.170 MB      5000行がインポートされました
```

```
. . "TARO"."JPN002_自治体"          94.17 KB        1896行がインポートされました
. . "TARO"."CMS500_スライド管理"     5.078 KB           1行がインポートされました
. . "TARO"."CMS500_顧客月次９９"         0 KB           0行がインポートされました
オブジェクト型TABLE_EXPORT/TABLE/GRANT/OWNER_GRANT/OBJECT_GRANTの処理中です
オブジェクト型TABLE_EXPORT/TABLE/INDEX/INDEXの処理中です
オブジェクト型TABLE_EXPORT/TABLE/CONSTRAINT/CONSTRAINTの処理中です
オブジェクト型TABLE_EXPORT/TABLE/INDEX/STATISTICS/INDEX_STATISTICSの処理中です
オブジェクト型TABLE_EXPORT/TABLE/STATISTICS/TABLE_STATISTICSの処理中です
ジョブ"TARO"."SYS_IMPORT_TABLESPACE_01"が17:15:09で正常に完了しました
```

### 7-4-7　データベース全体指定のIMPDPによるリロード

私が在職中、日次のフルバックアップアンロードファイルを利用して、テーブル個別指定のリロードを行ったことはありますが、データベース全体をリロードするような状況になったことは幸いにしてありませんでした。

前項までのリロードと同様なデータベース全体指定のIMPDP用バッチファイルとパラメータを下記のように作成、接続ユーザを「system」に変えて実行しましたが、様々なエラーが返され実行時ログの最終1,866行は「ジョブ"SYSTEM"."SYS_IMPORT_FULL_01"は致命的なエラーのため17:48:01で停止しました」となり異常終了しました。

データベース全体指定時のリロードバッチファイル「impdp_full.bat」です。

```
d:
impdp system/gacchan9 parfile=D:¥Myjob¥data¥cmstxt¥impdp_full.txt
cd ¥Myjob¥log
jbd001 impdp_full.log
if exist  err_impdp_full.log  goto  errlabel
exit
:errlabel
pause
exit
```

パラメータファイル「impdp_full.txt」の内容です。

```
dumpfile=dpump:expdp_full.dmp
logfile=dplog:impdp_full.log
table_exists_action=replace
full=y
```

異常終了の原因をいろいろと探ってみると、今回事象は統計情報インポート時に発生したオラクルのバグではとの情報もあり、上記パラメータファイルに「exclude=statistics」を追加して統計情報を除外する指定により実行してみましたが、同様なメッセージにて異常終了しました。

Oracle 11g Release 11.2.0.2.0ではパッチが提供されているとのことですが、「付録A」にてインストールしたのは「Oracle Database 11g Release 11.2.0.1.0」で、パッチの提供は確認できませんでした。

そこで、「7-4-5」と「7-4-6」の実行時パラメータファイルの「dumpfile」指定を、それぞれ「7-4-4」実行時に作成されたダンプファイル「expdp_full.dmp」を利用する指定「dumpfile=dpump:expdp_full.dmp」に変更して実行してみました。但し、テーブル個別指定は「cms001_顧客情報」のみとしました。
共に正常終了したのでログを確認すると、「……正常に完了しました」の最終行前に下記統計情報に関するメッセージが出力されていました。

```
オブジェクト型DATABASE_EXPORT/SCHEMA/TABLE/INDEX/STATISTICS/INDEX_STATISTICSの処理中です
オブジェクト型DATABASE_EXPORT/SCHEMA/TABLE/STATISTICS/TABLE_STATISTICSの処理中です
```

下記は、上記ダンプファイル「expdp_full.dmp」を利用したテーブル個別指定と表領域指定のIMPDP実行後の統計情報確認です。

```
SQL〉 select to_char(last_analyzed, 'yyyy mm/dd amhh:mi:ss') 統計情報取得日
  2   from dba_tables  where table_name = 'CMS001_顧客情報';

統計情報取得日
------------------------------
2016 08/13 午後03:22:49

SQL〉 select to_char(last_analyzed, 'yyyy mm/dd amhh:mi:ss') 統計情報取得日
  2   from dba_indexes where index_name = 'CMS001_POSTNO';

統計情報取得日
------------------------------
2016 08/13 午後03:22:50

SQL〉 select to_char(last_analyzed, 'yyyy mm/dd amhh:mi:ss') 統計情報取得日
  2   from dba_tables  where table_name = 'JPN001_郵便番号';

統計情報取得日
------------------------------
2016 07/26 午後10:00:22

SQL〉 select to_char(last_analyzed, 'yyyy mm/dd amhh:mi:ss') 統計情報取得日
  2   from dba_indexes where index_name = 'JPN001_POSTNO';
```

```
統計情報取得日
-------------------------------
2016 07/26 午後10:00:22
```

ちなみに「7-4-6」の実行時パラメータファイルの「dumpfile」指定は「dumpfile=dpump:expdp_full.dmp」のままとし、統計情報を除外する「exclude=statistics」の指定を追加して実行してみました。

正常終了したのでログを確認すると、「……正常に完了しました」の最終行前には下記統計情報に関するメッセージは出力されていませんでした。

```
オブジェクト型DATABASE_EXPORT/SCHEMA/TABLE/INDEX/STATISTICS/INDEX_STATISTICSの処理中です
オブジェクト型DATABASE_EXPORT/SCHEMA/TABLE/STATISTICS/TABLE_STATISTICSの処理中です
```

下記は、「exclude=statistics」の指定による表領域指定のIMPDP実行後の統計情報確認です。

```
SQL〉select to_char(last_analyzed, 'yyyy mm/dd amhh:mi:ss') 統計情報取得日
  2   from dba_tables  where table_name = 'CMS001_顧客情報';

統計情報取得日
-------------------------------



SQL〉select to_char(last_analyzed, 'yyyy mm/dd amhh:mi:ss') 統計情報取得日
  2   from dba_indexes where index_name = 'CMS001_POSTNO';

統計情報取得日
-------------------------------
2016 08/19 午後12:49:40

SQL〉select to_char(last_analyzed, 'yyyy mm/dd amhh:mi:ss') 統計情報取得日
  2   from dba_tables  where table_name = 'JPN001_郵便番号';

統計情報取得日
-------------------------------



SQL〉select to_char(last_analyzed, 'yyyy mm/dd amhh:mi:ss') 統計情報取得日
  2   from dba_indexes where index_name = 'JPN001_POSTNO';
```

```
統計情報取得日
------------------------------
2016 08/19 午後12:49:39
```

テーブルの統計情報は除外されていますが、索引の統計情報は自動的に作成されるそうです。

再度、「exclude=statistics」の指定を外して実行、正常終了確認後、上記select文によりテーブル、索引とも前の統計情報取得日が設定されていることを確認しました。

「データベース全体指定のIMPDPによるリロード」の正常終了事例については、現環境下では未完とさせて頂きたく宜しくお願いします。

## 7-5 PURGEでごみ箱を空にする

Oracle 10g以降、テーブルの再作成処理時に「drop table」文にてテーブル削除、または「drop table cascade constraints」文にてテーブルの削除と同時にテーブル整合性制約や索引も削除すると、Windowsの「ごみ箱」と同様にオラクルが独自に管理している「ごみ箱」（recyclebin）に入れられて、元に戻すことができるようになりました。

このまま放置しているとWindowsと同様に領域を圧迫するため、「ごみ箱を空にする。」というオラクルコマンド「purge」（パージ）があります。なお、「show recyclebin」でユーザごとに、「show dba_recyclebin」でシステム全体の「ごみ箱」の中身を確認することができます。

「purge」は、「ごみ箱」内の表または索引を削除してそのオブジェクトに関連付けられていた領域を解放してパフォーマンスの改善を図る処理で、私が在職中は日次で21時45分の時刻起動でコマンド発行していました。

仮に21時45分までに、人的エラーまたはアプリケーションエラーの発生により削除された表を「ごみ箱」から取り出したい場合は、「flashback table」コマンドを利用します。

通常、「flashback table（テーブル名）to before drop;」コマンドにて、削除直前の状態に戻します。「to before drop」句以外の指定により戻す状態が選択可能ですが、詳細は「オラクル・マニュアル」または関連書籍を参照して下さい。

テーブル名は削除前の元の名称にて戻されますが、付随する索引名は「ごみ箱」に格納されたときにシステムで任意に付けられた名称で戻されます。

以下に、「flashback table」コマンドと「purge」コマンドの実行結果を提示しています。
なお、事前に「ごみ箱」を確認したら一杯でしたので、表示行数削減目的で「purge dba_

recyclebin」を実行後、テーブル「cms001_顧客情報」をバッチファイル「cms001_顧客情報作成 .bat」により再作成しました。

```
SQL> connect taro/taro
接続されました。
SQL> show recyclebin                                                              ①
ORIGINAL NAME  RECYCLEBIN NAME                    OBJECT TYPE  DROP TIME
-------------- ---------------------------------- ------------ -------------------
CMS001_顧客情報 BIN$SnMgPo1nSX62SgqY19lhow==$0  TABLE        2016-07-26:16:27:53
SQL> drop table taro.cms001_顧客情報 cascade constraints;                          ②

表が削除されました。

SQL> show recyclebin                                                              ③
ORIGINAL NAME  RECYCLEBIN NAME                    OBJECT TYPE  DROP TIME
-------------- ---------------------------------- ------------ -------------------
CMS001_顧客情報 BIN$llhAOuiySoaPjyQFwVc75A==$0  TABLE        2016-07-26:16:30:50
CMS001_顧客情報 BIN$SnMgPo1nSX62SgqY19lhow==$0  TABLE        2016-07-26:16:27:53
SQL> flashback table cms001_顧客情報 to before drop;                              ④

フラッシュバックが完了しました。

SQL> show recyclebin                                                              ⑤
ORIGINAL NAME  RECYCLEBIN NAME                    OBJECT TYPE  DROP TIME
-------------- ---------------------------------- ------------ -------------------
CMS001_顧客情報 BIN$SnMgPo1nSX62SgqY19lhow==$0  TABLE        2016-07-26:16:27:53
SQL> purge recyclebin;                                                            ⑥

リサイクルビンがパージされました。

SQL> show recyclebin                                                              ⑦
SQL>
SQL> purge dba_recyclebin;                                                        ⑧
purge dba_recyclebin
*
行1でエラーが発生しました。:
ORA-01031: 権限が不足しています。                                                 ⑨


SQL> connect / as sysdba                                                          ⑩
接続されました。
```

```
SQL〉purge dba_recyclebin;                                  ⑪

DBAリサイクルビンがパージされました。
```

（補足説明）

①「purge dba_recyclebin」実行後、バッチファイル「cms001_顧客情報作成.bat」内「sqlplus / NOLOG @cms001_顧客情報作成」にて「drop table taro.cms001_顧客情報 cascade constraints;」を実行しているため、ユーザ「taro」の「ごみ箱」にはテーブル「cms001_顧客情報」が入っています。「RECYCLEBIN NAME」がオラクルで管理している名称です。

②、③更にテーブル「cms001_顧客情報」を削除して「ごみ箱」を確認しました。「ごみ箱」にはテーブル「cms001_顧客情報」の２回分の削除が入っています。

④「to before drop」句の指定により、直前に削除されたテーブル「cms001_顧客情報」を戻します。

⑤「ごみ箱」を確認すると、直前に削除されたテーブル情報がありません。

⑥、⑦「taro」の「ごみ箱」をパージし、「ごみ箱が空になった。」ことが確認できました。

⑧、⑨続けてシステム全体の「ごみ箱」をパージしましたが、権限不足でした。

⑩、⑪「sysdba」権限により、システム全体の「ごみ箱」をパージできました。

## 7-6　パスワードの大文字・小文字を区別

Oracle11gによる業務システム開発開始時、ODBC接続を利用したシステムの開発担当者から「オラクルに接続できない」との苦情が入り、開発系オラクルのダウンかと思い即座に「SQL Plus」を起動し、配布しているODBCと同一の一般ユーザで接続した結果、「接続されました。」のメッセージが返され、取り敢えずオラクルの正常稼働を確認しました。

次に、ODBCの接続に問題があるのではと思い、自分自身で11gのドライバーを選択してODBCを追加作成し、Accessの「外部データの取り込み－ODBCデータベース」から追加作成した「データソース名」を選択しましたが、正常に「テーブルのリンク」ウィンドウが表示されました。

前出の開発担当者と従前のODBCに関する取り扱い方につきいろいろと検証する中では結論が見出せず、開発担当者がネット検索する中で、「11gよりパスワードの大文字・小文字を区別する。」との一節を発見、対応策を得ることができました。

以下は、当時の顛末を対応コマンドも含めて再現しました。

```
SQL〉connect yuri/yuri
接続されました。
SQL〉connect YURI/YURI
ERROR:
ORA-01017: invalid username/password; logon denied
```

```
警告: Oracleにはもう接続されていません。
SQL〉connect TARO/TARO
ERROR:
ORA-01017: invalid username/password; logon denied

SQL〉connect taro/taro
接続されました。
SQL〉alter system set sec_case_sensitive_logon = false scope = both;          ①

システムが変更されました。

SQL〉CONNECT YURI/YURI
接続されました。
SQL〉connect yuri/YURI
接続されました。
SQL〉connect yuri/yuri
接続されました。
```

（補足説明）

①「sec_case_sensitive_logon」パラメータは「データベースにおけるログオンパスワードの大文字・小文字の区別を有効または無効にする」とのことです。デフォルトは「区別する」の「true」が設定されています。
「false」に設定すると大文字・小文字の区別がされないとのことです。
なお、当コマンドはDBA権限付与ユーザで実行します。

詳細は、「Oracle Databaseセキュリティ・ガイド」を参照して下さい。

## 7-7　外部コマンド「jbd001」について

私が在職中、Oracle10g利用時はサーバのメモリリフレッシュを目的とした再起動を毎朝４時20分に、11gに移行後は毎週火曜日の４時20分に行っていました。本部・営業店はオラクルを利用した業務システムは、一般ユーザ接続許可 / 非許可により８時から21時まで利用できるようにしていました。

毎日、４時20分から８時までに最新月次テーブルの作成や前日基準の日次テーブルの洗い替えとこれに伴う各種月次処理や日次処理などを、21時から28時（翌日４時）までに日次業務システムの後処理やデータベース全体指定のIMPDPとサーババックアップ処理などをサーバ運用自動化ソフト（以下、運用ソフト）の利用にて自動実行させていました。

業務システム開発中は、SQLスクリプトあるいはPL/SQLスクリプト、またはSQL*LOADERやDataPumpなど各処理ステップの実行が異常終了すれば即座に検証、修正を繰り返しながら本番系への適用に向けた作業ができます。
しかし、本番系適用後に21時前後の要員帰宅後から8時前後の要員出勤までに、開発担当者が万が一にも想定し得なかった状況が発生して異常終了した場合、その原因の確保と後続処理がある場合には実行させない、異常終了による rollback 以外に前日時点の状態にテーブルを戻すなどの仕組みが必要となります。

オラクルでは、「spool 指定ファイル名」コマンドの発行から「spool off」コマンド発行までに実行された SQL スクリプトの実行結果、「set serveroutput on」コマンド以降の PL/SQL スクリプトの実行結果をテキストとして指定ファイルに実行時ログとして残せます。
また、SQL*LOADER は「log ＝指定ファイル名」のパラメータ指定にて、実行結果をテキストとして指定ファイルに実行時ログとして残せます。
そして、「DataPump」も「logfile ＝指定ディレクトリ: 指定ファイル名」のパラメータ指定にて、実行結果をテキストとして指定ファイルに実行時ログとして残せます。

これらの実行時ログにはエラー発生時の内容も書き込まれているので、各処理ステップ終了の都度、実行時ログの最初から最後までを走査してエラーがある場合には、何らかのイベントを発生させ、そのイベントを検知することで当該業務システムを異常終了させることはできないかと試行錯誤した結果、「jbd001」の発想に繋がりました。

「第6章」の【事例：6-3】内で、外部コマンドとして「jbd001」に触れており、そこで紹介している「付録B」には以下の記載があります。
『バッチファイル中の「jbd001 spool¥cms001_顧客情報作成.txt」は、「sqlplus /NOLOG @cms001_顧客情報作成」実行時にスプールしたテキストファイル「cms001_顧客情報作成.txt」中にオラクルエラーがあった場合、当該のエラーメッセージのみを編集したテキストファイル「err_cms001_顧客情報作成.txt」を出力します。』(224頁)

他にも異常終了発生時への対応方法はあったかもしれません。
誰も居ない時に発生した異常終了により引き起こされる影響をなくし、要員出勤後にあたふたとしない対応が取れることを第一としました。

### 7-7-1 「jbd001」の機能検証

「jbd001」の機能を検証する意味を込めて、事前にテーブル「cms001_顧客情報」を削除して、バッチファイル「cms001_顧客情報作成.bat」(223頁) を実行してみました。下記が実行結果です。

```
D:¥Myjob¥bat>cd ¥Myjob¥sql

D:¥Myjob¥sql>sqlplus /NOLOG @cms001_顧客情報作成

SQL*Plus: Release 11.2.0.1.0 Production on 水 7月 27 14:45:14 2016
```

```
Copyright (c) 1982, 2010, Oracle.  All rights reserved.

接続されました。
                                                              ㋐
開始
------------------------------
2016 07/27 午後02:45:14

drop table taro.cms001_顧客情報 cascade constraints
              *
行1でエラーが発生しました。:
ORA-00942: 表またはビューが存在しません。



表が作成されました。


終了
------------------------------
2016 07/27 午後02:45:14                                        ㋑

Oracle Database 11g Release 11.2.0.1.0 - 64bit Productionとの接続が切断されました。

D:¥Myjob¥sql>jbd001 spool¥cms001_顧客情報作成.txt                   ①

D:¥Myjob¥sql>if exist spool¥err_cms001_顧客情報作成.txt goto  errlabel    ②

D:¥Myjob¥sql>pause
続行するには何かキーを押してください . . .
```

(補足説明)

①「spool」フォルダの「cms001_顧客情報作成.txt」ファイル内にオラクルエラーがあるか検証しています。上記の出力メッセージ「開始」前行㋐から「2016 07/27 午後02:45:14」行㋑までが「cms001_顧客情報作成.txt」ファイルの内容です。

②「err_cms001_顧客情報作成.txt」ファイルが存在したため、「goto errlabel」により「:errlabel」行の次行「pause」コマンドに制御が移りました。
下記は、「err_cms001_顧客情報作成.txt」ファイルの内容です。
「**(9行目/1)**」は「cms001_顧客情報作成.txt」ファイルの9行目で1個目のエラーを表示しています。今回は1件ですが、「jbd001」の対象ファイル内の全てのエラーを出力します。

```
ORA-00942: 表またはビューが存在しません。
*********(9 行目/ 1)**************************************************
```

### 7-7-2 「jbd001」のソースコード

以下が、「jbd001」の VB ソースコードです。コンパイル後の「jbd001.exe」を「C:¥Windows」フォルダ直下に配置して利用していました。

```
Dim infilename          As String
Dim infilefullname      As String
Dim outfilefullname     As String
Dim curfolder           As String
Dim incnt               As Long
Dim outcnt              As Long
Dim infn                As String
Dim lnginfile           As Long
Dim lngpoint            As Long
Dim inpath              As String
Dim inputtxt            As String
Dim strfile             As String
Sub main()
'
'  オラクルバッチジョブ実行時エラー判定用ファイルを作成する
'

On Error GoTo err_shori:
'カレントフォルダを取得
curfolder = CurDir
'チェック対象ファイルを外部パラメータ入力
infilename = Command
'チェック対象ファイルのフルパス名を取得
If ":¥" = Mid(infilename, 2, 2) Then
   infilefullname = infilename
Else
   infilefullname = curfolder & "¥" & infilename
End If
'チェック対象ファイル名の先頭に「err_」を付け、エラーファイル名を作成
lnginfile = Len(infilefullname)
lngpoint = InStrRev(infilefullname, "¥")
inpath = Left(infilefullname, lngpoint)
infn = Mid(infilefullname, lngpoint + 1, lnginfile - lngpoint)
outfilefullname = inpath & "err_" & infn
'エラーファイルと同一名のファイルがあった場合、削除
```

```
strfile = ""
strfile = Dir(outfilefullname)
If strfile 〈〉 "" Then
   Kill outfilefullname
End If
'初期設定
inputtxt = ""
incnt = 0
outcnt = 0
'使用ファイルのオープン
Open infilefullname For Input As #1
Open outfilefullname For Output As #2
'入力ファイルの終端を検知するまで、loop行までを繰り返す
Do Until EOF(1)
Line Input #1, inputtxt
incnt = incnt + 1
'オラクルsql_loaderエラーを判定する                                          ①
If Left(inputtxt, 11) = "SQL*Loader-" And IsNumeric(Mid(inputtxt, 12, 3)) = True Then
   GoTo jump_500
End If
'オラクルsql_loader以外のエラーを判定する
If (Mid(inputtxt, 4, 1) = "-" And IsNumeric(Mid(inputtxt, 5, 5)) = True) _
   Or _
  (Mid(inputtxt, 5, 1) = "-" And IsNumeric(Mid(inputtxt, 6, 5)) = True) Then
   GoTo jump_500                                                              ②
Else
   GoTo jump_900
End If
jump_500:
outcnt = outcnt + 1
Print #2, inputtxt
Print #2, "*********(" & Format(incnt, "###,##0") & " 行目/ " _
                        & Format(outcnt, "###,##0") & ")" _
         & "**************************************************"
Print #2, ""
jump_900:
Loop
Close #1
Close #2
'チェック対象ファイルにエラーが無かったら、作成したエラーファイルを削除
```

```
lngoutfile = FileLen(outfilefullname)
If lngoutfile 〈 3 Then
   Kill outfilefullname
End If
Exit Sub
err_shori:
  Call errlogout
End Sub
Sub errlogout()
'実行時エラーログ出力先ファイルと同一名のファイルがあった場合、削除
strfile = ""
strfile = Dir(outfilefullname)
If strfile 〈〉 "" Then
   Kill outfilefullname
End If
'実行時エラーログ出力先ファイルのオープン
Open outfilefullname For Output As #499
Print #499, "ERR-" & Format(Err.Number, "00000") & ": " _
                              & Err.Description
Print #499, ""
Close #499
End Sub
```

通常、VBはウィンドウありを前提としていますが、サーバでのバッチ実行のためウィンドウの無いVBプログラムです。

①～②行先頭が「SQL*Loader-」で始まり「12文字目から3文字が数字」、これ以外は「4文字目が"-"」で「5文字目から5文字が数字」、または「5文字目が"-"」で「6文字目から5文字が数字」をオラクルエラーとして判定しています。Oracle8利用時以降、この範疇に該当しないエラーが返されていたら追加修正しなければなりません。

### 7-7-3 「jbd001」の使い勝手

本文、付録で提示しているバッチファイルは「jbd001」実行後に「err_」接頭辞付きテキストファイルがある時は「pause」コマンドにて停止させていますが、私が在職中は運用ソフトが各種定義していた結果コードを設定させるコマンドを利用して、業務システム異常終了後のテーブル戻し処理などを起動させるジョブを登録していました。

「jbd001」はオラクルが返すエラーのみを対象としていたため、業務システムによっては意図的にエラーを発生させて制御を変えたい場合は、「ORA-99999……」を「dbms_output.put_line」プロシージャにて実行時ログに出力し、「jbd001」で「err_」接頭辞付きテキストファ

イルを作成させて処理フローを変えていました。

業務システム開発はPL/SQLブロックを多用していたため下記の記述は、「jbd001」の利用を前提としていたと言えるのではと思います。

```
exception
  when others then
    dbms_output.put_line(sqlerrm);
    dbms_output.put_line('処理中断箇所:' ||
                                    dbms_utility.format_error_backtrace);
end;
```

## コラム：業務システムの運用自動化

業務システムの開発担当者と運用担当者の職域分離を明確化させ、人的運用によるリスクの回避を目的とし、運用担当者による本番系サーバ機への直接ログオンは極力行わない運用としていました。

そのため、オラクルと共に運用ソフトも導入、業務システム開発時は運用ソフトにジョブとして登録、自動運用実行結果の確認と検証までを行い本番系への適用を行うこととしていました。

導入した運用ソフトは、「サーバ運用自動化」の語句によるネット検索で何件かヒットする大手汎用機メーカーが推奨するものでした。どの運用ソフトも登録したジョブの起動契機は、「時刻」、「メッセージ」、「ファイル」、「カレンダー指定」、「先行ジョブの正常終了」、「先行ジョブの異常終了」などで、ソフトにより呼称は異なっていたかもしれません。

各業務システムの核となるテーブル作成について見ると、汎用機独自の運用ソフトに登録したテキストファイル作成ジョブ終了後、ファイル転送ジョブを起動してサーバに格納完了後に「起動用特定ファイル」をサーバに転送していました。

日次テーブルの原始データは、共同システムセンターの情報系BIサーバで管理されている前日テーブルから、１週間以内に異動があったレコードのみを対象にテキストファイル化処理をしてから、サーバに転送完了後に「起動用特定ファイル」を転送していました。

テーブル作成は月次・日次とも運用ソフトの起動契機は「起動用特定ファイル」で、終了時は作成したテーブルを利用する業務システムごとに固有の「メッセージ」を発行し、固有の「メッセージ」を待機していた業務システムを起動させていました。

業務システムは運用ソフトにジョブとして登録し、運用要員は出勤後真っ先にパソコンにインストールした運用ソフトクライアント版を起動、前日夜間から自動起動されたジョブの実行状況を確認し、異常終了している場合は運用ソフトの該当ジョブ実行時ログ（「spool 指定ファイル名」コマンド発行テキストと同一イメージも含まれていました）の確認を行い、当該業務システム開発担当者等に連絡することとしていました。

外部データまたは指示データの受領を起動契機とする業務システムは、運用ソフトにジョブとして登録後、運用ソフトクライアント版で当該ジョブの右クリックメニューから「実行」を選択して起動させることとし、業務システムの運用は全て運用ソフトにて行っていました。

---

## 7-8　オラクルのログについて

私が在職中、オラクルで運用していた業務システムはオンラインシステムを補完する位置付けにあったため、本番系オラクルの正常稼働を常時監視することはしていませんでした。

そのため、障害発生時は、《コラム：業務システムの運用自動化》に記載した運用要員の運用ソフトによる障害検知の連絡、あるいは本部・営業店から「○○用システムの利用ができない」との連絡を受けて、担当部署として障害の発生を知ることになりました。

運用要員からの連絡に対しては、障害発生ジョブの影響範囲によりリスク所管部門への報告をすると共に、本部・営業店へ「利用不可パソコンシステム名と復旧時連絡を行う」旨の至急連絡と並行して、運用ソフトの実行時ログから障害の原因を把握、復旧対応を行っていました。

本部・営業店からの連絡に対しては、まず自パソコンから「SQL Plus」の実行によるオラクルの稼働確認、「○○用システム」の自パソコンでの利用可否確認、リモート接続による「○○用システムの利用ができない」状況確認という手順にて、想定される影響が大きい方から小さい方へと絞りながら対応していました。

業務システムに原因がある場合は対応を取れますが、原因が特定できず、ベンダー SE への連絡も取れない場合、藁にもすがる思いでサポートセンターに連絡します。
障害状況を聞かれた後、折り返し専任担当者から「本番運用ですか？」、「業務への影響は？」、「サーバ再起動できますか？」などと尋ねられ、ある時は「このコマンドは実行できますか？」と言われるままに遠隔操作して頂く中で、オラクルに原因があることが判り、復旧できたこともありました。

その後、サポートセンターから「障害原因等調査のため、○○フォルダの△△アラートログを取得し送付して下さい」と言われ、指示通りに取得、送信していました。

オラクルの「アラートログ」は「オラクル運用中に発生した重大なエラー情報や起動・停止の動作状態が書き込まれたテキストファイルで、障害発生時に最初に見るログ」といわれ、「アラートログ」内にはエラー発生時の詳細な情報やメモリダンプが書き込まれた「トレースファイル」のファイル名もフルパスで書き込まれており、この「トレースファイル」とクライアントからの接続要求情報が書き込まれた「リスナーログ」の３つがオラクルの代表的なログとされています。

これらのログはサポートセンターの依頼により送付するのみで、興味で見たことはありますが理解しようなどと思ったことは一度たりともありませんでした。これらのログは逐次蓄積されているため、削除せずに放置しているとディスク容量を圧迫し、オラクルの運用を停止させることにも繋がります。

私が在職中は、業務システムのオラクル利用形態を考慮して長い期間ログを保持する必要性は無いと判断、日曜日夜間帯にオラクル停止後、前回複写ログを削除して、今回ログを複写し、オラクルを起動する処理をジョブとして運用ソフトに登録、自動運用していました。

Oracle10g では、以下のように「background_dump_dest」や「user_dump_dest」の初期化パラメータを確認することで、オラクルが管理しているログの格納場所を把握できましたが、11g では無効化されています。

```
SQL〉show parameter background_dump_dest

NAME                          TYPE                VALUE
----------------------------- ------------------- ----------------------------------------------
background_dump_dest          string              c:¥oracle¥katada¥diag¥rdbms¥yk
                                                  01¥yk01¥trace
SQL〉show parameter user_dump_dest

NAME                          TYPE                VALUE
----------------------------- ------------------- ----------------------------------------------
user_dump_dest                string              c:¥oracle¥katada¥diag¥rdbms¥yk
                                                  01¥yk01¥trace
```

Oracle11g からログの管理方法が大幅に変更され、ADR（Automatic Diagnostic Repository）というもので格納、管理されるようになっています。

以下は、ADR が各種ログを管理しているディレクトリをビュー表「v$diag_info」から取得しています。

```
SQL〉select * from v$diag_info;


 INST_ID  NAME                  VALUE
```

```
----------- -------------------------- ------------------------------------------------------------------------
          1 Diag Enabled              TRUE
          1 ADR Base                  c:¥oracle¥katada
          1 ADR Home                  c:¥oracle¥katada¥diag¥rdbms¥yk01¥yk01
          1 Diag Trace                c:¥oracle¥katada¥diag¥rdbms¥yk01¥yk01¥trace
          1 Diag Alert                c:¥oracle¥katada¥diag¥rdbms¥yk01¥yk01¥alert
          1 Diag Incident             c:¥oracle¥katada¥diag¥rdbms¥yk01¥yk01¥incident
          1 Diag Cdump                c:¥oracle¥katada¥diag¥rdbms¥yk01¥yk01¥cdump
          1 Health Monitor            c:¥oracle¥katada¥diag¥rdbms¥yk01¥yk01¥hm
          1 Default Trace File        c:¥oracle¥katada¥diag¥rdbms¥yk01¥yk01¥trace¥yk01_ora_5736.trc
          1 Active Problem Count      0
          1 Active Incident Count     0

11行が選択されました。
```

ADR についての詳細は「オラクル・マニュアル」または関連書籍を参照して下さい。

# 付録A　オラクル環境等構築について

本文の各章で事例として提示しているSQL文、PL/SQL文とこれらを起動させるバッチファイル等が正常に実行されないことには事例として成り立ちません。

事例を実行させるオラクル環境を、勤務していた会社のデータベースサーバに求めることは、定年退職した私にはリスク管理上到底受け入れられませんので、事例を実行する環境を自ら確保しなければなりません。

以前勤務していた時に、サポートベンダーのSEの方が常時持ち歩いているノートパソコンにオラクルの開発環境を構築されており、その手順等につき見聞きしていたのを思い出しました。

既に取得していたOTN（Oracle Technology Network）アカウントで、自宅パソコンにも同様にオラクルのサーバ環境をデスクトップ型に、クライアント環境をノート型パソコンに構築しました。

ここでは、今まで人任せにしていたオラクル環境を自宅パソコンに構築した手順等について、「七転び八起き」ならぬ「七転八倒」したことを顧みながら記述します。

## A-1　オラクルサーバ環境の構築

「Windows 7 Pro SP1 64bit版OS」がプリインストールされている市販のデスクトップ型パソコンに「Database 11g Enterprise/Standard Editions」をインストールして、サーバに位置付けました。

### A-1-1　サーバソフトのダウンロード

1. 「http://www.oracle.com/」に接続、日本語非表示時「Country」より「日本」クリック後、「サインイン/登録」をクリック、既にアカウントを取得している場合は「サインイン」、アカウントを取得していない場合は「プロファイルの作成」を選択してアカウントを取得後、再度「サインイン」します。
2. 「サインイン」後、開発用限定Oracle11g無料版ダウンロード用サイトへ移動するために、上部「OTN」ボタンポイント後メニューより「ソフトウェア・ダウンロード」をクリック、下方「データベース」にある「・Database 11g Enterprise/Standard Editions」を選択します。
3. 「ダウンロード」タブ内の「ライセンス契約」を読み、同意できるなら「ライセンスに同意する」をクリック後、同タブ内下部の「Microsoft Windows(x64)」の「File1」、「File2」をダウンロードします。

### A-1-2　インストール

1．ダウンロードした二つの ZIP ファイル「File1(win64_11gR2_database_1of2.zip: 1.12GB)」および「File2(win64_11gR2_database_2of2.zip: 0.96GB)」の展開先は同一フォルダとします。

2．展開先ルートフォルダの「setup.exe」のクリック後、インストール・オプション（データベースの作成および構成）、システム・クラス（サーバ・クラス）、インストールオプション（単一インスタンス・データベース）と順に選択していきます。
次に、拡張インストールの選択後、データベース・エディション（Standard Edition One）、インストール先、汎用目的トランザクション処理、システム識別子（SID：yk01）、データベースファイル格納先などの設定を対話形式により行った後の「終了」ボタンクリックによりインストールが開始され、インストール状況が表示されます。

### A-1-3　オラクルシステムの起動と接続確認

1．インストールの正常終了確認後、「スタート」—「すべてのプログラム」から「Oracle - OraDb11g_home1」—「アプリケーション開発」の「SQL Plus」実行により、「ユーザー名を入力してください:」が表示され、オラクルの正常起動が確認できました。

2．「ユーザー名を入力してください:」にインストール時作成されているユーザ名入力後、「パスワードを入力してください:」に設定したパスワードの入力により、「SQL〉」プロンプトが表示され、正常に接続されたことが確認できました。

### A-1-4　「TNSサービス名」による接続確認

前項によりオラクルへのローカル接続は確認できましたが、クライアントパソコンからオラクルサーバへのリモート接続ができないと、「Microsoft Access」（以下、Access）などのデータベースソフトでオラクルテーブルを利用できません。

1．「〈〈oracle_home〉〉¥product¥11.2.0¥dbhome_1¥network¥admin」配下のローカル・ネーミング・パラメータファイル「tnsnames.ora」に、作成した SID（yk01）への下記接続文字列「yk01」を追記します。

```
yk01 =
  (DESCRIPTION =
    (ADDRESS = (PROTOCOL = TCP) (HOST = localhost) (PORT = 1521))
    (CONNECT_DATA =
      (SERVER = DEDICATED)
      (SERVICE_NAME = yk01)
    )
  )
```

2．「sqlplus system/(パスワード)@yk01」の実行用バッチファイル「sqlplus_system@yk01.bat」

```
color f0
```

```
mode con:cols=120 lines=45
sqlplus system/(パスワード)@yk01
exit
```

を作成して実行しましたが、「ORA-12514: TNS:リスナーは接続記述子でリクエストされたサービスを現在認識していません」のエラーにて接続できません。

3．ネット検索にて原因調査を行った結果、「初期化パラメータ：local_listener」が登録されていなかったため、リスナー・パラメータファイル「listener.ora」に下記「yk01」の登録を行い、

```
YK01 =
 (DESCRIPTION_LIST =
  (DESCRIPTION =
   (ADDRESS = (PROTOCOL = TCP) (HOST = localhost) (PORT = 1521))
  )
 )
ADR_BASE_YK01 = <<oracle_home>>
```

```
SQL> show parameter local_listener

NAME                                          TYPE           VALUE
--------------------------------------------- -------------- -------------
local_listener                                string
SQL> ALTER SYSTEM SET local_listener = 'yk01'
 2 ;

システムが変更されました。

SQL> show parameter local_listener

NAME                                          TYPE           VALUE
--------------------------------------------- -------------- -------------
local_listener                                string         yk01
```

「SQL Plus」ローカル接続後、上記の「ALTER SYSTEM SET local_listener = 'yk01';」コマンド実行後、バッチファイル「sqlplus_system@yk01.bat」による接続を確認できました。

おそらく、インストール時の「Oracle Net Services」が適切にできていなかったのでしょうが、取り敢えず、サーバソフトをインストールしたパソコンで、オラクル起動、ローカル接続、リモート接続が確認できました。

但し、「listener.ora」への「yk01」の登録により、「OracleOraDb11g_home1TNSListener」と

「OracleOraDb11g_home1TNSListenerYK01」の２つのサービスが起動されるため、前者のスタートアップの種類を「手動」に変更しておきました。

これ以降、オラクルは何の問題も無く利用できていましたが、この対応方法が気になり、オラクルのアンインストール、再インストール実施後、「listener.ora」と「tnsnames.ora」の「HOST = 192.168.1.2」表記の IP アドレスは、DHCP プロトコルにより自動変更される可能性があると思い、「HOST = コンピュータ名」に変更、即座に再起動した後のリモート接続ができました。

インストールに関わる詳細はよく分かりません。興味のある方は「オラクル・マニュアル」または関連書籍を参照して下さい。

## A-2　Accessによるオラクルテーブル利用確認

作成したオラクルテーブルやビューを検証する場合、「SQL Plus」の起動にて select 文を実行する方法は、手間が掛かり時間の浪費となるため、Access を利用します。取り敢えず、サーバソフトインストールパソコンに、Access をインストールしてオラクルへの接続可否を確認しました。

### A-2-1　Accessのインストール

1．Microsoft Office2013 はプレインストール版で Access はインストールされていませんので、２ライセンス版 Access2013 を購入しました。
2．インストール作業を行いましたが、正常終了できなかったため調査したところ、ウィルス対応ソフトとの相性が良くないとのことで、事前にウィルス対応ソフトを停止後、正常終了しました。

### A-2-2　Access用ODBC (Open DataBase Connectivity) の作成

1．「コントロールパネル」―「管理ツール」―「データソース（ODBC）」にて「ODBC データソースアドミニストレーター」ウィンドウを開き、「ユーザー DSN」タブ内に「Oracle in OraDb11g_home1」をデータソースドライバとする「データソース名：system_yk01」、「TNS サービス名：yk01」、「ユーザ ID：system」の ODBC を作成しました。
2．Access 起動、リボンメニュー「外部データ」―「ODBC データベース」―「外部データの取り込み-ODBC データベース」―「リンクテーブルを作成してソースデータにリンクする（L)」を選択、「データソースの選択」ウィンドウの「コンピュータデータソース」タブから「system_yk01」を選択したら、「ODBC--呼び出しが失敗しました。指定された DSN には、ドライバーとアプリケーションとのアーキテクチャの不一致が含まれています（#0)」とのエラーウィンドウが表示されました。
3．調査の結果、ODBC「system_yk01」は 64Bit 版につき、32Bit 版 Access では接続不可となり、32Bit 版 OracleODBC の作成が必要とのことで、サーバソフトのダウンロードと同様にクライアントソフト「win32_11gR2_client.zip」をダウンロード、インストール対象商品を「Oracle ODBC Driver」に限定してインストールを行いました。

4．Access利用時のオラクルユーザとして、DBA権限付与ユーザ「taro」と一般ユーザ「yuri」を作成すると共に、「tnsnames.ora」に同名の接続文字列の追加登録を行いました。

5．「コントロール パネル」—「管理ツール」—「データソース（ODBC）」にて作成するODBCは64Bit版につき、「C:¥Windows¥SysWOW64¥odbcad32.exe」の32Bit版にて、「システムDSN」タブ内に「Oracle in OraClient11g_home1」をデータソースドライバとする「データソース名」、「TNSサービス名」、「ユーザID」に「taro」のODBC「taro」と同様にODBC「yuri」を作成後、Accessによるリンクテーブルの作成が確認できました。

## A-3　オラクルクライアント環境をノート型パソコンに構築

SQL文、PL/SQL文などの事例とAccessのオラクルテーブル利用事例はサーバ環境のみでも実行できますが、なるべく利用実態に沿った形でリモート接続の事例紹介を行うことを目的に、「Windows 7 Pro SP1 64bit版OS」がプリインストールされている市販のノート型パソコンに「Oracle Client 11g (11.2) 32Bit版」とAccessをインストールしました。

1．クライアントの「tnsnames.ora」の「host」が「localhost」ではサーバ環境をインストールしたパソコンにリモート接続できないので、当該コンピュータ名の「katada-pc」にて「ping」コマンドが正常応答を返すのを確認して変更後、正常に接続しました。

```
yk01 =
  (DESCRIPTION =
   (ADDRESS = (PROTOCOL = TCP) (HOST = katada-pc) (PORT = 1521))
   (CONNECT_DATA =
    (SERVER = DEDICATED)
    (SERVICE_NAME = yk01)
   )
  )
```

2．Accessインストール後のODBC設定は、前項5．と同様作業を行いリンクテーブルの作成が確認できました。

なお、リンクテーブルの作成方法は「付録D」を参照して下さい。

# 付録B　利用テーブルについて

ここでは、sql 文事例等が利用しているテーブルについて列記します。

事例用テーブルとして、実際の個人情報は使用できませんし、一から手打ちして作成するにはそれなりの覚悟も必要ですが、多くの時間と労力を要します。

また、単なる文字項目ばかりあるいは数字項目ばかりのテーブルでは、事例紹介として見栄えが良くないうえに、特徴的な事例を紹介することができません。

そこで、困ったときのネット検索とばかりに、サンプルデータ作成に関わるいくつかの語彙を並べて検索を試みたところ、当方にとって期待できるサイトがいくつかありました。

以下にサイトの紹介を行いながら、利用テーブルについて記述します。

## B-1　テーブル「cms001_顧客情報」

### B-1-1　サンプルデータのダウンロード

当テーブルは、「疑似個人情報データ生成サービス http://hogehoge.tk/personal/」より作成させて頂きました。無料で利用できますが、生成条件入力ページに記載されている「使用許諾条件」を確認後、利用します。

生成項目は「連番 / 氏名（漢字、カタカナ）：姓と名の区切り→全角スペース / 性別：出力値→1/2 / 電話番号（一般、FAX、携帯）：区切り→ハイフン / メールアドレス / 住所（漢字、カタカナ）：郵便番号付き / 生年月日：日付書式→YYYYMMDD / 出身地」を指定しています。

生成条件（オプション）には「生成する件数：5000件 / 年齢の範囲：０歳代～90歳代 / 男女比率 60:40 / 住所範囲：全選択」を選択し、「生成開始」ボタンのクリックにより、暫くして生成結果が一覧表示されます。

縦スクロールバーのドラッグにて生成件数の5000件を確認後、「生成したデータのダウンロード」でのファイル形式は、SQL*loader による取り込みを行うために「CSV（文字コード：UTF-8）」を選択し、デフォルトのダウンロードファイル名「personal_infomation.csv」にてダウンロードしました。

### B-1-2　テーブル化作業

CSV ファイルの１行目は項目の表題行につき、コピー＆ペーストにより create table 文の項目定義に利用しました。

create table 文では、「連番」は「顧客番号」に改名、「住所」は「都道府県名」、「市区町村名」、「町域名」、「番地」、「建物名」の５区分に漢字名もカタカナ名も分割されていたので、「漢字住所１」から「漢字住所５」および「カナ住所１」から「カナ住所５」までの項目名としました。

「顧客番号」、「性別」、「生年月日」以外の「氏名」や「住所」項目などの型は可変長で指定します。度を越えた長さを指定することは自分自身の信義則にも反しますが、取り敢えず取りこぼしがないような長さを指定してテーブル作成を優先しました。

SQL*loader の制御ファイル編集では、文字コードが「UTF-8」で項目表題名行付きのCSV データにつき、「characterset utf8」、「when 顧客番号 〈〉 '連番'」を追記し、「生年月日」の型は date 型につき「date 'yyyymmdd'」を追記しました。

当テーブルは数字・文字項目で構成されていますが、数値項目がないため、テーブル作成後に「顧客番号」と「dbms_random.value」の乱数発生ファンクションを利用した12桁の「総預金残高」、「総融資残高」の２項目を増やしました。

**【事例：B-1-2　テーブル化作業】**

１.「cms001_顧客情報」テーブル定義作成用スクリプト：cms001_顧客情報作成.sql

```
connect  taro/taro
spool spool¥cms001_顧客情報作成.txt
select to_char(sysdate, 'yyyy mm/dd amhh:mi:ss') 開始  from dual;
drop table taro.cms001_顧客情報 cascade constraints;
create table taro.cms001_顧客情報(
顧客番号          number(6),
氏名              varchar2(20),
カナ氏名          varchar2(30),
性別              number(1),
電話番号          varchar2(16),
FAX               varchar2(16),
携帯電話          varchar2(16),
メールアドレス    varchar2(60),
郵便番号          varchar2(8),
漢字住所1         varchar2(10),          -- 都道府県名
漢字住所2         varchar2(30),          -- 市区町村名
漢字住所3         varchar2(80),          -- 町域名
漢字住所4         varchar2(30),          -- 番地
漢字住所5         varchar2(90),          -- 建物名
カナ住所1         varchar2(20),
カナ住所2         varchar2(40),
```

```
カナ住所３        varchar2(128),
カナ住所４        varchar2(20),
カナ住所５        varchar2(128),
生年月日          date,
出身地            varchar2(10),
総預金残高        number(12),
総融資残高        number(12)
)
    pctfree 5 pctused 40
    tablespace usr1yk01
    storage(initial 1m next 10k
     minextents 1 maxextents unlimited pctincrease 0);
select to_char(sysdate, 'yyyy mm/dd amhh:mi:ss') 終了 from dual;
spool off
disconnect;
exit
```

「総預金残高」、「総融資残高」の追加項目は事前に作成しています。
スクリプト中の「氏名」や「住所」項目などの可変長型は、取り敢えず、取りこぼしがないような長さを指定してテーブル作成後に、下記select文結果にて適正化しました。

```
select max(length(氏名))              氏名       from taro.cms001_顧客情報;
select max(length(カナ氏名))          カナ氏名   from taro.cms001_顧客情報;
select max(length(メールアドレス))    メルアド   from taro.cms001_顧客情報;
select max(length(漢字住所１))        漢住１     from taro.cms001_顧客情報;
                          :
select max(length(漢字住所５))        漢住５     from taro.cms001_顧客情報;
select max(length(カナ住所１))        カ住１     from taro.cms001_顧客情報;
                          :
select max(length(カナ住所５))        カ住５     from taro.cms001_顧客情報;
select max(length(出身地))                       from taro.cms001_顧客情報;
```

２.「cms001_顧客情報」テーブル作成用制御ファイル：cms001_顧客情報作成ctl

```
options(direct=true)
unrecoverable
load data
characterset utf8
infile 'D:¥Myjob¥data¥personal_infomation.csv'
badfile 'D:¥Myjob¥data¥personal_infomation.bad'
discardfile 'D:¥Myjob¥data¥personal_infomation.dsc'
into table taro.cms001_顧客情報
```

```
when 顧客番号 〈〉 '連番'
fields terminated by "," optionally enclosed by '"'
trailing nullcols
(顧客番号,
氏名,
カナ氏名,
性別,
電話番号,
FAX,
携帯電話,
メールアドレス,
郵便番号,
漢字住所１,
漢字住所２,
漢字住所３,
漢字住所４,
漢字住所５,
カナ住所１,
カナ住所２,
カナ住所３,
カナ住所４,
カナ住所５,
生年月日          date 'yyyymmdd',
出身地)
```

３.「cms001_顧客情報」テーブル編集用スクリプト：cms001_顧客情報付加編集.sql
「顧客番号」と「dbms_random.value」の乱数発生ファンクションの利用による「総預金残高」、「総融資残高」の設定、連番「顧客番号」を固定値加算により「らしく」装飾。

```
connect taro/taro
spool spool¥cms001_顧客情報付加編集.txt
select to_char(sysdate, 'yyyy mm/dd amhh:mi:ss') 開始 from dual;
update  taro.cms001_顧客情報
  set 総預金残高 = round(dbms_random.value(1, 10) * 10000 * dbms_random.value(0, 2) *
      substr(ltrim(to_char(顧客番号, '000000')), 5, 2) * dbms_random.value(1, 3));
update  taro.cms001_顧客情報
  set 総融資残高 = round(dbms_random.value(1, 10) * 1000 * dbms_random.value(0, 2) *
      substr(ltrim(to_char(顧客番号, '000000')), 5, 2) * dbms_random.value(1, 3));
update  taro.cms001_顧客情報
      set 顧客番号 = 230000 + 顧客番号;
commit;
```

```
select to_char(sysdate, 'yyyy mm/dd amhh:mi:ss') 終了 from dual;
spool off
disconnect;
exit
```

４.「cms001_顧客情報」テーブル索引設定用スクリプト：cms001_顧客情報設定分析.sql

```
connect taro/taro
spool spool¥cms001_顧客情報設定分析.txt
select to_char(sysdate, 'yyyy mm/dd amhh:mi:ss') 開始 from dual;

alter table taro.cms001_顧客情報 add
constraint cms001_pk primary key(顧客番号)
        using         index
        pctfree       5
        tablespace    idx1yk01
        storage (
        initial       10k
        next          1k
        minextents    1
        maxextents    unlimited
        pctincrease   0)
        unrecoverable;

create index taro.cms001_postno
  on taro.cms001_顧客情報(郵便番号)
        pctfree       5
        tablespace    idx1yk01
        storage (
        initial       10k
        next          1k
        minextents    1
        maxextents    unlimited
        pctincrease   0)
        unrecoverable;

create index taro.cms001_knj
 on taro.cms001_顧客情報(漢字住所１,漢字住所２,漢字住所３)
        pctfree       5
        tablespace    idx1yk01
        storage (
```

```
            initial         50k
            next            1k
            minextents      1
            maxextents      unlimited
            pctincrease     0)
            unrecoverable;
commit;
analyze index taro.cms001_pk            estimate statistics;
analyze index taro.cms001_postno        estimate statistics;
analyze index taro.cms001_knj           estimate statistics;
analyze table taro.cms001_顧客情報       estimate statistics;
select to_char(sysdate,'yyyy mm/dd amhh:mi:ss') 終了 from dual;
spool off
disconnect;
exit
```

検索に利用されそうな項目で索引を作成しています。

主キー、索引とテーブルの統計情報の取得に「analyze」コマンド文を利用していますが、Oracle 10g 以降は「dbms_stats」プロシージャの利用が推奨されています。両者の違いは収集される統計情報量にあるそうですが、詳細については「オラクル・マニュアル」または関連書籍を参照して下さい。

5.「cms001_顧客情報」テーブル作成用バッチファイル：cms001_顧客情報作成.bat

```
d:
cd ¥Myjob¥sql
sqlplus /NOLOG @cms001_顧客情報作成
jbd001 spool¥cms001_顧客情報作成.txt
if exist  spool¥err_cms001_顧客情報作成.txt  goto  errlabel

del D:¥Myjob¥data¥personal_infomation.bad
d:
cd ¥Myjob¥ctl
sqlldr userid=taro/taro control=cms001_顧客情報.ctl  ^
 log=d:¥Myjob¥log¥cms001_顧客情報作成.log
cd ¥Myjob¥log
jbd001 cms001_顧客情報作成.log
if exist  err_cms001_顧客情報作成.log  goto  errlabel

d:
```

```
cd ¥Myjob¥sql
sqlplus /NOLOG @cms001_顧客情報付加編集
jbd001 spool¥cms001_顧客情報付加編集.txt
if exist  spool¥err_cms001_顧客情報付加編集.txt  goto  errlabel

sqlplus /NOLOG @cms001_顧客情報設定分析
jbd001 spool¥cms001_顧客情報設定分析.txt
if exist  spool¥err_cms001_顧客情報設定分析.txt  goto  errlabel

exit

:errlabel
pause
exit
```

註：通常、sqlldr コマンド文も１行で記述しますが、表記上「^」（ハット記号）にて複数行の表記としました。当表記バッチファイルも正常に実行されます。

バッチファイル中の「jbd001 spool¥cms001_顧客情報作成.txt」は、「sqlplus /NOLOG @cms001_顧客情報作成」実行時にスプールしたテキストファイル「cms001_顧客情報作成.txt」中にオラクルエラーがあった場合、当該のエラーメッセージのみを編集したテキストファイル「err_cms001_顧客情報作成.txt」を出力します。

## B-2　テーブル「jpn001_郵便番号」

### B-2-1　サンプルデータのダウンロード

当テーブルは、日本郵便株式会社の「郵便番号データダウンロードサイト　http://www.post.japanpost.jp/zipcode/download.html」より「住所の郵便番号（CSV 形式）」を選択し、全国一括のデータから作成させて頂きました。

同サイトに記載されている「ご利用上のご注意」を確認後、利用します。

### B-2-2　テーブル化作業

create table 文は、「ご利用上のご注意」文言上の「郵便番号データの説明」内に記載されている「留意点」―「郵便番号データファイルの形式等」の参照により編集、項目名「全国地方公共団体コード」は「自治体 CD」とするなど、若干の変更を加えました。

**【事例：B-2-2　テーブル化作業】**

１.「jpn001_郵便番号」テーブル定義作成用スクリプト：jpn001_郵便番号作成.sql

```
connect  taro/taro
```

```
spool spool¥jpn001_郵便番号作成.txt
select to_char(sysdate, 'yyyy mm/dd amhh:mi:ss') 開始 from dual;

drop table taro.jpn001_郵便番号 cascade constraints;
create table taro.jpn001_郵便番号(
自治体CD        number(5),
旧郵便番号      varchar2(5),
郵便番号        number(7),
カナ都道府県    varchar2(10),
カナ市区町村    varchar2(30),
カナ町域        varchar2(80),
都道府県        varchar2(10),
市区町村        varchar2(30),
町域            varchar2(80),
区分1           number(1),      -- 1:一つの町域が二つ以上の郵便番号で表示。
区分2           number(1),      -- 1:小字ごとに番地が起番されている町域。
区分3           number(1),      -- 1:丁目を有する町域。
区分4           number(1),      -- 1:一つの郵便番号で二つ以上の町域を表示。
区分5           number(1),      -- 0:変更なし、1:変更あり、2:廃止。
区分6           number(1)       -- 変更理由 0～6
)
  pctfree 5 pctused 40
  tablespace usr1yk01
  storage(initial 8m next 100k
   minextents 1 maxextents unlimited pctincrease 0);

select to_char(sysdate, 'yyyy mm/dd amhh:mi:ss') 終了 from dual;
spool off
disconnect;
exit
```

2.「jpn001_郵便番号」テーブル作成用制御ファイル：jpn001_郵便番号作成ctl

```
options(direct=true)
unrecoverable
load data
infile 'D:¥Myjob¥data¥ken_all.csv'
badfile 'D:¥Myjob¥data¥ken_all.bad'
discardfile 'D:¥Myjob¥data¥ken_all.dsc'
into table taro.jpn001_郵便番号
fields terminated by "," optionally enclosed by '"'
```

```
trailing nullcols
(
自治体CD,
旧郵便番号,
郵便番号,
カナ都道府県,
カナ市区町村,
カナ町域,
都道府県,
市区町村,
町域,
区分１,
区分２,
区分３,
区分４,
区分５,
区分６
)
```

３.「jpn001_郵便番号」テーブル索引設定用スクリプト：jpn001_郵便番号設定分析.sql

```
connect taro/taro
spool spool¥jpn001_郵便番号設定分析.txt
select to_char(sysdate, 'yyyy mm/dd amhh:mi:ss')　開始 from dual;

create index taro.jpn001_placecd
  on taro.jpn001_郵便番号(自治体CD)
                                        pctfree      5
                                        tablespace   idx1yk01
                                        storage (
                                        initial      1m
                                        next         10k
                                        minextents   1
                                        maxextents   unlimited
                                        pctincrease  0)
                                        unrecoverable;

create index taro.jpn001_postno
  on taro.jpn001_郵便番号(郵便番号)
                                        pctfree      5
                                        tablespace   idx1yk01
```

```
                                        storage (
                                        initial      1m
                                        next         10k
                                        minextents   1
                                        maxextents   unlimited
                                        pctincrease  0)
                                        unrecoverable;

create index taro.jpn001_knj
   on taro.jpn001_郵便番号(都道府県, 市区町村, 町域)
                                        pctfree      5
                                        tablespace   idx1yk01
                                        storage (
                                        initial      3m
                                        next         50k
                                        minextents   1
                                        maxextents   unlimited
                                        pctincrease  0)
                                        unrecoverable;
commit;
analyze index taro.jpn001_placecd        estimate statistics;
analyze index taro.jpn001_postno         estimate statistics;
analyze index taro.jpn001_knj            estimate statistics;
analyze table taro.jpn001_郵便番号        estimate statistics;
select to_char(sysdate, 'yyyy mm/dd amhh:mi:ss') 終了 from dual;
spool off
disconnect;
exit
```

4.「jpn001_郵便番号」テーブル作成用バッチファイル：jpn001_郵便番号作成.bat

```
d:
cd ¥Myjob¥sql
sqlplus /NOLOG @jpn001_郵便番号作成
jbd001 spool¥jpn001_郵便番号作成.txt
if exist  spool¥err_jpn001_郵便番号作成.txt  goto  errlabel

del D:¥Myjob¥data¥ken_all.bad
d:
cd ¥Myjob¥ctl
sqlldr userid=taro/taro control=jpn001_郵便番号.ctl ^
```

```
  direct=true  log=d:¥Myjob¥log¥jpn001_郵便番号作成.log
cd ¥Myjob¥log
jbd001 jpn001_郵便番号作成.log
if exist  err_jpn001_郵便番号作成.log  goto  errlabel

d:
cd ¥Myjob¥sql
sqlplus /NOLOG @jpn001_郵便番号設定分析
jbd001 spool¥jpn001_郵便番号設定分析.txt
if exist  spool¥err_jpn001_郵便番号設定分析.txt  goto  errlabel

exit

:errlabel
pause
exit
```

## B-3　テーブル「jpn002_自治体」

当テーブルは、テーブル「cms001_顧客情報」から編集定義したビュー表「cms001_v顧客情報」（別掲）に、都道府県名の「漢字住所１」と市区町村名の「漢字住所２」を結合した自治体名称に対応する自治体コードの追加を目的として、テーブル「jpn001_郵便番号」より作成しています。

### B-3-1　テーブル作成

「自治体CD」に名称変更した「全国地方公共団体コード」は都道府県コード（２桁）と市区町村コード（３桁）から構成されており、都道府県をキー項目とした集計等への対応を想定して「自治体CD」項目の分割を行いました。

テーブル「jpn001_郵便番号」を「自治体CD, 都道府県, 市区町村」により「order by」句にて取りまとめ、「distinct」句で重複を排除し一本化しました。

読みづらい自治体名もありますので、カナ名称も追加しました。

**【事例：B-3-1　テーブル作成】**

１.「jpn002_自治体」テーブル作成用スクリプト：jpn002_自治体作成sql

```
connect  taro/taro
spool spool¥jpn002_自治体作成.txt
select to_char(sysdate, 'yyyy mm/dd amhh:mi:ss') 開始  from dual;
```

```
drop table taro.jpn002_自治体 cascade constraints;
create table taro.jpn002_自治体(
都道府県CD          number(2),
市区町村CD          number(3),
都道府県            varchar2(10),
市区町村            varchar2(30),
カナ都道府県        varchar2(10),
カナ市区町村        varchar2(30)
)
  pctfree 5 pctused 40
  tablespace usr1yk01
  storage(initial 50k next 1k
   minextents 1 maxextents unlimited pctincrease 0);

insert  into  taro.jpn002_自治体
select  distinct
   floor(自治体CD / 1000), mod(自治体CD , 1000),
   都道府県, 市区町村,
   カナ都道府県, カナ市区町村
 from  taro.jpn001_郵便番号
 group  by  自治体CD, 都道府県, 市区町村, カナ都道府県, カナ市区町村;

alter table taro.jpn002_自治体 add
constraint jpn002_pk primary key(都道府県CD, 市区町村CD)
                                    using        index
                                    pctfree      5
                                    tablespace   idx1yk01
                                    storage (
                                    initial      5k
                                    next         1k
                                    minextents   1
                                    maxextents   unlimited
                                    pctincrease  0)
                                    unrecoverable;


create index taro.jpn002_knj
 on taro.jpn002_自治体(都道府県, 市区町村)
                                    pctfree      5
                                    tablespace   idx1yk01
                                    storage (
```

```
                                        initial      10k
                                        next         1k
                                        minextents   1
                                        maxextents   unlimited
                                        pctincrease  0)
                                        unrecoverable;
commit;
analyze index taro.jpn002_pk            estimate statistics;
analyze index taro.jpn002_knj           estimate statistics;
analyze table taro.jpn002_自治体         estimate statistics;
select to_char(sysdate, 'yyyy mm/dd amhh:mi:ss') 終了 from dual;
spool off
disconnect;
exit
```

２.「jpn002_自治体」テーブル作成用バッチファイル：jpn002_自治体作成.bat

```
d:
cd ¥Myjob¥sql
sqlplus /NOLOG @jpn002_自治体作成
jbd001 spool¥jpn002_自治体作成.txt
if exist  spool¥err_jpn002_自治体作成.txt  goto  errlabel

exit

:errlabel
pause
exit
```

## B-3-2　ビュー表の作成

テーブル「jpn001_郵便番号」から作成する以下のビュー表「jpn001_v自治体」により、テーブル「jpn002_自治体」の作成は不要と思われる方も見えると思います。

```
《ビュー表jpn001_v自治体》
drop view taro.jpn001_v自治体;
create view taro.jpn001_v自治体 as
select  distinct
        floor(自治体CD / 1000)      都道府県CD,
        mod(自治体CD , 1000)        市区町村CD,
        都道府県, 市区町村,
        カナ都道府県, カナ市区町村
  from  taro.jpn001_郵便番号
```

```
  group by 自治体CD, 都道府県, 市区町村, カナ都道府県, カナ市区町村
with read only;

grant select on taro.jpn001_v自治体    to roletaro;
```

テーブル「jpn001_郵便番号」の行数は123,823件（2015.10.26現在）であり、同テーブルから作成したテーブル「jpn002_自治体」の行数は1,896件です。

テーブル作成とビュー定義のselect文は同一ですので、ビュー「jpn001_v自治体」の明細件数も1,896件です。

```
SQL〉select count(自治体CD) レコード件数 from taro.jpn001_郵便番号;

   レコード件数
----------------------
             123823

SQL〉select count(都道府県CD) レコード件数 from taro.jpn002_自治体;

   レコード件数
----------------------
               1896

SQL〉select count(都道府県CD) ビュー件数 from taro.jpn001_v自治体;

     ビュー件数
----------------------
               1896
```

ビュー「jpn001_v自治体」を利用する場合は、常に123,823件のテーブル「jpn001_郵便番号」を参照するため、検索効率をより高めることを重視して、テーブル「jpn002_自治体」を作成しました。

また、47都道府県のみのテーブルがあると業務システム作成時に便利と思われましたので、以下のようなビュー表「jpn002_v都道府県」をテーブル「jpn002_自治体」から作成しました。

```
《ビュー表jpn002_v都道府県》
drop view taro.jpn002_v都道府県;
create view taro.jpn002_v都道府県 as
select distinct
        都道府県CD,
        都道府県            都道府県名称,
```

```
        カナ都道府県      カナ都道府県名称
  from  taro.jpn002_自治体
with read only;

grant  select  on  taro.jpn002_v都道府県     to  roletaro;
```

# 付録C　SQL文が実行される仕組みについて

「第１章　1-1」で「RDBを管理しているRDBMSとのユーザインターフェースとしてSQLがあります。」と示していますが、本文の各章で事例として提示しているSQL文またはPL/SQL文は、オラクルというRDBMSの中でどのような仕組みで実行されているのでしょうか。

オラクルを構成する「データベース」、「インスタンス」、「バックグラウンドプロセス」などのアーキテクチャについて知っていると、より効率的な業務システムの開発と運用ができます。オラクル・アーキテクチャに興味がある方は、「オラクル・マニュアル」または関連書籍を参照して下さい。

ここでは、select文がオラクルの中でどのように実行されていくかについて、大まかに触れてみたいと思います。

## C-1　「SQL Plus」によるオラクルとの接続

select文を実行するためには、「SQL Plus」が正常に起動されて、「SQL〉」プロンプトが表示されなければなりません。
まずは、「SQL〉」プロンプトが正常に表示されるまでを見てみます。

### C-1-1　オラクルへのローカル接続

下記は、『第２章』内の《コラム：「SQL Plus」の起動》で提示しているローカル接続用バッチファイル「sqlplus_taro.bat」を起動した時のコマンドプロンプト・ウィンドウです。

```
D:¥Myjob¥bat〉sqlplus taro/taro                                        ①

SQL*Plus: Release 11.2.0.1.0 Production on 土 3月 19 15:10:30 2016     ②

Copyright (c) 1982, 2010, Oracle.  All rights reserved.                ③



Oracle Database 11g Release 11.2.0.1.0 - 64bit Production              ④
に接続されました。                                                     ⑤
SQL〉                                                                  ⑥
```

コマンドプロンプトの背景色を輝く白、文字色を黒に指定。コマンドプロンプト・ウィンドウのサイズを140列、45行に設定後、①によりtaroユーザにてsqlplusを起動しています。

②で sqlplus が正常に起動された日時が表示され、③で著作権が表示されています。
③～④の間に、オラクル内部で接続要求ごとにサーバプロセスが起動され、PGA（Program Global Area）という個別のメモリ領域が接続要求ごとに確保されて、オラクルとの接続が確立されます。
その結果④⑤の接続メッセージが表示され、⑥の「SQL〉」プロンプトが表示されました。
この状態を、「オラクルとのセッションが確立された」ともいいます。

「SQL〉」プロンプトに続けて「exit」コマンドの入力、またはコマンドプロンプト・ウィンドウ右上の「×」ボタンの押下にて、サーバプロセスが停止されると同時に当該の PGA メモリ領域が解放されてセッションが切断され、コマンドプロンプト・ウィンドウが閉じられます。

### C-1-2　オラクルへのリモート接続

「sqlplus_taro@yk01.bat」起動後のコマンドプロンプト・ウィンドウは、「sqlplus_taro.bat」起動時と①のみが異なり「D:¥Myjob¥bat〉sqlplus taro/taro@yk01」となります。
但し、ローカル接続と異なり「tnsnames.ora」ファイルに記述されている接続識別子（yk01）の指定に基づきオラクルサーバに接続し、オラクルサーバのリスナーサービスを介して、ローカル接続と同様にサーバプロセスが起動されてオラクルとのセッションが確立され、接続メッセージと共に「SQL〉」プロンプトが表示されます。

下記は、リスナーサービスを強制的に停止させた状態で、オラクルサービスを起動している同一パソコンで「sqlplus_taro@yk01.bat」を実行した時のコマンドプロンプト・ウィンドウです。

```
D:¥Myjob¥bat〉sqlplus taro/taro@yk01

SQL*Plus: Release 11.2.0.1.0 Production on 火 3月 22 12:07:17 2016

Copyright (c) 1982, 2010, Oracle.  All rights reserved.

ERROR:
ORA-12541: TNS: リスナーがありません                              ①


ユーザー名を入力してください:
```

リスナーサービス停止中に、ネット上の他パソコンで「sqlplus_taro@yk01.bat」を実行した場合は、①が「ORA-12170: TNS: 接続タイムアウトが発生しました。」となり、リスナーサービスの再起動直後は「ORA-12514: TNS: リスナーは接続記述子でリクエストされたサービスを現在認識していません」となります。

暫くして再度「sqlplus_taro@yk01.bat」を実行すると、サーバプロセスが起動されてオラクルとのセッションが確立され、メッセージと共に「SQL〉」プロンプトが表示されます。

同一パソコン上で「sqlplus_taro.bat」または「sqlplus_taro@yk01.bat」を複数同時実行すると、オラクル内部でも同数のサーバプロセスが起動されています。
また、Access利用時のODBC接続による場合にも、サーバプロセスが起動されています。

## C-2　select文の実行

「SQL〉」プロンプトに続けてselect文の終了を示す「;」（セミコロン）までが発行された以降は、サーバプロセスが処理を受け持ち、「select文の解析」、「select文の実行」、「select文結果の返送」というステップまでが終了した時点で、「select文が実行された」ということになります。

### C-2-1　select文の解析

select文を含めSQL文は、COBOLと異なり事前に翻訳（コンパイル）されないため、実行前にこのステップで文法のチェックやテーブル、テーブル列項目の有無チェックを行い、select文で指定された行を取得する実行計画の候補をいくつか作成し、その中から最適な実行計画を選択して、具体的な実行手順を決定します。

最適な実行計画とは、テーブルが物理的に格納されているオラクルブロックの取得に掛かる処理時間やCPUの利用時間などをコストとして捉えた場合に、そのコストが最小となる実行計画を指します。

「where」句による条件指定があると、対象テーブルの索引の有無、対象テーブルまたは索引の統計情報の有無により、全行検索を行った場合と索引を利用した場合、複数テーブルを対象とする場合はテーブル間の結合条件により複数の実行計画とその実行計画の予想されるコストを計算して、コストが最小となる実行計画を選択します。
この処理はサーバプロセス内のCBO（Cost Based Optimizer）と呼ばれるモジュールが受け持ちます。

そして、select文を含め選択された実行計画を、オラクルシステム内のSGA（System Global Area）というシステム共通メモリ領域内の共有プールと呼ばれる場所に格納し、この解析処理ステップを終了します。

以降、発行されるselect文が、共有プールに格納されているselect文と全く同一であった場合は、共有プールに格納されている実行計画を利用します。この処理を「ソフトパース（Soft Parse）」と呼び、一文字でも相違する場合は文法のチェックから始まる「ハードパース（Hard Parse）」と呼ばれる解析処理が行われます。

### C-2-2　select文の実行

select 文の解析で選択された実行計画に基づき、select 文を実行します。

全行検索が選択された場合は、当該テーブルの全行が格納されているオラクルブロックをデータファイルから前述の SGA 内のデータベース・バッファキャッシュに格納し、全行にタグを付けます。

索引を利用した場合は、索引から該当行が格納されている ROWID を取得し、該当するオラクルブロックをデータベース・バッファキャッシュに格納し、該当行にタグを付けます。

以降の select 文で読み込み対象の行データが、データベース・バッファキャッシュに既に格納されていた場合は、該当行にタグを付け直します。

select 文以外の更新系 SQL 文も、読み込まれたデータベース・バッファキャッシュ内の行データに更新を行います。以降、実際のデータファイルへの物理的な書き込み処理は、ここでは触れませんが興味がある方は、「オラクル・マニュアル」または関連書籍を参照して下さい。

### C-2-3　select文結果の返送

サーバプロセスは、select 文の実行でデータベース・バッファキャッシュ内のタグが付けられた行データから select 文で指定されている列項目に対する編集を行い、セッションを通して「SQL Plus」に select 文結果を返送します。

「group by」句、「order by」句、「having」句が指定されている場合は、サーバプロセスが対応する処理も行ってから結果を返送します。

## C-3　実行計画と実行時統計情報の把握

発行された select 文の、CBO が選択した実行計画とその実行計画により実行された統計情報と実行時間を把握できます。

「SQL〉」プロンプトに続けて「set autotrace on」、「set timing on」のコマンドを発行した以降、「set autotrace off」、「set timing off」コマンドを発行するまで、実行計画と実行時統計情報、実行時間を把握できるようになりますが、事前に SYSDBA 権限を有するユーザにて「〈〈oracle_home〉〉¥product¥11.2.0¥dbhome_1¥sqlplus¥admin」配下の「plustrce.sql」を実行後、利用対象ユーザにロール「PLUSTRACE」を付与します。

**【事例：C-3　実行計画と実行時統計情報を取得する】**

下記は、テーブル「cms001_顧客情報」から顧客番号が「 233882」の「顧客番号, 氏名, 漢字住所２」を把握する select 文の実行計画と実行時統計情報を取得するスクリプトです。

```
spool D:¥Myjob¥sql¥spool¥autotrace.txt
set linesize 128
```

```
set pagesize 53
column 顧客番号 format '99999999'
column 氏名 format a14
column 漢字住所２ format a14

set autotrace on
set timing on

select 顧客番号, 氏名, 漢字住所２
 from taro.cms001_顧客情報
 where 顧客番号 = 233882;

set autotrace off
set timing off

spool off
```

**【事例：C-3-1　主キー「顧客番号」未設定で、初回発行時】**

```
SQL> select 顧客番号, 氏名, 漢字住所２
  2  from taro.cms001_顧客情報
  3  where 顧客番号 = 233882;

顧客番号  氏名           漢字住所２
------------- -------------------- ----------------------
  233882  平塚　晴子     岐阜市

経過: 00:00:00.15

実行計画
----------------------------------------------------------------------
Plan hash value: 2338423146

--------------------------------------------------------------------------------------------------------
| Id | Operation            | Name          |Rows | Bytes | Cost (%CPU)| Time     |
--------------------------------------------------------------------------------------------------------
|   0| SELECT STATEMENT     |               |    1|    23 |   53    (0)| 00:00:01 |
|*  1|  TABLE ACCESS FULL   | CMS001_顧客    |    1|    23 |   53    (0)| 00:00:01 |
--------------------------------------------------------------------------------------------------------

Predicate Information (identified by operation id):
```

```
----------------------------------------------------------------------

   1 - filter("顧客番号"=233882)


統計
----------------------------------------------------------------------
        486  recursive calls
          0  db block gets
        257  consistent gets
        172  physical reads
        232  redo size
        695  bytes sent via SQL*Net to client
        519  bytes received via SQL*Net from client
          2  SQL*Net roundtrips to/from client
          6  sorts (memory)
          0  sorts (disk)
          1  rows processed
```

統計の意味

| | |
|---|---|
| recursive calls | オラクル内部の再帰的コールの回数 |
| db block gets | 更新目的のブロックの要求回数 |
| consistent gets | 読み込み目的のブロックの要求回数 |
| physical reads | 物理読み込みの合計数 |
| redo size | 生成された REDO の合計（バイト） |
| bytes sent via SQL*Net to client | クライアントに送信されたバイト数 |
| bytes received via SQL*Net from client | クライアントから受信したバイト数 |
| SQL*Net roundtrips to/from client | クライアントとの送受信の合計数 |
| sorts (memory) | メモリ内で実行されたソートの数 |
| sorts (disk) | ディスク書き込みを伴ったソートの数 |
| rows processed | 処理を行った行数 |

**【事例：C-3-2　主キー「顧客番号」未設定で、2回目発行時】**

以降、select 文と結果の返送は省略しています。

```
経過: 00:00:00.00

実行計画
----------------------------------------------------------------------
Plan hash value: 2338423146
```

```
--------------------------------------------------------------------------------------------
| Id | Operation              | Name        |Rows | Bytes | Cost (%CPU)| Time     |
--------------------------------------------------------------------------------------------
|  0 | SELECT STATEMENT   |             |    1 |    23 |    53    (0)| 00:00:01 |
|* 1 |  TABLE ACCESS FULL | CMS001_顧客 |    1 |    23 |    53    (0)| 00:00:01 |
--------------------------------------------------------------------------------------------

Predicate Information (identified by operation id):
---------------------------------------------------------------

  1 - filter("顧客番号"=233882)


統計
---------------------------------------------------------------
      0  recursive calls
      0  db block gets
    171  consistent gets
      0  physical reads
      0  redo size
    695  bytes sent via SQL*Net to client
    519  bytes received via SQL*Net from client
      2  SQL*Net roundtrips to/from client
      0  sorts (memory)
      0  sorts (disk)
      1  rows processed
```

**【事例：C-3-3　主キー「顧客番号」設定済で、初回発行時】**

```
経過: 00:00:00.11

実行計画
---------------------------------------------------------------
Plan hash value: 1677557348

--------------------------------------------------------------------------------------------
| Id | Operation                    | Name        | Rows | Bytes | Cost (%CPU)| Time     |
--------------------------------------------------------------------------------------------
|  0 | SELECT STATEMENT             |             |    1 |    23 |    2    (0)| 00:00:01 |
|  1 |  TABLE ACCESS BY INDEX ROWID | CMS001_顧客 |    1 |    23 |    2    (0)| 00:00:01 |
```

```
|* 2|  INDEX UNIQUE SCAN              |CMS001_PK   |      1|       |   1      (0)| 00:00:01 |
-----------------------------------------------------------------------------------------------

Predicate Information (identified by operation id):
---------------------------------------------------

   2 - access("顧客番号"=233882)


統計
---------------------------------------------------
       559  recursive calls
         0  db block gets
       108  consistent gets
         6  physical reads
       304  redo size
       695  bytes sent via SQL*Net to client
       519  bytes received via SQL*Net from client
         2  SQL*Net roundtrips to/from client
         6  sorts (memory)
         0  sorts (disk)
         1  rows processed
```

**【事例：C-3-4　主キー「顧客番号」設定済で、2回目発行時】**

```
経過: 00:00:00.01

実行計画
---------------------------------------------------
Plan hash value: 1677557348

-----------------------------------------------------------------------------------------------
| Id | Operation                    | Name        | Rows | Bytes | Cost (%CPU)| Time     |
-----------------------------------------------------------------------------------------------
|  0 | SELECT STATEMENT             |             |     1|     23|   2      (0)| 00:00:01 |
|  1 |  TABLE ACCESS BY INDEX ROWID | CMS001_顧客 |     1|     23|   2      (0)| 00:00:01 |
|* 2|   INDEX UNIQUE SCAN          | CMS001_PK   |     1|       |   1      (0)| 00:00:01 |
-----------------------------------------------------------------------------------------------

Predicate Information (identified by operation id):
---------------------------------------------------
```

```
  2 - access("顧客番号"=233882)


統計
----------------------------------------------------------------------
          0  recursive calls
          0  db block gets
          3  consistent gets
          0  physical reads
          0  redo size
        695  bytes sent via SQL*Net to client
        519  bytes received via SQL*Net from client
          2  SQL*Net roundtrips to/from client
          0  sorts (memory)
          0  sorts (disk)
          1  rows processed
```

上記は、下記番号順に実行しました。

①オラクルサービス起動
②テーブル「cms001_顧客情報」の主キー「顧客番号」制約解除
③ C-3-1実行
④ C-3-2実行
⑤オラクルサービス再起動
⑥テーブル「cms001_顧客情報」の主キー「顧客番号」制約設定
⑦ C-3-3実行
⑧ C-3-4実行

上記4パターンから以下のことが見えます。

1．テーブル「cms001_顧客情報」の行数は5,000件ですが、全行検索時コストの「53」に対し、主キー利用時コストを「2」と見積もっています。行数が多ければ索引利用時の効果が更に出てきそうです。
2．同一select文につき、2回目発行時は共有プールに格納済のSQL情報を利用した処理「ソフトパース」が行われた結果からか、「recursive calls = 0」となっています。
3．2回目発行時は読み込み対象の行データが、データベース・バッファキャッシュに既に格納されているので、「physical reads = 0」となっています。
4．同一select文を連続して2回発行しているので、2回目は「redo size = 0」となっているのでしょうか。select文でもREDOログを採っているようです。

# 付録D　Accessリンクテーブルの作成について

「付録A」の「A-2-2」で、Access用ODBC「taro」と「yuri」の作成方法について触れていますが、ここでは作成したODBCを利用してサーバのオラクルテーブルをAccessのリンクテーブルとして作成する手順について記載しています。

また、リンクテーブルの利用に際し、Access 2007以降に強化されたセキュリティへの対応についても触れています。

## D-1　リンクテーブルの作成

1. 事前に、テーブル・オブジェクトにリンクテーブルを作成したAccessファイルを格納する新規フォルダ「E:¥公開配布用Access」を作成しておきます。

2. 「スタート」―「すべてのプログラム」―「Microsoft Office 2013」―「Access 2013」にてAccess起動後、「空のデスクトップデータベース」を選択、データベースの保存場所の指定「E:¥公開配布用Access」と共にファイル名「各種顧客集計システム.accdb」を設定し、「OK」ボタンクリック後の「作成」をクリックします。

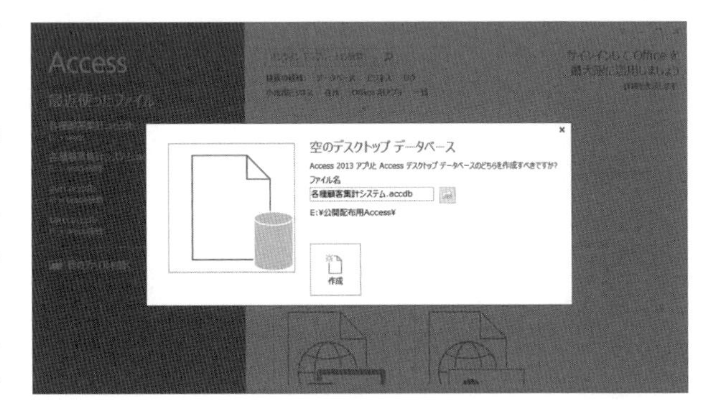


3. リボン「外部データ」の「インポートとリンク」より「ODBCデータベース」選択後、「外部データの取り込み－ODBCデータベース」ウィンドウを表示させ、「リンクテーブルを作成してソースデータにリンクする（L)」を選択、「OK」ボタンをクリックします。

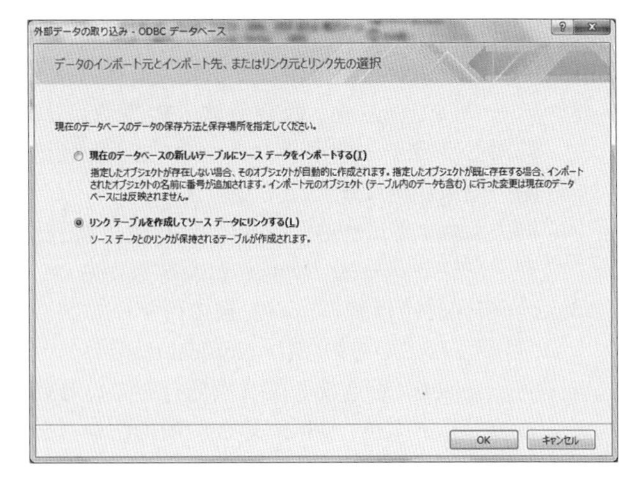

4. 表示された「データソースの選択」ウィンドウの「コンピューターデータソース」タブをクリックし、表示されている「データソース名」から、「付録A」内の「A-2-2」にて作成した「yuri」を選択、「OK」ボタンをクリックします。

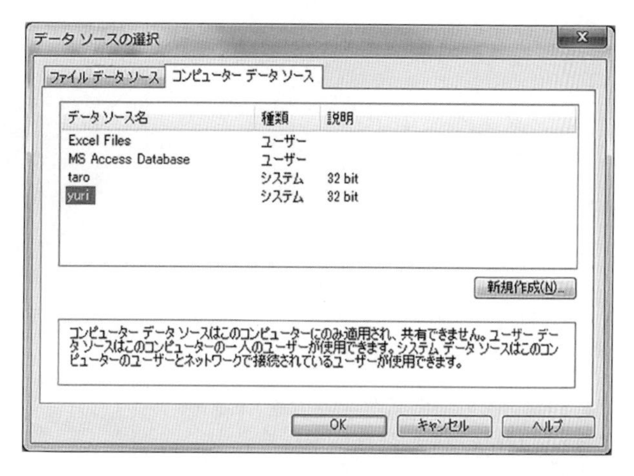


5. 表示された「Oracle ODBCドライバ接続」ウィンドウ内の「パスワード（P）」に、オラクル一般ユーザ「yuri」作成時に設定したパスワードを入力、「OK」ボタンをクリックします。

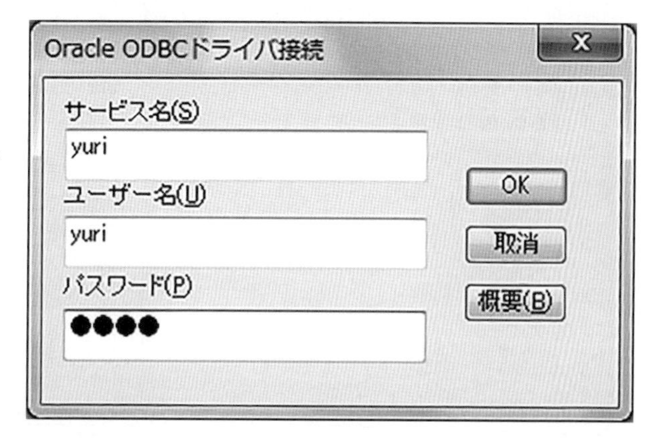


6. 暫くするとユーザ「yuri」がリンク可能なテーブル一覧がアルファベット順で表示された「テーブルのリンク」ウィンドウが表示されます。
キーボードより「T」を入力、あるいは縦スクロールバーを操作してユーザ「taro」が作成したテーブルのうち、ここではテーブル名の冒頭が「TARO.CMS001_V」付きテーブルを表示させます。
「パスワードの保存（V）」チェックボックスをクリック☑し、テーブル名冒頭が「TARO.CMS001_V」付きテーブルをクリックにて複数選択後、「OK」

ボタンをクリックします。

7.「ファイルに保存する前にパスワードは暗号化できません。」の注意ウィンドウが表示されたら「パスワードの保存（S）」をクリック、「固有レコード識別子の選択」ウィンドウが表示されてもレコード更新を行わないのでフィールドを選択せずに「OK」ボタンをクリックします。

選択したテーブル分この操作を繰り返します。

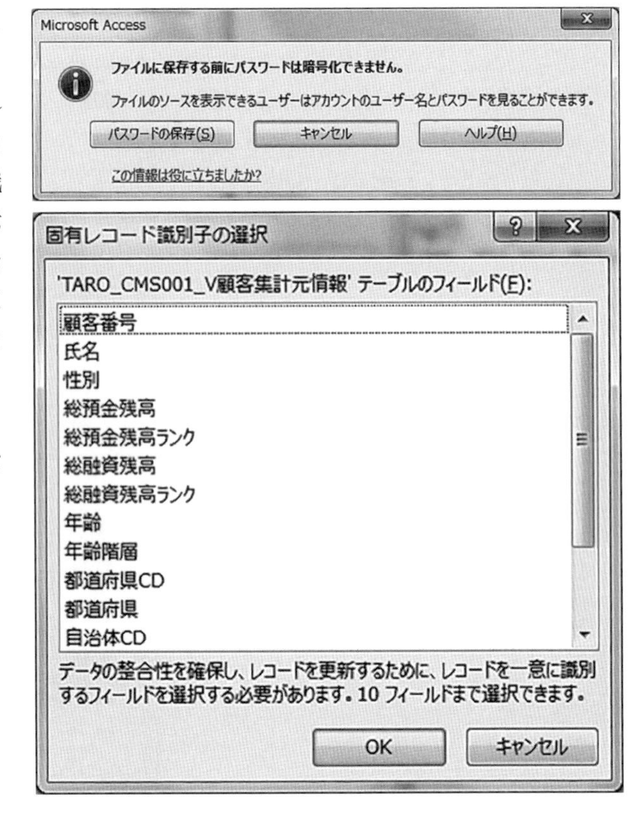


8. 下記のようにテーブル・オブジェクトに選択したテーブルがリンクテーブルアイコンと共に表示されます。「テーブル 1」は何もせずにそのまま放置すれば、次回当 Access ファイル利用時表示されません。

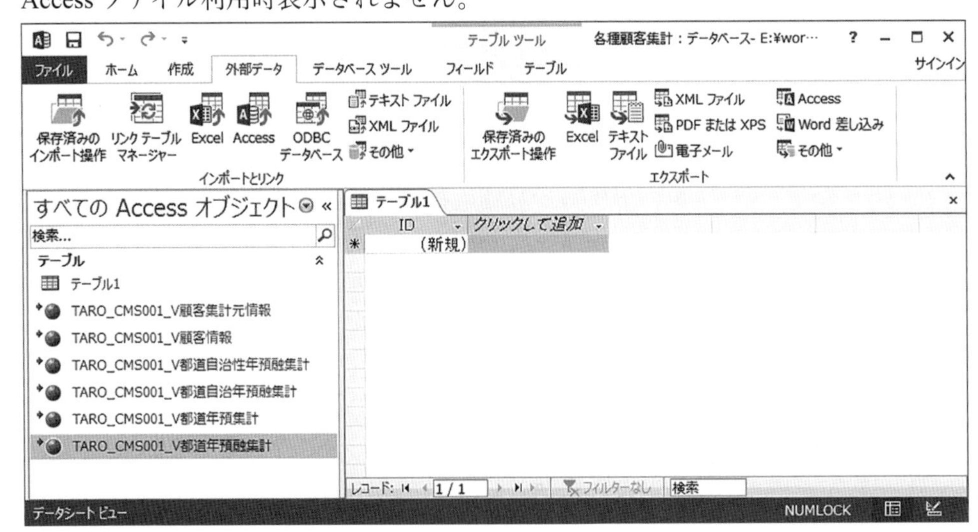


以降、作成したリンクテーブルを対象に各種雛形クエリを作成し、利用部門に配布します。

## D-2　信頼できる場所の追加

作成した「E:¥公開配布用Access¥各種顧客集計システム.accdb」を開くと、下記のように「一部のアクティブコンテンツが無効にされました。クリックすると詳細が表示されます。」のセキュリティの警告が表示されます。

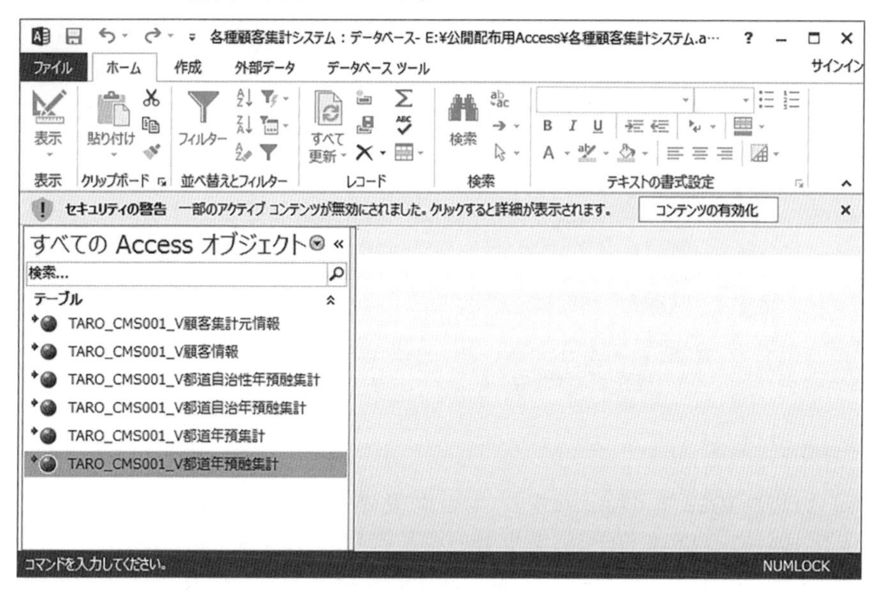


今後も、「E:¥公開配布用Access」に業務事案ごとにAccessファイルを作成、利用の都度表示されて雛形クエリが利用できない状況が発生すると業務に支障が出るため、以下の対応を行います。

1．リボン「ファイル」クリック後の「オプション」を選択し、「Accessのオプション」ウィンドウを表示させ「セキュリティセンター」を選択します。

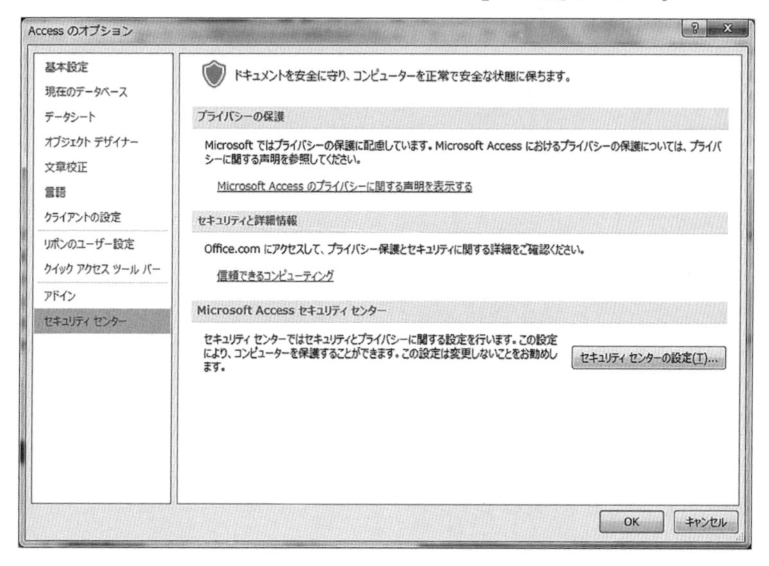

2.「セキュリティセンターの設定（T）」クリック後の「セキュリティセンター」ウィンドウから「信頼できる場所」を選択します。

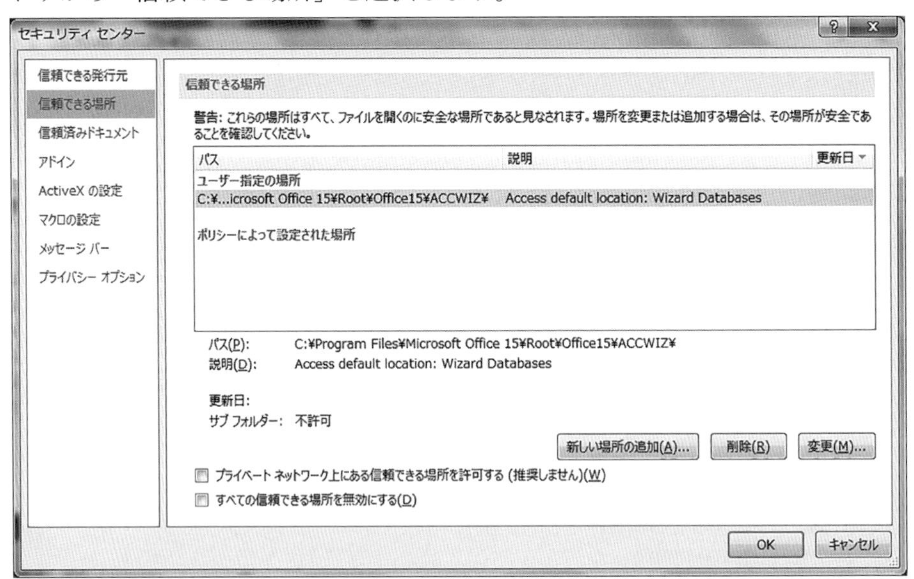


3.「新しい場所の追加（A）...」をクリック後の「Microsoft Office の信頼できる場所」ウィンドウの「参照（B）...」をクリックし、「E:¥公開配布用 Access」の指定に続き「この場所のサブフォルダーも信頼する（S）」を☑とし、「OK」をクリックします。

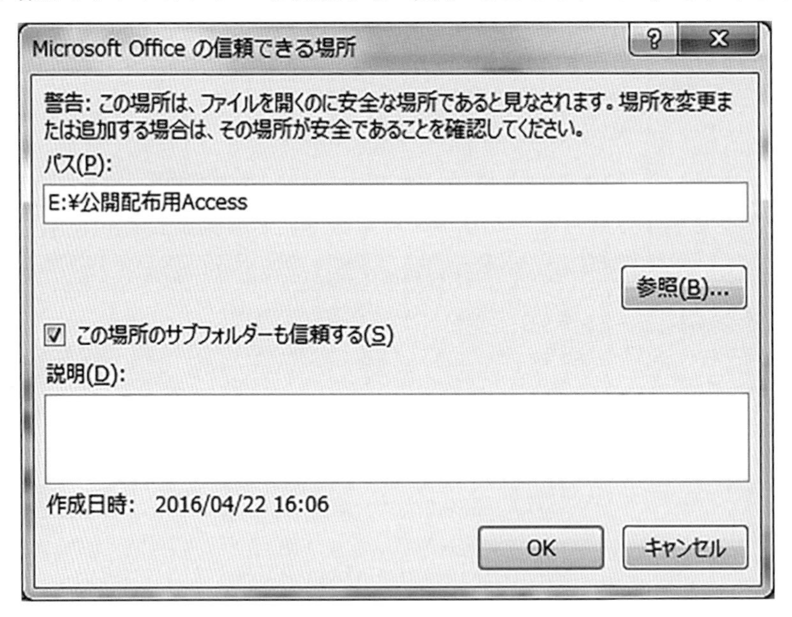


4.「セキュリティセンター」ウィンドウの「ユーザー指定の場所」に「E:¥公開配布用 Access」が追加されたことを確認後、２回の「OK」ボタンクリックにて「信頼できる場所の追加」作業を終了します。

# 付録E　顧客月次情報過去分作成について

ここでは、本文「6-6-2」（154頁）で触れている、テーブル「cms500_顧客月次０１」から「cms500_顧客月次１３」までの13カ月分を事前作成したPL/SQLスクリプトと実行時スプールファイルを掲載しています。

また、本文で「改名後テーブルの主キー再作成」については、当付録での記載としていました。
これへの記述を先に行うのが順序として妥当と思われます。

## E-1　改名後テーブルの主キー再作成

ここに記載した内容は、「主キー設定ありテーブルの改名後に、主キーの利用有無を自分なりに検証した結果」に基づいたもので、ここに示した手順が最適解かどうかは不明です。

### E-1-1　主キー設定ありテーブルの実行計画

以下で、本文に提示したテーブル「cms500_顧客月次０１」と同様に、「cms500_顧客月次２１」を作成、主キーが利用されていることを確認しています。
なお、余分な空白行と「set autotrace on」による統計情報は削除しています。

```
SQL〉create table cms500_顧客月次２１ tablespace usr1yk01
  2  as select * from cms500_顧客月次９９;
表が作成されました。

SQL〉insert  into  cms500_顧客月次２１ select * from cms001_w顧客情報;
5000行が作成されました。

SQL〉alter table cms500_顧客月次２１ add constraint cms500_21pk
  2   primary key（顧客番号）using index tablespace idx1yk01
  3   storage（initial 10k  next 1k）unrecoverable;
表が変更されました。

SQL〉set autotrace on
SQL〉select 顧客番号, 氏名, 漢字住所２
  2   from taro.cms500_顧客月次２１
  3   where 顧客番号 = 233882;
顧客番号　氏名　　　　　　漢字住所２
------------- -------------------- ----------------------
  233882　平塚　晴子　　岐阜市
```

```
実行計画
----------------------------------------------------------------------
Plan hash value: 3244986130
----------------------------------------------------------------------------------------------------------
| Id | Operation                      | Name            | Rows | Bytes | Cost (%CPU)| Time     |
----------------------------------------------------------------------------------------------------------
|  0 | SELECT STATEMENT               |                 |    1 |    42 |    2    (0)| 00:00:01 |
|  1 |  TABLE ACCESS BY INDEX ROWID   | CMS500_顧客月   |    1 |    42 |    2    (0)| 00:00:01 |
|* 2 |   INDEX UNIQUE SCAN            | CMS500_21PK     |    1 |       |    1    (0)| 00:00:01 |

----------------------------------------------------------------------------------------------------------
Predicate Information (identified by operation id):
----------------------------------------------------------------------
   2 - access("顧客番号"=233882)

SQL> set autotrace off
```

### E-1-2 主キー設定ありテーブル改名後の実行計画

以下は、テーブル「cms500_顧客月次２１」を「cms500_顧客月次２２」に改名後、前項同様に「select」文を発行した場合の実行計画です。主キーが利用されていますが、テーブル「cms500_顧客月次２１」時に設定した主キー名です。

```
SQL> alter table cms500_顧客月次２１ rename to cms500_顧客月次２２;
表が変更されました。

SQL> set autotrace on
SQL> select 顧客番号, 氏名, 漢字住所２
  2  from taro.cms500_顧客月次２２
  3  where 顧客番号 = 233882;
顧客番号  氏名                漢字住所２
------------ -------------------- ----------------------
   233882  平塚　晴子          岐阜市

実行計画
----------------------------------------------------------------------
Plan hash value: 2144547103
----------------------------------------------------------------------------------------------------------
| Id | Operation                      | Name            | Rows | Bytes | Cost (%CPU)| Time     |
----------------------------------------------------------------------------------------------------------
|  0 | SELECT STATEMENT               |                 |    1 |    42 |    2    (0)| 00:00:01 |
|  1 |  TABLE ACCESS BY INDEX ROWID   | CMS500_顧客月   |    1 |    42 |    2    (0)| 00:00:01 |
```

```
|* 2|  INDEX UNIQUE SCAN            | CMS500_21PK  |     1|      |    1    (0)| 00:00:01 |
--------------------------------------------------------------------------------------
Predicate Information (identified by operation id):
---------------------------------------------------
   2 - access("顧客番号"=233882)

SQL> set autotrace off
```

テーブル名の改名は行いましたが、主キー名は改名していません。

### E-1-3　主キー名改名後の実行計画

以下は、主キー名もテーブルに合わせて「cms500_21pk」から「cms500_22pk」に改名後、前項同様に「select」文を発行した時の実行計画です。主キーが利用されていますが、主キー改名操作が有効になっていません。

```
SQL> alter table cms500_顧客月次２２ rename constraint cms500_21pk to cms500_22pk;
表が変更されました。

SQL> set autotrace on
SQL> select 顧客番号, 氏名, 漢字住所２
  2  from taro.cms500_顧客月次２２
  3  where 顧客番号 = 233882;
顧客番号　氏名　　　　　漢字住所２
------------- -------------------- ----------------------
   233882  平塚　晴子　　岐阜市

実行計画
---------------------------------------------------
Plan hash value: 2144547103
--------------------------------------------------------------------------------------
| Id | Operation                    | Name          | Rows | Bytes | Cost (%CPU)| Time     |
--------------------------------------------------------------------------------------
|  0 | SELECT STATEMENT             |               |     1|    42|    2    (0)| 00:00:01 |
|  1 | TABLE ACCESS BY INDEX ROWID  | CMS500_顧客月 |     1|    42|    2    (0)| 00:00:01 |
|* 2|  INDEX UNIQUE SCAN            | CMS500_21PK   |     1|      |    1    (0)| 00:00:01 |
--------------------------------------------------------------------------------------
Predicate Information (identified by operation id):
---------------------------------------------------
   2 - access("顧客番号"=233882)

SQL> set autotrace off
```

### E-1-4 主キー名の設定有無確認の実行計画

以下は、主キー名を「analyze index」文で確認しています。主キー名「cms500_21pk」はありますが、改名後主キー名「cms500_22pk」は「……存在しません。」が返されたので、ためしに「alter～drop」文はエラーが返されると思い実行したら正常終了メッセージが返されました。

```
SQL〉analyze index cms500_22pk      estimate statistics;
analyze index cms500_22pk      estimate statistics
              *
行1でエラーが発生しました。:
ORA-01418: 指定した索引は存在しません。

SQL〉analyze index cms500_21pk      estimate statistics;
索引が分析されました。

SQL〉alter table cms500_顧客月次２２ drop constraint cms500_22pk;
表が変更されました。

SQL〉set autotrace on
SQL〉select 顧客番号, 氏名, 漢字住所２
  2   from taro.cms500_顧客月次２２
  3   where 顧客番号 = 233882;
顧客番号  氏名            漢字住所２
------------- -------------------- ----------------------
   233882  平塚  晴子     岐阜市

実行計画
----------------------------------------------------------------------
Plan hash value: 3717185473

----------------------------------------------------------------------------------------------------------
| Id | Operation               | Name             | Rows | Bytes | Cost  (%CPU)| Time     |
----------------------------------------------------------------------------------------------------------
|  0 | SELECT STATEMENT   |                     |     3 |   126 |   68       (0)| 00:00:01 |
|* 1 | TABLE ACCESS FULL | CMS500_顧客月 |     3 |   126 |   68       (0)| 00:00:01 |
----------------------------------------------------------------------------------------------------------
Predicate Information (identified by operation id):
----------------------------------------------------------------------
  1 - filter("顧客番号"=233882)


SQL〉set autotrace off
```

前項同様の「select」文発行時の実行計画では、フルアクセスが選択されました。

### E-1-5　改名後テーブルの主キー再作成の実行計画

前述のように、テーブル改名により主キーの利用が図れても、主キー名の改名が行われないままでは、他者が実行計画を取得した場合には解析しづらいものとなるだけでなく、直近月末分テーブルの主キー作成以前に同一名となる前月末分テーブル改名後主キーが有ることとなります。

テーブル「cms500_顧客月次１３」から順に「cms500_顧客月次０１」までを結合したビュー表の履歴件数は65,000件ですが、実際の業務システムでは月間100万件超となるため、履歴管理テーブル13カ月分の検索時間短縮には、主キー設定は必須です。

そこで、試行錯誤を繰り返す中で、以下のようにテーブル名改名に対応させた主キーの再作成を行うこととしました。

```
SQL〉create table cms500_顧客月次２１ tablespace usr1yk01
  2  as select * from cms500_顧客月次９９;
表が作成されました。

SQL〉insert  into  cms500_顧客月次２１ select * from cms001_w顧客情報;
5000行が作成されました。

SQL〉alter table cms500_顧客月次２１ add constraint cms500_21pk
  2   primary key(顧客番号) using index tablespace idx1yk01
  3   storage (initial 10k  next 1k) unrecoverable;
表が変更されました。

SQL〉alter table cms500_顧客月次２１ rename to cms500_顧客月次２２;
表が変更されました。

SQL〉alter table cms500_顧客月次２２ drop constraint cms500_21pk;
表が変更されました。

SQL〉alter table cms500_顧客月次２２ add constraint cms500_22pk
  2   primary key(顧客番号) using index tablespace idx1yk01
  3   storage (initial 10k  next 1k) unrecoverable;
表が変更されました。

SQL〉set autotrace on
SQL〉select  顧客番号, 氏名, 漢字住所２
  2   from  taro.cms500_顧客月次２２
  3   where  顧客番号 = 233882;
顧客番号　氏名　　　　　　　漢字住所２
------------- -------------------- ----------------------
```

```
   233882　平塚　晴子　　岐阜市

実行計画
----------------------------------------------------------------------
Plan hash value: 1275507552
-----------------------------------------------------------------------------------------------------------
| Id | Operation                      | Name           | Rows | Bytes | Cost (%CPU)| Time     |
-----------------------------------------------------------------------------------------------------------
|  0 | SELECT STATEMENT               |                |    1 |    42 |    2    (0)| 00:00:01 |
|  1 |  TABLE ACCESS BY INDEX ROWID   | CMS500_顧客月  |    1 |    42 |    2    (0)| 00:00:01 |
|* 2 |   INDEX UNIQUE SCAN            | CMS500_22PK    |    1 |       |    1    (0)| 00:00:01 |
-----------------------------------------------------------------------------------------------------------
Predicate Information (identified by operation id):
----------------------------------------------------------------------
  2 - access("顧客番号"=233882)

SQL> set autotrace off
```

上記の以下のコマンドを、

```
SQL> alter table cms500_顧客月次２２ drop constraint cms500_21pk;
表が変更されました。

SQL> alter table cms500_顧客月次２２ add constraint cms500_22pk
  2   primary key(顧客番号) using index tablespace idx1yk01
  3   storage (initial 10k  next 1k) unrecoverable;
表が変更されました。
```

本文「6-6-2」(159頁) の「42～49行目」に、「改名後テーブルの主キー再作成」動的SQLとして組み込みました。

```
42 sqls := 'alter table cms500_顧客月次' || to_multi_byte(to_char(wcnt + 1, 'fm00'));
43 sqls := sqls || ' drop constraint cms500_' || to_char(wcnt, 'fm00') || 'pk';
44 execute immediate sqls;
45 sqls := 'alter table cms500_顧客月次' || to_multi_byte(to_char(wcnt + 1, 'fm00'));
46 sqls := sqls || ' add constraint cms500_' || to_char(wcnt + 1, 'fm00') || 'pk';
47 sqls := sqls || ' primary key(顧客番号) using index tablespace idx1yk01';
48 sqls := sqls || ' storage (initial 10k  next 1k) unrecoverable';
49 execute immediate sqls;
```

## E-2　13カ月分事前作成PL/SQLスクリプトと実行時スプールファイル

ここでは、月末基準日を「2015/03/31」から「2016/05/31」までとし、テーブル「cms500_

顧客月次０１」から「cms500_顧客月次１３」までのスライド処理を実行させて、履歴管理開始から既に13カ月以上経過させたテーブル環境を作成したPL/SQLスクリプトとスクリプト実行時ログのスプールファイルを掲載しています。

### E-2-1　PL/SQLスクリプト

以下が、PL/SQLスクリプト「cms500_顧客月次情報過去分.sql」です。

十数カ月分遡及した過去月末基準日ごとに「2016/05/31」まで、テーブル「cms001_顧客情報」をベースとして、テーブル「cms500_顧客月次０１」から「cms500_顧客月次１３」までを作成、スライドさせています。

```
 connect taro/taro
 spool spool¥cms500_顧客月次情報過去分.txt
 select to_char(sysdate, 'yyyy mm/dd amhh:mi:ss') 開始 from dual;

1 drop table taro.cms500_スライド管理 cascade constraints;
2 create table taro.cms500_スライド管理(
3 管理番号          number(2)
4 )
5      pctfree 5 pctused 40
6      tablespace usr1yk01
7      storage(initial 1k next 1k
8       minextents 1 maxextents unlimited pctincrease 0);
9 insert into taro.cms500_スライド管理 values (0);
10 commit;
11
12 set serveroutput on
13 declare
14 sqls                    varchar2(4096);
15 wcnt                    number(2);
16 wicnt                   number(2);
17 wi                      number(2);
18 w件数                   number(6);
19 w基準日         date;
20 w総預金残高     number(14);
21 w総融資残高     number(14);
22 begin
23 wi := 16;
24 while wi > 1 loop
25 cms001_p顧客情報更新;
26  begin
27  sqls := 'drop table cms001_w顧客情報';
```

```
28  sqls := sqls || '  cascade constraints';
29  execute immediate sqls;
30  sqls := 'create table cms001_w顧客情報 tablespace usr1yk01';
31  sqls := sqls || ' as select * from cms001_顧客情報';
32  execute immediate sqls;
33  sqls := 'alter table cms001_w顧客情報 add (基準日 date)';
34  execute immediate sqls;
35  update  cms001_w顧客情報
36    set  基準日 = last_day(add_months(trunc(sysdate),-1 * wi));
37  exception
38    when  others  then
39      dbms_output.put_line(wi);
40      dbms_output.put_line(sqlerrm);
41      dbms_output.put_line('処理中断箇所:'
42                  || dbms_utility.format_error_backtrace);
43  end;
44 cms_ptableslide;
45 wi          := wi - 1;
46 end  loop;
47 exception
48  when  others  then
49    dbms_output.put_line(wcnt);
50    dbms_output.put_line(sqlerrm);
51    dbms_output.put_line('処理中断箇所:'
52                  || dbms_utility.format_error_backtrace);
53 end;
54 /

  select to_char(sysdate,'yyyy mm/dd amhh:mi:ss') 終了  from dual;
  spool off
  disconnect;
  exit
```

(補足説明)

①1～10行目：索引再作成処理用管理番号の保管用テーブル「cms500_スライド管理」の再確保と初期値を設定しています。

②23行目：履歴管理月数は13カ月ですが13カ月超時を発生させるために、13以上の16を変数「wi」に設定しました。

③24～46行目：変数「wi」を利用して、36行で算出した過去の月末基準日時点のテーブル「cms500_顧客月次０１」から「cms500_顧客月次１３」までを作成しています。
25行目：テーブル「cms001_顧客情報」の「総預金残高」、「総融資残高」を再計算する

プロシージャです。「付録B」の「cms001_顧客情報付加編集.sql」（221頁）で「dbms_random.value」関数を利用した同一の計算式です。月次履歴の違いをこの２項目で表します。
26～43行目：テーブル「cms001_顧客情報」の直近月末日分に月末基準日を列追加した作業用テーブル「cms001_w顧客情報」を作成しています。
44行目：本文「6-6-2」の88行のPL/SQLブロック（158～160頁）をプロシージャ化したものです。本文《コラム：動的SQLのプロシージャ化》（164～169頁）に示しているように「ORA-06508: PL/SQL: コールしているプログラム単位が見つかりませんでした」のエラーが返されますが、記述の簡略化を優先しました。

### E-2-2　実行時スプールファイル

前項のスクリプトの実行時ログを記録したスプールファイル「cms500_顧客月次情報過去分.txt」です。

月末基準日「2015/03/31」から「2016/05/31」までのテーブル「cms500_顧客月次０１」から「cms500_顧客月次１３」までの改名、主キー再作成と管理番号の遷移がわかると思います。

また、再計算した基準日ごとの「預金合計」、「融資合計」によりスライドしているように見えると思いますがどうでしょう。

```
開始
--------------------------------
2016 07/11 午後01:34:13


表が削除されました。


表が作成されました。


1行が作成されました。


コミットが完了しました。

更新件数=5000
cms500_顧客月次１３ 顧客件数=0
cms500_顧客月次１２ 顧客件数=0
cms500_顧客月次１１ 顧客件数=0
```

```
cms500_顧客月次１０ 顧客件数=0
cms500_顧客月次０９ 顧客件数=0
cms500_顧客月次０８ 顧客件数=0
cms500_顧客月次０７ 顧客件数=0
cms500_顧客月次０６ 顧客件数=0
cms500_顧客月次０５ 顧客件数=0
cms500_顧客月次０４ 顧客件数=0
cms500_顧客月次０３ 顧客件数=0
cms500_顧客月次０２ 顧客件数=0
cms500_顧客月次０１ 顧客件数=0
cms500_顧客月次０１ 基準日:2015/03/31 預金合計=27725556240 融資合計=2711557257
管理番号 =1
更新件数=5000
cms500_顧客月次１３ 顧客件数=0
cms500_顧客月次１２ 顧客件数=0
cms500_顧客月次１１ 顧客件数=0
cms500_顧客月次１０ 顧客件数=0
cms500_顧客月次０９ 顧客件数=0
cms500_顧客月次０８ 顧客件数=0
cms500_顧客月次０７ 顧客件数=0
cms500_顧客月次０６ 顧客件数=0
cms500_顧客月次０５ 顧客件数=0
cms500_顧客月次０４ 顧客件数=0
cms500_顧客月次０３ 顧客件数=0
cms500_顧客月次０２ 顧客件数=0
cms500_顧客月次０１ 顧客件数=5000
cms500_顧客月次０２ 主キー再作成 名称= cms500_02pk
cms500_顧客月次０２ 基準日:2015/03/31 預金合計=27725556240 融資合計=2711557257
cms500_顧客月次０１ 基準日:2015/04/30 預金合計=27532174705 融資合計=2700166324
管理番号 =2
更新件数=5000
cms500_顧客月次１３ 顧客件数=0
cms500_顧客月次１２ 顧客件数=0
cms500_顧客月次１１ 顧客件数=0
cms500_顧客月次１０ 顧客件数=0
cms500_顧客月次０９ 顧客件数=0
cms500_顧客月次０８ 顧客件数=0
cms500_顧客月次０７ 顧客件数=0
cms500_顧客月次０６ 顧客件数=0
cms500_顧客月次０５ 顧客件数=0
```

```
cms500_顧客月次０４ 顧客件数=0
cms500_顧客月次０３ 顧客件数=0
cms500_顧客月次０２ 顧客件数=5000
cms500_顧客月次０３ 主キー再作成 名称= cms500_03pk
cms500_顧客月次０３ 基準日:2015/03/31 預金合計=27725556240 融資合計=2711557257
cms500_顧客月次０２ 主キー再作成 名称= cms500_02pk
cms500_顧客月次０２ 基準日:2015/04/30 預金合計=27532174705 融資合計=2700166324
cms500_顧客月次０１ 基準日:2015/05/31 預金合計=27624449308 融資合計=2720866036
管理番号 =3
更新件数=5000
cms500_顧客月次１３ 顧客件数=0
cms500_顧客月次１２ 顧客件数=0
cms500_顧客月次１１ 顧客件数=0
cms500_顧客月次１０ 顧客件数=0
cms500_顧客月次０９ 顧客件数=0
cms500_顧客月次０８ 顧客件数=0
cms500_顧客月次０７ 顧客件数=0
cms500_顧客月次０６ 顧客件数=0
cms500_顧客月次０５ 顧客件数=0
cms500_顧客月次０４ 顧客件数=0
cms500_顧客月次０３ 顧客件数=5000
cms500_顧客月次０４ 主キー再作成 名称= cms500_04pk
cms500_顧客月次０４ 基準日:2015/03/31 預金合計=27725556240 融資合計=2711557257
cms500_顧客月次０３ 主キー再作成 名称= cms500_03pk
cms500_顧客月次０３ 基準日:2015/04/30 預金合計=27532174705 融資合計=2700166324
cms500_顧客月次０２ 主キー再作成 名称= cms500_02pk
cms500_顧客月次０２ 基準日:2015/05/31 預金合計=27624449308 融資合計=2720866036
cms500_顧客月次０１ 基準日:2015/06/30 預金合計=27396992205 融資合計=2742546800
管理番号 =4
更新件数=5000
cms500_顧客月次１３ 顧客件数=0
cms500_顧客月次１２ 顧客件数=0
cms500_顧客月次１１ 顧客件数=0
cms500_顧客月次１０ 顧客件数=0
cms500_顧客月次０９ 顧客件数=0
cms500_顧客月次０８ 顧客件数=0
            （中略）
cms500_顧客月次０４ 主キー再作成 名称= cms500_04pk
cms500_顧客月次０４ 基準日:2015/11/30 預金合計=27388529495 融資合計=2697131200
cms500_顧客月次０３ 主キー再作成 名称= cms500_03pk
```

```
cms500_顧客月次０３ 基準日:2015/12/31 預金合計=26988996646 融資合計=2722723245
cms500_顧客月次０２ 主キー再作成 名称= cms500_02pk
cms500_顧客月次０２ 基準日:2016/01/31 預金合計=26686744637 融資合計=2738522112
cms500_顧客月次０１ 基準日:2016/02/29 預金合計=27157119052 融資合計=2698908603
管理番号 =12
更新件数=5000
cms500_顧客月次１３ 顧客件数=0
cms500_顧客月次１２ 顧客件数=5000
cms500_顧客月次１３ 主キー再作成 名称= cms500_13pk
cms500_顧客月次１３ 基準日:2015/03/31 預金合計=27725556240 融資合計=2711557257
cms500_顧客月次１２ 主キー再作成 名称= cms500_12pk
cms500_顧客月次１２ 基準日:2015/04/30 預金合計=27532174705 融資合計=2700166324
cms500_顧客月次１１ 主キー再作成 名称= cms500_11pk
cms500_顧客月次１１ 基準日:2015/05/31 預金合計=27624449308 融資合計=2720866036
cms500_顧客月次１０ 主キー再作成 名称= cms500_10pk
cms500_顧客月次１０ 基準日:2015/06/30 預金合計=27396992205 融資合計=2742546800
cms500_顧客月次０９ 主キー再作成 名称= cms500_09pk
cms500_顧客月次０９ 基準日:2015/07/31 預金合計=27348380957 融資合計=2736396432
cms500_顧客月次０８ 主キー再作成 名称= cms500_08pk
cms500_顧客月次０８ 基準日:2015/08/31 預金合計=27173570038 融資合計=2595927077
cms500_顧客月次０７ 主キー再作成 名称= cms500_07pk
cms500_顧客月次０７ 基準日:2015/09/30 預金合計=27560588878 融資合計=2715017061
cms500_顧客月次０６ 主キー再作成 名称= cms500_06pk
cms500_顧客月次０６ 基準日:2015/10/31 預金合計=27696170280 融資合計=2697063322
cms500_顧客月次０５ 主キー再作成 名称= cms500_05pk
cms500_顧客月次０５ 基準日:2015/11/30 預金合計=27388529495 融資合計=2697131200
cms500_顧客月次０４ 主キー再作成 名称= cms500_04pk
cms500_顧客月次０４ 基準日:2015/12/31 預金合計=26988996646 融資合計=2722723245
cms500_顧客月次０３ 主キー再作成 名称= cms500_03pk
cms500_顧客月次０３ 基準日:2016/01/31 預金合計=26686744637 融資合計=2738522112
cms500_顧客月次０２ 主キー再作成 名称= cms500_02pk
cms500_顧客月次０２ 基準日:2016/02/29 預金合計=27157119052 融資合計=2698908603
cms500_顧客月次０１ 基準日:2016/03/31 預金合計=27261626098 融資合計=2723229609
管理番号 =13
更新件数=5000
cms500_顧客月次１３ 顧客件数=5000
cms500_顧客月次１３ 主キー再作成 名称= cms500_13pk
cms500_顧客月次１３ 基準日:2015/04/30 預金合計=27532174705 融資合計=2700166324
cms500_顧客月次１２ 主キー再作成 名称= cms500_12pk
cms500_顧客月次１２ 基準日:2015/05/31 預金合計=27624449308 融資合計=2720866036
```

```
cms500_顧客月次１１ 主キー再作成 名称= cms500_11pk
cms500_顧客月次１１ 基準日:2015/06/30 預金合計=27396992205 融資合計=2742546800
cms500_顧客月次１０ 主キー再作成 名称= cms500_10pk
cms500_顧客月次１０ 基準日:2015/07/31 預金合計=27348380957 融資合計=2736396432
cms500_顧客月次０９ 主キー再作成 名称= cms500_09pk
cms500_顧客月次０９ 基準日:2015/08/31 預金合計=27173570038 融資合計=2595927077
cms500_顧客月次０８ 主キー再作成 名称= cms500_08pk
cms500_顧客月次０８ 基準日:2015/09/30 預金合計=27560588878 融資合計=2715017061
cms500_顧客月次０７ 主キー再作成 名称= cms500_07pk
cms500_顧客月次０７ 基準日:2015/10/31 預金合計=27696170280 融資合計=2697063322
cms500_顧客月次０６ 主キー再作成 名称= cms500_06pk
cms500_顧客月次０６ 基準日:2015/11/30 預金合計=27388529495 融資合計=2697131200
cms500_顧客月次０５ 主キー再作成 名称= cms500_05pk
cms500_顧客月次０５ 基準日:2015/12/31 預金合計=26988996646 融資合計=2722723245
cms500_顧客月次０４ 主キー再作成 名称= cms500_04pk
cms500_顧客月次０４ 基準日:2016/01/31 預金合計=26686744637 融資合計=2738522112
cms500_顧客月次０３ 主キー再作成 名称= cms500_03pk
cms500_顧客月次０３ 基準日:2016/02/29 預金合計=27157119052 融資合計=2698908603
cms500_顧客月次０２ 主キー再作成 名称= cms500_02pk
cms500_顧客月次０２ 基準日:2016/03/31 預金合計=27261626098 融資合計=2723229609
cms500_顧客月次０１ 基準日:2016/04/30 預金合計=27493044746 融資合計=2669542733
管理番号 =13
更新件数=5000
cms500_顧客月次１３ 顧客件数=5000
cms500_顧客月次１３ 主キー再作成 名称= cms500_13pk
cms500_顧客月次１３ 基準日:2015/05/31 預金合計=27624449308 融資合計=2720866036
cms500_顧客月次１２ 主キー再作成 名称= cms500_12pk
cms500_顧客月次１２ 基準日:2015/06/30 預金合計=27396992205 融資合計=2742546800
cms500_顧客月次１１ 主キー再作成 名称= cms500_11pk
cms500_顧客月次１１ 基準日:2015/07/31 預金合計=27348380957 融資合計=2736396432
cms500_顧客月次１０ 主キー再作成 名称= cms500_10pk
cms500_顧客月次１０ 基準日:2015/08/31 預金合計=27173570038 融資合計=2595927077
cms500_顧客月次０９ 主キー再作成 名称= cms500_09pk
cms500_顧客月次０９ 基準日:2015/09/30 預金合計=27560588878 融資合計=2715017061
cms500_顧客月次０８ 主キー再作成 名称= cms500_08pk
cms500_顧客月次０８ 基準日:2015/10/31 預金合計=27696170280 融資合計=2697063322
cms500_顧客月次０７ 主キー再作成 名称= cms500_07pk
cms500_顧客月次０７ 基準日:2015/11/30 預金合計=27388529495 融資合計=2697131200
cms500_顧客月次０６ 主キー再作成 名称= cms500_06pk
cms500_顧客月次０６ 基準日:2015/12/31 預金合計=26988996646 融資合計=2722723245
```

```
cms500_顧客月次０５ 主キー再作成 名称= cms500_05pk
cms500_顧客月次０５ 基準日:2016/01/31 預金合計=26686744637 融資合計=2738522112
cms500_顧客月次０４ 主キー再作成 名称= cms500_04pk
cms500_顧客月次０４ 基準日:2016/02/29 預金合計=27157119052 融資合計=2698908603
cms500_顧客月次０３ 主キー再作成 名称= cms500_03pk
cms500_顧客月次０３ 基準日:2016/03/31 預金合計=27261626098 融資合計=2723229609
cms500_顧客月次０２ 主キー再作成 名称= cms500_02pk
cms500_顧客月次０２ 基準日:2016/04/30 預金合計=27493044746 融資合計=2669542733
cms500_顧客月次０１ 基準日:2016/05/31 預金合計=27813623924 融資合計=2764504596
管理番号 =13

PL/SQLプロシージャが正常に完了しました。


終了
-------------------------------
2016 07/11 午後01:34:26
```

# 付録F　履歴管理テーブル索引設定について

ここでは、本文「6-6-2」（162頁）で触れている、テーブル「cms500_顧客月次０１」から「cms500_顧客月次１３」までの顧客月次履歴管理テーブルに索引を設定するサンプルPL/SQLブロックを掲載しています。

索引を作成する列項目は、テーブルを利用する業務システムの処理効率の向上を目的として選択するため、顧客月次履歴管理テーブルの源泉になっているテーブル「cms001_顧客情報」と同一の索引を設定する必要はありませんが、ここは便宜的に同一索引を設定します。

## F-1　顧客月次履歴管理テーブル初回処理時の索引作成

本文「6-6-2」の手順４．のバッチファイル「cms500_顧客月次情報スライド.bat」（163頁）の初回処理以前に、本文で記述していますが便宜的に過去13カ月分を事前作成した後に、下記PL/SQLブロックによる索引の作成を行いました。

```
SQL〉declare
  2  w管理番号  number(2);
  3  wi          number(2);
  4  sqls        varchar2(4096);
  5  begin
  6  select 管理番号 into w管理番号 from taro.cms500_スライド管理;
  7  wi     := 1;
  8  while w管理番号 〉= wi loop
  9  sqls := 'create index cms500_' || to_char(wi, 'fm00') || 'postno';
 10  sqls := sqls || ' on cms500_顧客月次' || to_multi_byte(to_char(wi, 'fm00'));
 11  sqls := sqls || '(郵便番号) tablespace idx1yk01';
 12  sqls := sqls || ' storage (initial 10k  next 1k) unrecoverable';
 13  execute immediate sqls;
 14  sqls := 'analyze index  cms500_' || to_char(wi,'fm00') || 'postno';
 15  sqls := sqls || ' estimate statistics';
 16  execute immediate sqls;
 17  sqls := 'create index cms500_' || to_char(wi, 'fm00') || 'brhp';
 18  sqls := sqls || ' on cms500_顧客月次' || to_multi_byte(to_char(wi, 'fm00'));
 19  sqls := sqls || '(出身地) tablespace idx1yk01';
 20  sqls := sqls || ' storage (initial 10k  next 1k) unrecoverable';
 21  execute immediate sqls;
 22  sqls := 'analyze index  cms500_' || to_char(wi, 'fm00') || 'brhp';
 23  sqls := sqls || ' estimate statistics';
 24  execute immediate sqls;
```

```
25 sqls := 'create index cms500_' || to_char(wi, 'fm00') || 'knjp';
26 sqls := sqls || ' on cms500_顧客月次' || to_multi_byte(to_char(wi, 'fm00'));
27 sqls := sqls || '(漢字住所1, 漢字住所2, 漢字住所3) tablespace idx1yk01';
28 sqls := sqls || ' storage (initial 10k  next 1k) unrecoverable';
29 execute immediate sqls;
30 sqls := 'analyze index  cms500_' || to_char(wi, 'fm00') || 'knjp';
31 sqls := sqls || ' estimate statistics';
32 execute immediate sqls;
33 wi          := wi + 1;
34 end  loop;
35 wi          := wi - 1;
36 dbms_output.put_line('顧客月次履歴テーブル初回索引作成カウント=' || wi);
37 exception
38   when  others  then
39     dbms_output.put_line(wi);
40     dbms_output.put_line(sqlerrm);
41     dbms_output.put_line('処理中断箇所:'
42                          || dbms_utility.format_error_backtrace);
43 end;
44 /
顧客月次履歴テーブル初回索引作成カウント=13

PL/SQLプロシージャが正常に完了しました。
```

上記PL/SQLブロックの1行目に「set serveroutput on」文を追加し、前後にオラクルへの接続、切断コマンド、スプール開始、終了コマンドを追記、「cms500_顧客月次情報初回索引作成.sql」名のスクリプトとします。

45行目の「顧客月次履歴テーブル初回索引作成カウント=13」は、「付録E」による過去13カ月分の顧客月次履歴管理テーブル処理後に実行した結果です。

下記SQL文にて索引の作成状況を確認しました。

```
SQL> select  substr(index_name,1,16)                     索引名称,
  2     to_char(num_rows, '999,999,999')                概算行数
  3   from  user_indexes
  4   where  index_name like 'CMS500%'
  5   order  by  index_name;

索引名称                                           概算行数
-------------------------------------------------- ----------------------
CMS500_01BRHP                                                5,000
```

| | |
|---|---|
| CMS500_01KNJP | 5,000 |
| CMS500_01PK | 5,000 |
| CMS500_01POSTNO | 5,000 |
| CMS500_02BRHP | 5,000 |
| CMS500_02KNJP | 5,000 |
| CMS500_02PK | 5,000 |
| CMS500_02POSTNO | 5,000 |
| CMS500_03BRHP | 5,000 |
| CMS500_03KNJP | 5,000 |
| CMS500_03PK | 5,000 |
| CMS500_03POSTNO | 5,000 |
| CMS500_04BRHP | 5,000 |
| CMS500_04KNJP | 5,000 |
| CMS500_04PK | 5,000 |
| CMS500_04POSTNO | 5,000 |
| CMS500_05BRHP | 5,000 |
| CMS500_05KNJP | 5,000 |
| CMS500_05PK | 5,000 |
| CMS500_05POSTNO | 5,000 |
| CMS500_06BRHP | 5,000 |
| CMS500_06KNJP | 5,000 |
| CMS500_06PK | 5,000 |
| CMS500_06POSTNO | 5,000 |
| CMS500_07BRHP | 5,000 |
| CMS500_07KNJP | 5,000 |
| CMS500_07PK | 5,000 |
| CMS500_07POSTNO | 5,000 |
| CMS500_08BRHP | 5,000 |
| CMS500_08KNJP | 5,000 |
| CMS500_08PK | 5,000 |
| CMS500_08POSTNO | 5,000 |
| CMS500_09BRHP | 5,000 |
| CMS500_09KNJP | 5,000 |
| CMS500_09PK | 5,000 |
| CMS500_09POSTNO | 5,000 |
| CMS500_10BRHP | 5,000 |
| CMS500_10KNJP | 5,000 |
| CMS500_10PK | 5,000 |
| CMS500_10POSTNO | 5,000 |
| CMS500_11BRHP | 5,000 |

```
CMS500_11KNJP                                    5,000
CMS500_11PK                                      5,000
CMS500_11POSTNO                                  5,000
CMS500_12BRHP                                    5,000
CMS500_12KNJP                                    5,000
CMS500_12PK                                      5,000
CMS500_12POSTNO                                  5,000
CMS500_13BRHP                                    5,000
CMS500_13KNJP                                    5,000
CMS500_13PK                                      5,000
CMS500_13POSTNO                                  5,000

52行が選択されました。
```

事前作成されている主キーと今回作成した索引が確認できました。

通常処理時は過去分の作成は発生しないため、初回の「cms500_顧客月次情報スライド.bat」実行後に「cms500_顧客月次情報初回索引作成.sql」スクリプトを実行します。

## F-2 顧客月次履歴管理テーブル初回以降処理時の索引作成

初回処理（今回は便宜的に過去13カ月分を事前作成）時以降、「cms500_顧客月次情報スライド.bat」を実行し、前項同様に索引の作成状況を確認しました。

```
SQL> select substr(index_name,1,16)                      索引名称,
  2     to_char(num_rows, '999,999,999')                 概算行数
  3   from user_indexes
  4   where index_name like 'CMS500%'
  5   order by index_name;

索引名称                                      概算行数
------------------------------------------------ ----------------------
CMS500_01BRHP                                    5,000
CMS500_01KNJP                                    5,000
CMS500_01PK                                      5,000
CMS500_01POSTNO                                  5,000
CMS500_02BRHP                                    5,000
CMS500_02KNJP                                    5,000
CMS500_02PK                                      5,000
CMS500_02POSTNO                                  5,000
CMS500_03BRHP                                    5,000
CMS500_03KNJP                                    5,000
```

| | |
|---|---|
| CMS500_03PK | 5,000 |
| CMS500_03POSTNO | 5,000 |
| CMS500_04BRHP | 5,000 |
| CMS500_04KNJP | 5,000 |
| CMS500_04PK | 5,000 |
| CMS500_04POSTNO | 5,000 |
| CMS500_05BRHP | 5,000 |
| CMS500_05KNJP | 5,000 |
| CMS500_05PK | 5,000 |
| CMS500_05POSTNO | 5,000 |
| CMS500_06BRHP | 5,000 |
| CMS500_06KNJP | 5,000 |
| CMS500_06PK | 5,000 |
| CMS500_06POSTNO | 5,000 |
| CMS500_07BRHP | 5,000 |
| CMS500_07KNJP | 5,000 |
| CMS500_07PK | 5,000 |
| CMS500_07POSTNO | 5,000 |
| CMS500_08BRHP | 5,000 |
| CMS500_08KNJP | 5,000 |
| CMS500_08PK | 5,000 |
| CMS500_08POSTNO | 5,000 |
| CMS500_09BRHP | 5,000 |
| CMS500_09KNJP | 5,000 |
| CMS500_09PK | 5,000 |
| CMS500_09POSTNO | 5,000 |
| CMS500_10BRHP | 5,000 |
| CMS500_10KNJP | 5,000 |
| CMS500_10PK | 5,000 |
| CMS500_10POSTNO | 5,000 |
| CMS500_11BRHP | 5,000 |
| CMS500_11KNJP | 5,000 |
| CMS500_11PK | 5,000 |
| CMS500_11POSTNO | 5,000 |
| CMS500_12BRHP | 5,000 |
| CMS500_12KNJP | 5,000 |
| CMS500_12PK | 5,000 |
| CMS500_12POSTNO | 5,000 |
| CMS500_13PK | 5,000 |

```
49行が選択されました。
```

索引名称最終行を見ると、テーブル「cms500_顧客月次１３」の主キー「CMS500_13PK」のみで、索引「CMS500_13BRHP」、「CMS500_13KNJP」、「CMS500_13POSTNO」が見当たりません。
「cms500_顧客月次情報スライド.sql」スクリプト（159頁）の30～35行目にあたる「drop table cms500_顧客月次１３ cascade constraints」の動的SQL実行により、索引「CMS500_13BRHP」、「CMS500_13KNJP」と「CMS500_13POSTNO」が削除されています。

「set autotrace on」により実行計画を取得し、改名されたテーブルと索引の利用を見てみます。「select」する項目と「where」句以降の記述は同一で、参照テーブルのみ変更します。
なお、余分な空白行と統計情報は削除しています。

```
SQL〉set autotrace on
SQL〉select 顧客番号, 氏名, 漢字住所２
  2  from taro.cms500_顧客月次１３
  3  where 郵便番号 like '500%'
  4  order by 顧客番号;
顧客番号   氏名           漢字住所２
------------ -------------------- ----------------------
   232882  新井　俊行     岐阜市
   233110  中本　加奈     岐阜市
   234183  水野　満夫     岐阜市
   234947  久保　優太     岐阜市

実行計画
----------------------------------------------------------
Plan hash value: 3567056964

---------------------------------------------------------------------------------------------
| Id | Operation                        | Name              | Rows | Bytes | Cost (%CPU)| Time     |
---------------------------------------------------------------------------------------------
|  0 | SELECT STATEMENT                 |                   |    1 |    31 |    5  (20)| 00:00:01 |
|  1 |  SORT ORDER BY                   |                   |    1 |    31 |    5  (20)| 00:00:01 |
|  2 |   TABLE ACCESS BY INDEX ROWID    | CMS500_顧客月次   |    1 |    31 |    4   (0)| 00:00:01 |
|* 3 |    INDEX RANGE SCAN              | CMS500_12POSTNO   |    1 |       |    2   (0)| 00:00:01 |
---------------------------------------------------------------------------------------------
Predicate Information (identified by operation id):
----------------------------------------------------------
   3 - access("郵便番号" LIKE '500%')
       filter("郵便番号" LIKE '500%')

SQL〉set autotrace off
```

テーブル「cms500_顧客月次１３」検索時、索引「CMS500_12POSTNO」を利用しています。

```
SQL〉set autotrace on
SQL〉select 顧客番号, 氏名, 漢字住所２
  2  from taro.cms500_顧客月次０２
  3  where 郵便番号 like '500%'
  4  order by 顧客番号;
顧客番号  氏名          漢字住所２
------------- -------------------- -----------------------
   232882 新井  俊行    岐阜市
   233110 中本  加奈    岐阜市
   234183 水野  満夫    岐阜市
   234947 久保  優太    岐阜市

実行計画
----------------------------------------------------------------------
Plan hash value: 652400638
-----------------------------------------------------------------------------------------------------
| Id | Operation                    | Name               | Rows | Bytes | Cost (%CPU)| Time     |
-----------------------------------------------------------------------------------------------------
|  0 | SELECT STATEMENT             |                    |    1 |    31 |     5  (20)| 00:00:01 |
|  1 |  SORT ORDER BY               |                    |    1 |    31 |     5  (20)| 00:00:01 |
|  2 |   TABLE ACCESS BY INDEX ROWID| CMS500_顧客月次    |    1 |    31 |     4   (0)| 00:00:01 |
|* 3 |    INDEX RANGE SCAN          | CMS500_01POSTNO    |    1 |       |     2   (0)| 00:00:01 |
-----------------------------------------------------------------------------------------------------
Predicate Information (identified by operation id):
----------------------------------------------------------------------
   3 - access("郵便番号" LIKE '500%')
       filter("郵便番号" LIKE '500%')

SQL〉set autotrace off
```

テーブル「cms500_顧客月次０２」検索時、索引「CMS500_01POSTNO」を利用しています。

```
SQL〉set autotrace on
SQL〉select 顧客番号, 氏名, 漢字住所２
  2  from taro.cms500_顧客月次０１
  3  where 郵便番号 like '500%'
  4  order by 顧客番号;
```

```
顧客番号 氏名           漢字住所２
------------- -------------------- ----------------------
  232882 新井　俊行     岐阜市
  233110 中本　加奈     岐阜市
  234183 水野　満夫     岐阜市
  234947 久保　優太     岐阜市

実行計画
----------------------------------------------------------------------
Plan hash value: 3929164152

---------------------------------------------------------------------------------------------------
| Id | Operation              | Name            | Rows | Bytes | Cost (%CPU)| Time     |
---------------------------------------------------------------------------------------------------
|  0 | SELECT STATEMENT       |                 |    1 |    31 |   69   (2)| 00:00:01 |
|  1 |  SORT ORDER BY         |                 |    1 |    31 |   69   (2)| 00:00:01 |
|* 2 |   TABLE ACCESS FULL    | CMS500_顧客月   |    1 |    31 |   68   (0)| 00:00:01 |
---------------------------------------------------------------------------------------------------
Predicate Information (identified by operation id):
----------------------------------------------------------------------
  2 - filter("郵便番号" LIKE '500%')

SQL> set autotrace off
```

テーブル「cms500_顧客月次０１」検索時、索引の利用はなく全行検索しています。

テーブル名が改名されても、付随する索引名は改名されません。
別途、「付録Ｅ」の「E-1」と同様に、改名後テーブル「cms500_顧客月次０２」の索引「cms500_01XXXX」から「cms500_顧客月次１３」の索引「cms500_12XXXX」までを削除し、テーブル「cms500_顧客月次０１」から「cms500_顧客月次１３」までの索引を再作成する必要があります。

下記は、「cms500_顧客月次情報スライド.bat」処理後に行った、索引再作成のPL/SQLブロックの実行結果です。

```
SQL> declare
  2  w管理番号 number(2);
  3  wi             number(2);
  4  sqls           varchar2(4096);
  5  begin
  6  select 管理番号 into w管理番号 from taro.cms500_スライド管理;
  7  wi       := 1;
  8  while w管理番号 - 1 >= wi loop
```

```
9  sqls := 'drop index cms500_' || to_char(wi, 'fm00') || 'postno';
10 execute immediate sqls;
11 sqls := 'create index cms500_' || to_char(wi, 'fm00') || 'postno';
12 sqls := sqls || ' on cms500_顧客月次' || to_multi_byte(to_char(wi, 'fm00'));
13 sqls := sqls || '(郵便番号) tablespace idx1yk01';
14 sqls := sqls || ' storage (initial 10k  next 1k) unrecoverable';
15 execute immediate sqls;
16 sqls := 'analyze index  cms500_' || to_char(wi, 'fm00') || 'postno';
17 sqls := sqls || ' estimate statistics';
18 execute immediate sqls;
19 sqls := 'drop index cms500_' || to_char(wi, 'fm00') || 'brhp';
20 execute immediate sqls;
21 sqls := 'create index cms500_' || to_char(wi, 'fm00') || 'brhp';
22 sqls := sqls || ' on cms500_顧客月次' || to_multi_byte(to_char(wi, 'fm00'));
23 sqls := sqls || '(出身地) tablespace idx1yk01';
24 sqls := sqls || ' storage (initial 10k  next 1k) unrecoverable';
25 execute immediate sqls;
26 sqls := 'analyze index  cms500_' || to_char(wi, 'fm00') || 'brhp';
27 sqls := sqls || ' estimate statistics';
28 execute immediate sqls;
29 sqls := 'drop index cms500_' || to_char(wi, 'fm00') || 'knjp';
30 execute immediate sqls;
31 sqls := 'create index cms500_' || to_char(wi, 'fm00') || 'knjp';
32 sqls := sqls || ' on cms500_顧客月次' || to_multi_byte(to_char(wi, 'fm00'));
33 sqls := sqls || '(漢字住所１, 漢字住所２, 漢字住所３) tablespace idx1yk01';
34 sqls := sqls || ' storage (initial 10k  next 1k) unrecoverable';
35 execute immediate sqls;
36 sqls := 'analyze index  cms500_' || to_char(wi, 'fm00') || 'knjp';
37 sqls := sqls || ' estimate statistics';
38 execute immediate sqls;
39 wi          := wi + 1;
40 end  loop;
41 sqls := 'create index cms500_' || to_char(wi, 'fm00') || 'postno';
42 sqls := sqls || ' on cms500_顧客月次' || to_multi_byte(to_char(wi, 'fm00'));
43 sqls := sqls || '(郵便番号) tablespace idx1yk01';
44 sqls := sqls || ' storage (initial 10k  next 1k) unrecoverable';
45 execute immediate sqls;
46 sqls := 'analyze index  cms500_' || to_char(wi, 'fm00') || 'postno';
47 sqls := sqls || ' estimate statistics';
48 execute immediate sqls;
```

```
 49  sqls := 'create index cms500_' || to_char(wi, 'fm00') || 'brhp';
 50  sqls := sqls || ' on cms500_顧客月次' || to_multi_byte(to_char(wi, 'fm00'));
 51  sqls := sqls || '(出身地) tablespace idx1yk01';
 52  sqls := sqls || ' storage (initial 10k  next 1k) unrecoverable';
 53  execute immediate sqls;
 54  sqls := 'analyze index  cms500_' || to_char(wi, 'fm00') || 'brhp';
 55  sqls := sqls || ' estimate statistics';
 56  execute immediate sqls;
 57  sqls := 'create index cms500_' || to_char(wi, 'fm00') || 'knjp';
 58  sqls := sqls || ' on cms500_顧客月次' || to_multi_byte(to_char(wi, 'fm00'));
 59  sqls := sqls || '(漢字住所１, 漢字住所２, 漢字住所３) tablespace idx1yk01';
 60  sqls := sqls || ' storage (initial 10k  next 1k) unrecoverable';
 61  execute immediate sqls;
 62  sqls := 'analyze index  cms500_' || to_char(wi, 'fm00') || 'knjp';
 63  sqls := sqls || ' estimate statistics';
 64  execute immediate sqls;
 65  dbms_output.put_line('顧客月次履歴テーブル索引作成カウント=' || wi);
 66  exception
 67    when  others  then
 68      dbms_output.put_line(wi);
 69      dbms_output.put_line(sqlerrm);
 70      dbms_output.put_line('処理中断箇所:'
 71                              || dbms_utility.format_error_backtrace);
 72  end;
 73  /
顧客月次履歴テーブル索引作成カウント=13

PL/SQLプロシージャが正常に完了しました。
```

上記 PL/SQL ブロックの１行目に「set serveroutput on」文を追加し、前後にオラクルへの接続、切断コマンド、スプール開始、終了コマンドを追記、「cms500_顧客月次情報索引作成.sql」名のスクリプトとします。

主キーはテーブルの制約につき削除する場合は「alter table テーブル名 drop constraint 主キー名;」コマンドにて行いますが、索引を削除する場合は「drop index 索引名;」コマンドで行うため、索引再作成の PL/SQL ブロックは比較的簡便となりました。

前述と同様に、実行計画を取得して再作成されたテーブルと索引の利用を見てみます。

```
SQL> set autotrace on
SQL> select  顧客番号, 氏名, 漢字住所２
  2    from  taro.cms500_顧客月次１３
```

```
  3  where 郵便番号 like '500%'
  4  order by 顧客番号;
顧客番号  氏名           漢字住所2
------------- -------------------- ----------------------
   232882  新井 俊行      岐阜市
   233110  中本 加奈      岐阜市
   234183  水野 満夫      岐阜市
   234947  久保 優太      岐阜市

実行計画
----------------------------------------------------------------------
Plan hash value: 3584751233
------------------------------------------------------------------------------------------------------
| Id | Operation                    | Name             | Rows | Bytes | Cost (%CPU)| Time     |
------------------------------------------------------------------------------------------------------
|  0 | SELECT STATEMENT             |                  |    1 |    31 |    5   (20)| 00:00:01 |
|  1 |  SORT ORDER BY               |                  |    1 |    31 |    5   (20)| 00:00:01 |
|  2 |   TABLE ACCESS BY INDEX ROWID| CMS500_顧客月次  |    1 |    31 |    4    (0)| 00:00:01 |
|* 3 |    INDEX RANGE SCAN          | CMS500_13POSTNO |    1 |       |    2    (0)| 00:00:01 |
------------------------------------------------------------------------------------------------------
Predicate Information (identified by operation id):
----------------------------------------------------------------------
   3 - access("郵便番号" LIKE '500%')
       filter("郵便番号" LIKE '500%')

SQL> set autotrace off
```

テーブル「cms500_顧客月次１３」検索時、索引「CMS500_13POSTNO」を利用しています。

```
SQL> set autotrace on
SQL> select 顧客番号, 氏名, 漢字住所２
  2  from taro.cms500_顧客月次０２
  3  where 郵便番号 like '500%'
  4  order by 顧客番号;
顧客番号  氏名           漢字住所2
------------- -------------------- ----------------------
   232882  新井 俊行      岐阜市
   233110  中本 加奈      岐阜市
   234183  水野 満夫      岐阜市
   234947  久保 優太      岐阜市
```

```
実行計画
----------------------------------------------------------------------
Plan hash value: 4259452043
--------------------------------------------------------------------------------------------------------
| Id  | Operation                    | Name            | Rows  | Bytes | Cost (%CPU)| Time     |
--------------------------------------------------------------------------------------------------------
|   0 | SELECT STATEMENT             |                 |     1 |    31 |     5  (20)| 00:00:01 |
|   1 |  SORT ORDER BY               |                 |     1 |    31 |     5  (20)| 00:00:01 |
|   2 |   TABLE ACCESS BY INDEX ROWID| CMS500_顧客月次  |     1 |    31 |     4   (0)| 00:00:01 |
|*  3 |    INDEX RANGE SCAN          | CMS500_02POSTNO |     1 |       |     2   (0)| 00:00:01 |
--------------------------------------------------------------------------------------------------------
Predicate Information (identified by operation id):
----------------------------------------------------------------------
   3 - access("郵便番号" LIKE '500%')
       filter("郵便番号" LIKE '500%')

SQL> set autotrace off
```

テーブル「cms500_顧客月次０２」検索時、索引「CMS500_02POSTNO」を利用しています。

```
SQL> set autotrace on
SQL> select 顧客番号, 氏名, 漢字住所２
  2  from taro.cms500_顧客月次０１
  3  where 郵便番号 like '500%'
  4  order by 顧客番号;
顧客番号  氏名          漢字住所２
------------ -------------------- ----------------------
    232882  新井 俊行     岐阜市
    233110  中本 加奈     岐阜市
    234183  水野 満夫     岐阜市
    234947  久保 優太     岐阜市

実行計画
----------------------------------------------------------------------
Plan hash value: 837302768
--------------------------------------------------------------------------------------------------------
| Id  | Operation                    | Name            | Rows  | Bytes | Cost (%CPU)| Time     |
--------------------------------------------------------------------------------------------------------
|   0 | SELECT STATEMENT             |                 |     1 |    31 |     5  (20)| 00:00:01 |
```

```
| 1 | SORT ORDER BY                  |                  |  1|  31|  5  (20)| 00:00:01 |
| 2 |  TABLE ACCESS BY INDEX ROWID | CMS500_顧客月次    |  1|  31|  4   (0)| 00:00:01 |
|* 3 |  INDEX RANGE SCAN            | CMS500_01POSTNO |  1|    |  2   (0)| 00:00:01 |
--------------------------------------------------------------------------------------------
Predicate Information (identified by operation id):
---------------------------------------------------------------
  3 - access("郵便番号" LIKE '500%')
      filter("郵便番号" LIKE '500%')

SQL> set autotrace off
```

テーブル「cms500_顧客月次０１」検索時、索引「CMS500_01POSTNO」を利用しています。

テーブル名改名により付随して作成した索引がある場合は、主キーと同様な対応を行わなければなりません。

# 索 引

## ゆ



## り



## れ



## ろ

堅田　康信（かただ　やすのぶ）

1977年３月　東京理科大学理工学部数学科卒
同　年４月　岐阜県労働金庫に入庫（2000年10月愛知労働金庫、岐阜県労働金庫、三重県労働金庫が合併し、東海労働金庫を創立）
2015年３月　東海労働金庫を定年退職

ユーザ目線のSQL等活用術
事務系オラクルユーザが書いた業務システム習得事例集

2017年３月30日　初版発行

著　者　堅 田 康 信
発行者　中 田 典 昭
発行所　東京図書出版
発売元　株式会社 リフレ出版
〒113-0021　東京都文京区本駒込 3-10-4
電話 (03)3823-9171　FAX 0120-41-8080
印　刷　株式会社 ブレイン


ISBN978-4-86641-035-7 C2004
Printed in Japan 2017


ご意見、ご感想をお寄せ下さい。

［宛先］〒113-0021　東京都文京区本駒込 3-10-4
東京図書出版